拨动学生心弦的艺术

——上海市中小学"劳动教育"获奖论文选编

上海市中小学幼儿教师奖励基金会
上海市教育委员会德育处 编
上海市崇明区教育局
上海市中小学德育研究协会

上海社会科学院出版社

编委会名单

顾　　　问：李骏修

编委会主任：史国明　江伟鸣　陆　琴　姚家群

编　　　委：王懋功　陈镇虎　黄静华　张小敏

　　　　　　孙　红　顾玉娟　郭春飞　姚要武

一个常做常新的品牌项目

为了不断提升班主任建班育人的专业素养，探索新时期班主任队伍建设的新机制、新路径，培养堪当民族复兴重任的时代新人，在上海市教育委员会指导下，上海市中小学幼儿教师奖励基金会（下称市基金会）会同上海市教育委员会德育处及上海市学生德育发展中心、上海市崇明区教育局、上海市中小学德育研究协会，于2020—2021年举办了上海市"崇明杯"班主任基本功竞赛系列活动（以下简称"崇明杯"）。

2020年10月，"崇明杯"启动仪式暨"普陀杯"总结表彰会在上海市实验学校附属东滩学校启动。会上，主办方对"普陀杯"进行了活动总结，对获奖者予以表彰，对"崇明杯"活动方案进行了解读。本次活动聚焦"爱国主义教育与劳动教育"，以"赛训一体、以赛促建、以赛促研"为目标，旨在提升班主任建班育人的思考和实践能力。竞赛分论文评选、班会评选和面试三个部分：论文评选要求参赛论文以"家班共育"的方式，紧扣大赛主题；班会评选要求参赛者围绕大赛主题设计班会方案并开展课堂教学；面试时要求参赛者当场抽取已设定的教育情境，与助演一起完成"班主任角色"的表演，并阐述解决问题的策略和方法。

"崇明杯"启动后，各区教育行政部门、教育学院围绕竞赛主题，开展了内容丰富、形式多样的专业研修，制定参赛方案，积极落实工作任务。培训活动采用"线上与线下相结合、理论与实践相结合"的方式，聚焦教育真问题，创建学习共同体，努力提升培训实效。有的区开展区级基本功竞赛活动，有的区将评优活动与市级竞赛对接以遴选参赛选手，形成"学校—集团—区域"三级联动的工作格局，出现"校校办赛、人人参赛，享受过程"的生动局面。经过四个月紧张而有序的工作，区级活动基本完成——选出参赛选手，再由区德研室等部门对选手进行分类辅导，对论文进行面对面修改，对主题班会进行磨课，将参赛视频按时上传至市级竞赛组委会。

由中职德育专委会牵头，上海市中职系统秉持公平公开、赛训衔接的原则，积极宣传、发动、组织各中职校班主任参赛。分赛前、赛中和赛后三个阶段，专委会按照"了解赛事要求—解决共性问题—实现个性优化"的步骤，通过空中课

堂、集体研讨、一对一辅导等方式开展培训。参赛班主任在专家和校内备赛团队的支持下，积极开展"家班共育"背景下的爱国主义教育或劳动教育的实践探索，共56所中职校开展了校内初赛，89位班主任进入中职系统比赛，经过三次集中培训和复赛、决赛两轮比赛，19位班主任脱颖而出，进入市级比赛。

2021年3月，市级竞赛组委会举行中期推进会暨区域竞赛总结交流会，交流工作进展，分享工作经验。各区德育室及中职专委会根据班主任队伍建设的实际情况，有序地组织赛事的各项工作，依托人才优势，汇聚各方力量，建立培训课程，形成"引领与督导相结合，全面与重点相结合，传承与创新相结合"的工作机制。交流会上，多个区都提到"三全"这一概念。所谓"三全"，即全覆盖推进、全过程关注、全方位提升，具体内涵为：由"少数参赛"转为"全员参与"、由"只重结果"转为"全程关注"、由"甄选评优"转为"全面提升"。大赛以"三全"为导向，在"三全"上下功夫，保证了竞赛活动的有效开展和"赛训一体、以赛促建、以赛促研"的目标落实。

市级层面论文评选、班会课方案设计以及班会课实录网上评审之后，"崇明杯"进入决赛环节。2021年5月，市级竞赛组委会分别召开了选手、评委与考务人员会议，认真听取选手和评委的建议，并就相关工作提出明确要求。来自全市16个区和中职校的48位选手同台竞技，展示"拨动学生心弦的艺术"。决赛分两天进行。第一天进行代入式教育情境模拟面试，分小学、初中和高中（含中职）三组进行。各参赛选手根据所抽面试题目，在规定时间内，通过和助演互动，完成"班主任角色"表演，并阐述问题解决的观点与策略，参赛者通过与评委的问答与互动，表现班主任的基本素质、专业素养和个性特色；第二天进行主题班会微课评比，分小学、初中、高中和中职四组进行。赛前一周，组委会给出两个有关"四史"教育的班会主题，各位选手精心策划具有针对性、实效性的主题班会微课，再结合所借班级的学情，上一堂20分钟的微课，一展教育风采。按照市级初赛论文成绩（占比20%）、市级教育情境模拟面试成绩（占比40%）、市级主题班会微课教学成绩（占比40%）的计分方式，最终112位班主任获奖，其中一等奖16人、二等奖32人、三等奖64人。

比赛过程中，主办方市基金会理事长史国明、市教委德育处二级调研员江伟鸣、市中小学德育研究协会姚家群等同志，分别前往各赛场进行考务巡视。赛后，大赛组委会领导与评审专家进行了集中评议，各学段评审组长交流了比赛情况。竞赛组委会领导高度肯定了"崇明杯"的组织工作和创新探索、各方为赛事圆满成功所付出的辛劳和智慧。第九届"崇明杯"——上海市班主任基本功竞赛

系列活动，主办方和承办方在前八届已有经验的基础上，精心策划、创新发展，通过创设竞赛内容、优化比赛环节，提高了班主任工作的时代性和艺术性，加强了班主任的使命感和责任感，提升了班主任的获得感和幸福感，彰显了优秀班主任的实力和活力。随着区级系列竞赛、"四级联动"培训机制、"3+4+3"评价体系、多级成长平台等新事物不断出现，竞赛活动已经成为市区两级德育部门整合多方资源，推动班主任队伍建设和专业化发展的重要抓手。各区都大力借助这一抓手，牢牢把握参赛契机，力争走出一条联动、多赢的路子，以推动区域班主任队伍可持续、特色化发展。各区还将赛事当作检验区域班主任队伍建设成效和水平的良机，认真总结每一次大赛的得与失，以便改进工作，让班主任在磨砺中提升素养、在淬炼中绽放精彩，让大赛发挥"一面镜子触发反思，一次赛事燃起活力，一场实战加速成长"的作用。

与往届相比，"崇明杯"有以下三个特色：

其一，聚焦"劳动教育"这个新时代课题。初赛要求选手围绕"爱国主义教育或劳动教育"撰写论文。在"立德树人"根本任务的视域内，"爱国主义教育"是德育工作永恒的主题。之所以聚焦"劳动教育"，是因为2020年3月中共中央、国务院发布的《关于全面加强新时代大中小学劳动教育的意见》（下称《意见》）指出"近年来一些青少年中出现了不珍惜劳动成果、不想劳动、不会劳动的现象，劳动的独特育人价值在一定程度上被忽视，劳动教育正被淡化、弱化"这一重大问题，将"新时代大中小学劳动教育"的"重大意义"提到了"是中国特色社会主义教育制度的重要内容，直接决定社会主义建设者和接班人的劳动精神面貌、劳动价值取向和劳动技能水平"的高度。对劳动教育被淡化、弱化后所产生的严重后果，处在教育一线的德育工作者和班主任们看在眼里急在心里，期待借助劳动教育来撬动育人方式的变革，更期待教育价值的本源回归。因为论题体现了参赛者的内在渴望，班主任们投入了巨大的热情，在课程体系、资源获取、实施路径、长效机制、评价方式等方面展开了积极探索和广泛实践，也产生了许多令人耳目一新的经验和创意。

其二，紧抓"家班共育"这个关键命题。"家班共育"是"普陀杯"的主题，是"卢湾杯"之"家庭教育指导"主题的延伸，之所以在"崇明杯"被再次提出，是因为《意见》指出"家庭要发挥在劳动教育中的基础作用"。从论文评审过程来看，"以家班共育的方式撰写论文"这个限制条件，加大了题目的难度，同时也激发出参赛者们的智慧。从这样的命题设计中，可以看出主办方对"家庭教育"的高度重视和对"家班共育"这一理念的合理性和实践有效性的持续关注，期待这

一探索多年的德育模式能在破解某些德育难题上继续发挥其独特的作用。如今，家庭教育在"培养德智体美劳全面发展的社会主义建设者和接班人"上占有举足轻重、不可替代的作用，已经成为一种社会共识，并上升到立法层面，《中华人民共和国家庭教育促进法》已经颁行，可见举办方德育理念的前瞻性。

其三，坚持"知行合一"的队伍建设方向。尽管新冠肺炎疫情给"崇明杯"的组织和开展带来了不少困难，主办方依然坚持方案设计与具体实施相结合的原则。在主题班会环节，复赛阶段要求采用主题班会设计与课堂教学实录并行的方式，决赛阶段采用主题班会微课借班教学的方式；在面试的现场抽签环节，参赛者针对抽到的教育情境，与赛事助演班主任实时互动，完成"班主任角色"表演，展现班主任的教育理念与智慧。大赛坚持以班主任工作实践为导向，要求班主任不但会想、会说、会写，更要会做。同时，疫情期间采用的线上线下相结合的培训和评审方式，也为探索现代信息技术如何助力班主任队伍建设，提供了难得的探索机会。

2006年6月，为深入贯彻落实中共中央、国务院《关于进一步加强和改进未成年人思想道德建设的若干意见》，充分发挥中小学班主任教师在学校教育工作中的骨干作用，教育部出台了《关于进一步加强中小学班主任工作的意见》，提出要"充分认识加强中小学班主任工作的重要意义"，并做出"中小学班主任是中小学教师队伍的重要组成部分，是班级工作的组织者、班集体建设的指导者、中小学生健康成长的引领者，是中小学思想道德教育的骨干，是沟通家长和社区的桥梁，是实施素质教育的重要力量""中小学班主任工作是学校教育中极其重要的育人工作，既是一门科学、也是一门艺术"等重要论述。如何加强班主任队伍建设、锤炼班主任的基本功，成了学校德育工作中一项重要的内容。正是在这样的背景下，以"拨动学生心弦的艺术"为立意的上海市班主任基本功竞赛系列活动应运而生。

自2007年以来，这项赛事从徐汇区教育局承办并冠名，至今已走过了十四年，举办了九届，分别为徐汇杯、黄浦杯、宝山杯、卢湾杯、奉贤杯、嘉定杯、闵行杯、普陀杯、崇明杯，竞赛主题分别为主题教育、突发事件处理、世博实践活动、家庭教育指导、个别化教育、社会主义核心价值观教育、班集体建设、家庭教育指导、劳动教育等。从竞赛主题可以看出，每个区在提升班主任专业发展上，都有值得展示、推广的特色和经验，同时也都有需要集思广益、求贤问计的问题与困惑，承办赛事就成了区域凝心聚力、打造队伍的难得契机。"徐汇杯"之后，各区教育局承办赛事的热情都很高，实践也充分证明，承办过赛事的区域，

在班主任队伍建设上都取得了可喜的进展，区域特色也更加鲜明。

经过多年的打造，上海市基本功竞赛系列活动，已成为一个可以复制的模式和品牌项目，从上海走向长三角甚至全国。为进一步促进长三角地区"科学发展、和谐发展、率先发展和一体化发展"，2012年上海市教委德育处联合浙江省、江苏省和安徽省教育厅的德育部门，签订了《长三角学校德育教师培养合作意向书》，以携手提升班主任队伍建设，抓手就是班主任基本功大赛。九年来，长三角班主任基本功大赛为广大班主任们搭建了专业成长的平台，三省一市在班主任队伍建设等方面进行了有益的合作交流。为了推动各地、各中等职业学校加强班主任队伍专业化建设，2016—2018年，中国职教学会德育工作委员会连续举办了三届中等职业学校班主任基本功大赛；2020年开始，教育部在全国职业院校技能大赛中设立中等职业学校班主任能力比赛，同样旨在"坚持赛训一体、以赛促建"，比赛内容和形式也基本相同；2021年，教育部组织开展了全国中小学班主任基本功和思政课教师教学基本功展示交流活动，来自全国的217位优秀班主任，以弘扬师德师风、展现专业素养、彰显个人魅力为目的，分别以育人故事、带班育人方略、主题班会三项内容进行技能展示。

2012年以来，无论是办赛还是参赛，上海都精心谋划、积极备战，以创新发展、扩大影响、对外辐射、汲取智慧为目标。上海的许多班主任，以上海市班主任基本功竞赛系列活动为起点，在各级、各类赛事中都取得了优异的成绩，从上海走向长三角再走向全国，从优秀走向卓越，评上了特级教师、正高级教师或全国优秀教师，如今的他们，已站在更广阔的舞台上，起着示范、引领的作用。毋庸讳言，上海的班主任队伍建设，无论是教育理念、质量观念，还是运作模式、操作方式，也都走在全国前列，成了争相模仿、取经的对象。当然，外省市也有许多创新之处值得我们借鉴、学习，反过来促使我们更加自觉地实践"海纳百川、追求卓越、开明睿智、大气谦和"的精神。

上海市班主任基本功竞赛系列活动之所以能够成为一个可以复制的品牌项目，就在于它有一个迭代进化、常做常新的"基因"。每届活动结束后，我们都将活动过程中评选出的优秀论文或者案例汇编成书，供同行学习、借鉴，以进一步提炼经验、扩大辐射范围。本论文集，汇集了"崇明杯"中获得一、二等奖的48篇优秀论文和第九届长三角地区班主任基本功竞赛中获奖的12篇优秀论文。这60篇论文，以"家班共育"为视角和方法，聚焦"班级爱国主义教育或劳动教育"过程中的真实问题，按照"发现问题—分析问题—解决问题"的思路，为我们呈现了参赛者的独特思考与实践探索。

为统一体例、控制篇幅，我们邀请有关专家对论文进行了修改，删去了摘要、关键词、注释等论文的外部形式，力图让读者简洁明快地获取论文的关键信息。另外，论题的范围是"爱国主义教育"或"劳动教育"，但讨论"劳动教育"的论文占多数，为简洁起见，论文集的副标题为"上海市中小学'劳动教育'获奖论文选编"。不妥之处，敬请谅解。

上海市"崇明杯"班主任基本功竞赛活动组委会

2021年12月

目 录

"崇明杯"获奖论文

小 学

线上线下融合，以班本课程推进小学生家务劳动教育	张　敏 /	5
以"三味"厨房拓展小学劳动教育新空间	刘　丹 /	8
家班共建美食馆，携手推进劳动教育	潘惠娜 /	11
基于家班共育的小学劳动教育路径探究	袁　玮 /	15
家校劳动岗位配对　培养小学生家庭责任意识	顾酉酉 /	18
"三延"路径拓展小学爱国主义教育	钱　梦 /	21
流行元素入诗画　家班共育爱国心	王遥珏 /	24
故事点亮心灯　培育家国情怀	顾一沁 /	27
基于家班优势互补的小学劳动教育实践	金　鑫 /	30
高年级小学生初试创造性劳动的"新"路	金奕玮 /	33
家班共育爱国情怀之"萌娃探寻松江"	陈　芳 /	36
小鬼当家显智慧　家班共育促成长	阮娇娇 /	39
家班携手开展小学中低年段劳动教育的实践	周　亮 /	42
家班携手共育：小学低年级劳动教育有效路径	周　燕 /	45

初 中

家班携手引领　劳动成就未来	李　樱 /	51
亲子角色互换在家庭劳动教育中的实践研究	金　赟 /	54
依托"陈云故乡"资源　家班共承红色文化	龚赛华 /	57
家班共育，在劳动中诗意栖居	姚文晗 /	60
家班合作助力爱国主义项目化学习的探索	李　磊 /	64
家班协同开展爱国主义教育的路径探索	马　莲 /	68
初中生劳动教育中的"数学运算"	翁浩杰 /	71

农村初中家班协同学农劳动教育的实践	徐宝卫 /	74
光盘行动助力新时代劳动教育的实践探索	张 媛 /	78
家班携手劳动教育的设计与实施	陈雪琴 /	81
"因势利导",提升初中生的劳动素养	陈 敏 /	85
家班协同开发"特奥"资源 共育智障儿童爱国情怀	陈丽竑 /	88
"沪延结对"共育爱国情	张 丽 /	91
基于苏霍姆林斯基教育思想初中家班劳动教育的实践	杨 凯 /	94
从"我不"到"我做"再到"我来"	聊红安 /	98

高中、中职

以和为贵,开展班本化劳动教育	喻正玮 /	105
劳模家长在身边,劳模精神促成长	刘思薇 /	109
构建家班协同共育机制,提升高中爱国主义教育品质	张子晨 /	113
家班同心,共育爱国情怀——以中国非传统节日(纪念日)为契机		
	毛秋月 /	117
基于家班共育,依托工学交替开展劳动教育	孙鹤家 /	121
特别的"家庭作业"	蒋 玮 /	124
采风沪上,厚植家国情怀	崔 璀 /	128
基于家班共育的高中劳动教育长作业设计构想	顾月云 /	131
家班共育下基于"服务性学习"的高中生班级劳动教育实践策略		
	陈天琦 /	135
聚焦家班合作视角,开展农村高中生志愿服务	李妮旎 /	139
升旗仪式上,让我们唱响国歌吧	周 馨 /	142
微探究:家班共育爱国主义精神的新途径	高 欣 /	145
"双线共融"模式在劳动教育中的实践研究	刘晓雯 /	148
家班共育下的"小喇叭"团队	张 欢 /	151
精准扶贫背景下家班共育爱国主义精神	俞 峰 /	154
家班共育背景下开展专业志愿服务的路径探析	罗孟君 /	157
心服务 新未来	陈国娟 /	161
"加减乘除",打造爱国主义教育"动力引擎"	姚雪锋 /	165
"三勤"促成长 共筑家校情	辛 薇 /	168

"长三角"获奖论文

小 学

运用"抗疫"素材激活爱国主义系列主题班会课的实践	邓曲萍 /	177
让小岗位成为劳动者成长的小世界	石 磊 /	181
家班共育,构建小学生劳动价值观的实践探索	杨 茜 /	185
基于家校合作的小学生劳动习惯养成研究	沈小婷 /	189

初 中

劳动教育班本课程的开发与实践	陆佳也 /	195
让"开放微课堂"成为推进班级劳动教育的助推器	胡彩霞 /	199
基于家班优势互补的劳动教育路径初探	梅晨华 /	203
线上劳动教育:缘起、实践与反思	戴婷玉 /	207
以班级岗位为载体的劳动教育有效途径初探	卢懿蕾 /	210

高 中

班级场域下劳动教育的价值异化及其转向	蔡 珂 /	217
高中阶段劳动育人困境突破的实践探索	陈文涛 /	221
高中生劳动教育和生涯规划教育融合初探	陈珠静 /	224

"崇明杯"获奖论文

小学

线上线下融合，以班本课程推进小学生家务劳动教育

上海市奉贤区明德外国语小学　张　敏

生活是最好的课堂。家务劳动教育是劳动教育的重要组成部分。《关于全面加强新时代大中小学劳动教育的意见》指出："注重抓住衣食住行等日常生活中的劳动实践机会，鼓励孩子自觉参与、自己动手，随时随地、坚持不懈地进行劳动，掌握洗衣做饭等必要的家务劳动技能。"但现阶段这还只是一句口号，并没有得到实践或坚持。家务劳动教育不应仅停留在家庭，更应成为学校劳动教育的重要组成部分，形成家校教育合力。为了避免班级家务劳动教育碎片化、体系模糊等问题，我尝试通过线上线下融合，以班本课程推进小学生家务劳动教育。

一、线上线下融合，班本课程设计系统化

班级家务劳动教育要形成系统化的班本课程，需要根据本班学生的年段特点和劳动基础，确定班本课程的教育目标，并对课程进行整体规划，让每一步都为教育目标服务，在推进中不断总结、调整、完善。

线上调研，确定内容。我们利用"问卷星"制作调查问卷，了解学生参与家务劳动的时间、掌握的家务劳动技能、对参与家务劳动的态度等。为了调动学生的主观能动性，争取家长的支持与配合，我们利用晓黑板App制作"孩子适合学做的家务劳动"调查表，让孩子和家长一起选择本年段孩子适合学做的几项家务劳动，为班本课程内容提供依据。

线下研讨，细化目标。家务劳动能力的培养，家庭是主战场，家长是班本课程的重要实施者。在细化目标阶段，家委会作为家长代表和班主任共同商讨，基于学生年段特点、能力及家庭教育现状，每学期选择2—3项家务劳动项目，设计序列化家务劳动清单，再精选一项家务劳动进行细化。以"整理书桌"为例，细化为：选择合适工具、文具分类、摆放书本、清理桌面，形成"选择、归类、摆放、清洁、整理"的系统步骤。

线上线下融合，设计课程。依据前期调研结果及学期家务劳动目标，设计班

本课程"我是小当家"。线下，我们召开主题班会，引导学生树立正确的劳动观；设置"班级劳动小岗位"，树立学生主人翁意识，锻炼劳动能力；利用节假日开展雏鹰假日小队活动，进行家务劳动大比拼，激发学生参与家务劳动的热情。线上，我们利用班级微信公众号"家长学堂"板块向家长传递劳动教育思想；通过微课指导学生掌握家务劳动小技巧；利用公众号、晓黑板、美篇等线上工具为学生提供展示舞台；借助学校"七彩大拇指综合素质评价"系统实施多元评价，丰富课程评价方式。课程中分时段、分地点、分层次地指导学生提高劳动意识，掌握家务劳动技能，激发劳动热情，形成富有班级特色的班本课程。

二、线上线下融合，班本课程实施序列化

为了使班本课程能够真正落地实施，我们整合资源，开展了丰富多彩的活动，而线上线下的融合，使得活动与活动之间建立起纵向关联，实现围绕教育目标的序列化发展。

主题班会，劳动培"情"。班会课是班级宣传教育思想的主阵地。在"劳动最光荣"主题班会上，爸爸妈妈走进课堂介绍自己的本职工作，让孩子们意识到劳动是生活的一部分，每个人都应在劳动中寻找生命的价值。主题班会"我的房间我做主"，通过绘本《乱作一团》，唤起学生的主人翁意识。新冠肺炎疫情期间，我们尝试在线上召开班会课，及时把握教育契机，帮助学生树立正确的劳动价值观。主题班会"平凡与伟大"是通过观看疫情期间平凡劳动者的故事，让孩子们体会伟大出自平凡，平凡造就伟大，这样的劳动精神让我们拥有面对挫折的勇气和克服困难的力量。

系列活动，劳动育"能"。线上线下相结合的方式将活动变为"长作业"，实现学生由知到行、由行到能的进阶。以"厨房小当家"为例：我们在班级微信群里向家长发布活动邀请函，邀请家长做孩子们的"厨艺导师"。细化活动流程，实行"一周一任务"：第一周，"秀色可餐"，拍照上传我家的一餐；第二周，"神奇冰箱"，认识食材，了解食材分类；第三周，"洗洗刷刷"，学习择菜、洗菜……第七周，"秀秀厨艺"，为家人做一餐一饭。家长通过"七彩大拇指综合素质评价"系统的"劳动小达人"栏目设置打卡。线下结合"校园美食节"邀请爸爸妈妈走进班级，和孩子们一起烹饪美食；开展重阳节"雏鹰假日小队"活动，孩子们把亲手制作的美食送给敬老院的爷爷奶奶……最后，完成系列活动感想。系列活动让孩子们掌握了基本的厨房技能。

专项行动，深化内涵。新时期的家务劳动教育不仅仅在于技能的掌握，更

应深化其内涵,引导学生树立正确的人生观、价值观。切合"节约粮食"这一教育主题,班级开展"四气"少年光盘行专项行动:推选班级午餐管理员,进行多人轮岗,让更多的孩子参与班级午餐管理,体会岗位劳动的责任和荣誉,并评选、表彰优秀午餐管理员;每天记录学生用餐情况,组织班级"光盘之星"的评选。学生在亲自参与劳动之后,更懂得珍惜劳动成果,班级也因此被评为"光盘行动"优秀班集体。

三、线上线下融合,班本课程评价科学化

针对家务劳动教育的综合性、实践性、生成性等特点,我们改变传统评价方式,基于学校"七彩大拇指综合素质评价"系统,建立线上与线下相结合、个人与集体相结合、班级与家庭相结合的评价机制。

学生自评。自我评价是学生对照标准进行自我管理的重要措施。班级中每个孩子都有一本"家务劳动银行"集赞本,学生完成劳动项目后,在劳动态度和劳动效果这两项上贴上大拇指,进行自我激励。同时,学生还可以把自己的"家务劳动银行"集赞本,配合参与活动的照片,上传"七彩大拇指综合素质评价"系统的"劳动小达人"栏目中,完成劳动项目打卡。

生生互评。学生之间的互相评价能帮助学生客观认识劳动成果,也是学生间相互学习和借鉴的重要途径。在"七彩大拇指综合素质评价"系统的"劳动小达人"栏目中,学生们可欣赏彼此的劳动风采,并互赠大拇指,在生生互评中形成相互学习、共同成长的良好氛围。学生定期完成家务劳动任务并打卡,就可以收获更多大拇指数来参评班级"劳动之星"。生生互评可以激发学生完成家务劳动的热情。

家班协作评价。家班协作评价是家务劳动教育的重要方式,对学生家务劳动意识的培养和技能的提高起着重要的激励作用。教师定期整理汇总"七彩大拇指综合素质评价"系统中的学生大拇指数,并结合实际表现在班会、午会中进行积极引导和表扬。家长关注孩子在"七彩大拇指综合素质评价"系统中的表现,认真督促并给予鼓励。多方协作让学生浸润于劳动教育的浓厚氛围中,感受劳动的快乐和美好。

线上线下融合,落实"我是小当家"班本课程,丰富和创新家务劳动教育的组织实施形式,让家务劳动教育贯穿学生学习生活的全过程,让"劳动最光荣、劳动最伟大、劳动最美丽"的精神在学生心中生根发芽。

以"三味"厨房拓展小学劳动教育新空间

上海市闵行区中心小学 刘 丹

劳动教育是中国特色社会主义教育制度的重要内容,但是,近年来劳动的育人价值在一定程度上被忽视、淡化,学生的劳动能力也逐渐弱化。家长往往重视学生的智力发展而忽视劳动教育,孩子们失去了必要的劳动锻炼的机会。同时,班级缺少学生感兴趣的劳动任务。针对小学生劳动教育的实际情况,我以"争做暖心营养师"为活动载体,打造"三味"厨房,点燃学生的劳动热情,以"劳动过程多元评价"贯穿活动,提高学生的劳动技能,培养学生的劳动观念,展现劳动的教育价值。

一、厨房有"新"味,劳动热情高

新空间新尝试。小学生日常劳动多局限在班级、家里的客厅或自己的小房间,从事简单的扫地、拖地等。厨房是家中"重地",家长担心孩子受伤,便不让孩子靠近厨房。"争做暖心营养师"活动为学生开辟了一个新的劳动空间,让学生愿意在厨房里进行家务劳动。跟着爷爷奶奶走进菜场,让劳动的空间从厨房延伸到菜场,菜场对学生而言陌生而有趣,新的劳动环境让学生更有探索欲。

新时间新内容。"争做暖心营养师"活动中,学生、家长、教师共同商讨确定周末半天的时间给学生自己安排,自由发挥,准备煲汤所需的食材。劳动新时间的确立,让学生作时间的小主人,改变了学生和家长周末只有学习的枯燥生活方式。

新岗位新挑战。日常学生劳动更多的是扫地、拖地、整理桌面等,这些劳动技能学生在低年段时已经掌握并能熟练运用在班级和家庭劳动中。厨房里的劳动是学生新接触的,我们通过班会课讨论商定出"争做暖心营养师"的活动主题,引导学生先从简单的泡养生茶入手,逐步升级到为家人亲手煲制养生汤。任务从简至繁,坡度设计挑战不同能力层次的学生,使其迸发劳动热情。

二、厨房有趣味，劳动本领增

五花八门选食材，劳动长知识。养生茶制作简单，材料易得，易成功，在"争做暖心营养师"活动初期，孩子们为家人泡养生茶。如小阳为家人泡了枸杞红枣茶，一杯茶中三两颗红枣、五六颗枸杞，小阳爸爸把他制作的过程拍摄下来发在了班级圈，留言说，这是他喝过最好喝的红枣茶，同学们和家长们纷纷点赞。有了兴趣，孩子们对于泡茶的兴致就更足了，我们开始进行"养生茶小调查"从家人的喜好、需求入手，学习养生小知识，为家人"望闻问切"制订专属"养生小配方"，选材时看质量、称分量；泡茶时关注水量、把控水温，一杯杯亲手泡制的养生茶里有着孩子们的爱心、孝心。泡茶不仅能锻炼劳动技能，增长劳动知识，更成为家庭情感联系的纽带。

五味杂陈调佳肴，劳动有方法。随着学生从"初级营养师"升级为"中级营养师"，劳动升级也遇到困难了，有些家长不愿意让孩子煲汤他们认为："煲汤又不是泡茶那么简单，要看火、看时间，还耽误学习时间。"煲汤难度不小，不少学生都失败了，花了时间却浪费了材料，孩子们心里很酸涩。但大家都积极克服困难，查阅菜谱，上网看制作方法或跟爸爸妈妈学。在煲汤的过程中，孩子们勇敢面对困难，也品尝到各种滋味，在试错中一步步总结方法，学会煲简单的营养汤。正因为劳动的不容易，才促使孩子们在劳动中不断积极思考，尝试解决问题，学会关心家人，懂得为他人考虑。

五谷丰登展厨艺，劳动能自主。暑期，钉钉班级圈里的同学们纷纷将自己的成果展示出来，学生对于厨房里的小家务产生了浓厚的兴趣。父母为能吃到孩子亲手制作的"美食"而无比兴奋，老人为孩子的成长而欣慰，孩子为获得认可而激动。家长的鼓励和认可也提高了孩子的劳动兴趣。我还引导学生看一看，学一学，鼓励孩子们寻找劳动的榜样，从榜样身上汲取力量，感受坚持劳动的快乐。《舌尖上的中国》是全家老少都喜爱的节目，"大厨们"在春天里挑选最新鲜的食材，为家人煲制最营养的汤，他们认真钻研的态度激励着孩子们，他们对家人的浓厚情感也感染了孩子们。

三、厨房有甜味，劳动幸福多

家人来品尝，科学养生最舒心。为了让全家能喝上自己煲的汤，学生做了充分准备：调查全家的饮食习惯、偏好、近期的身体状况，研究食物搭配禁忌，学习厨具的使用方法。我通过小游戏、小竞赛等方式鼓励小组合作，引导学生分析煲汤的方式是否得当，煲汤的材料是否科学搭配，深入思考怎样的食材搭配才适合家人，知道了劳动要讲科学。通过一则伙伴未完成任务的故事，我们发现家长对学生下厨存在的担心，对此学生纷纷提议："可以制定煲汤时间规划，在空隙时间备材料，节省煲汤时间。""使用电饭煲煲汤，不用看火，利用这个时间完成作业，既保证安全又不耽误学习。""对学习内容进行规划，在煲汤看火的时候可以背背单词、听听录音，既能安全煲汤，又不让爸爸妈妈担心学习。"从学生的各种思路中捕捉创新思维的火花，让学生认识到劳动需要合理、科学规划，必须注意安全问题，只有这样才能让父母放心、让自己开心。

伙伴来分享，量力而行最顺心。学生为家人服务的心是美好的，但有时因为对自己的能力认识不清，无法坚持劳动。我们通过情景模拟、换位思考的方式理解同学为什么未能完成计划，在出谋划策的过程中，让学生认识到要对自己的能力有准确的判断，从而逐步转变劳动的观念——量力而行，知道劳动能力的培养是一步一步的，再在全班进行阶段评价并表彰。某学生在活动后有这样的感悟：就像爸爸说的"一口吃不成一个大胖子"，每个人不仅能和身边的人比，还可以跟昨天的自己比，自己的能力有所提升就是进步，设定目标要适度，只有这样才能在劳动中干得顺心，做得开心。

自我评价，坚持劳动最开心。在日常的评价中，充分调动和发挥各种力量，通过学生自评、互评、小组评、家长评和教师评、学校评相结合等多元评价的方式，对学生的劳动进行激励，使他们在劳动中感受到认可和成功的喜悦，鼓励学生坚持劳动，分享交流活动的感受，辐射劳动乐趣，让更多人参与到快乐劳动之中。学生在一次次评价、展示中，获得劳动成就感。

总之，在"争做暖心营养师"活动中，学生掌握了劳动技能，身体得到了锻炼，学会为家人服务，懂得用劳动创造成就感、价值感。我们的活动不只是为了学会简单泡茶、煲汤这一技能，更希望学生能理解个人的生存、社会的发展要靠劳动创造的，通过劳动带来幸福。小学劳动教育对于我们来说是一种挑战，在"新味""趣味""甜味"的"三味厨房"中，学生对厨房劳动的认同感逐步加深，形成了劳动意识，端正了劳动态度，养成了劳动习惯，培养了劳动观念，展现了劳动价值。

家班共建美食馆，携手推进劳动教育

上海市浦东新区明珠临港小学　潘惠娜

劳动教育是学校教育中一项重要的内容，对促进学生全面发展有着积极意义。《中共中央国务院关于全面加强新时代大中小学劳动教育的意见》指出："劳动教育是国民教育体系的重要内容，具有树德、增智、强体、育美的综合价值。"学校、家庭、社区都应该成为实施劳动教育的重要场所，为新时代劳动教育赋予新的含义。

一、缘起——家班共建"美食馆"系列活动的实践初衷

我校注重对学生劳动能力的培养，曾开展"美丽中国劳动节"主题活动，为孩子们提供良好的劳动教育实践平台。我班有幸承办了"中华美食"的展示工作，同学们参与热情空前高涨，活动结束后意犹未尽，燃起了他们持续劳动的热情。班里学生自理能力较差，家长的过度呵护与宠溺，使孩子缺乏基本的劳动技能。其实，他们有参与劳动的意愿，可总是缺少锻炼的机会。基于此，笔者与学生及家长商讨决定创建班级"中华美食馆"，以此作为凝聚家班教育合力、创新劳动教育的平台。通过美食制作、美食推广等活动，学生可树立良好的劳动意识，掌握一定的劳动技能，养成劳动好习惯，并在劳动中学会合作、分享。

二、调查——家班共建"美食馆"系列活动的实践基础

特殊的"家庭作业"，学生了解初体验。劳动教育活动的设计和开展，指向学生劳动能力的提升和劳动素养的形成。为了更好地开展"美食馆"系列活动，前期的可行性调查和研究是非常有必要的。笔者设计了特殊的家庭作业"家乡美食我知晓"小调查，要求学生和父母长辈交流，推荐自己家乡的美食，设计自己感兴趣的美食主题活动。

温馨的"云上连线"，家校智慧对对碰。家庭教育的意义深远，孩子劳动技能的提升、劳动习惯的养成离不开家长的言传身教，家班共育活动的开展也离不

开家长的支持。因此，我们采用"云上连线"的方式，与家长进行"云讨论"。家长的参与和支持，为"美食馆"活动的实施奠定了基础。

三、实践——家班共建"美食馆"系列活动的实施过程

（一）家班共建"美食馆"系列活动的整体构架

《道德体验论》中把"体验"定义为人类的基本生存方式之一。的确，小学生道德感悟最重要的方式就是体验活动。为了让学生获得全面有效的体验感受，老师结合前期收集的各类信息，制作了"美食馆"系列劳动教育活动的整体框架。

表1 "美食馆"系列活动框架

年级	家庭美食活动	班级美食活动	社区美食活动
四年级	• 寻找身边的大厨 • 少年学厨 • 学做我的拿手菜	• 美食馆主竞聘会 • "老塌饼"创新大会 • 班级美食大会	• "走进85℃"劳动体验 • 某社区美食大会
五年级	• 新菜品研发秀 • 美食吃播秀 • 我来准备年夜饭	• 家乡美食品鉴会 • 新菜品展示会 • "班级招牌菜"研发	• "清美绿色食品有限公司"劳动体验 • 我为敬老院送美食

（二）家班共建"美食馆"系列活动的共育渠道

成立"美食馆工作组委会"，家班合作共策划。充分发挥班级家委会作用，发动家长自主报名，和班主任老师一起成立"美食馆工作组委会"，为活动出谋划策。组委会设会长、副会长，负责美食系列活动的整体设计、单项细化和具体组织实施。组委会的成立为美食馆活动提供了有力的组织保障。

组建"家长美食大师储备库"，家班合作共指导。家长是孩子的第一任老师。在"美食馆"系列活动中，我们充分挖掘家长资源，邀请有厨艺特长的家长成为"家长美食大师储备库"成员，参与班级美食馆系列活动，做导师，当评委，积极发挥"美食大师"的指导作用。

制订"美食活动家长任务清单"，家班合作共体验。家长的真心陪伴，是孩子投入劳动实践活动的动力和源泉。因此，我们共同制订"美食馆活动家长任务清单"，清单中明确任务：教孩子做一个家乡菜、每周指导孩子做一次饭菜、为孩子的美食制作过程拍摄视频等，提议家长陪伴孩子共同完成家庭美食制作，在亲子体验中共享劳动的快乐。

（三）家班共建"美食馆"系列活动的有效推进

"美食馆主竞上岗"，点燃劳动热情。劳动能培养人，锻炼人。劳动热情对学生来说是一股强大的前行动力。"美食馆主"的竞聘，激发了孩子们的劳动热情。"馆主任务清单"的设计，让孩子明确劳动的任务和要求。老师和家长的积极参与和评价让孩子们在活动中不断获得自信和成功的体验。

"多维少年学厨艺"，淬炼劳动技能。劳动教育是知行合一的教育。在家班共建系列活动中，家长和孩子共同努力，多维渠道学习制作美食的技能，使孩子的成长变得更立体。渠道一：父母。家长主动担任学生的劳动导师，提炼做菜步骤，注重示范，引导学生关注细节，提高菜品品质。渠道二：亲戚朋友。家长与学生一起寻访身边做菜比较好的亲戚朋友，以"邀请厨师"或"外出学厨"的方式，请教拿手菜的制作方法和要点。渠道三：媒体网络。和家长一起利用网络，寻找想要尝试的美食制作方式，跟着媒体网络的演示步骤学习厨艺。多维渠道，多方实践，深入挖掘身边的"人"和"物"，有效促进学生劳动技能的学习和提高。

"开张迎客展成果"，分享劳动智慧。学校是孩子们分享劳动智慧的乐园，利用班级美食馆展示劳动成果，不仅能激励学生在劳动中持续创新，更能在集体氛围中强化劳动教育的意义。"中华美食馆"在国庆节、元旦等节日前适时开张营业，馆主们盛情邀请全校师生莅临美食馆，品尝劳动成果，分享成功喜悦。

镜头一："家乡美食品鉴会"，美食技艺的传承习得。美食的传承是烹调技艺的延续，更是孩子们对前辈劳动精神的敬仰。"家乡美食品鉴会"是一个不断尝试、改进、调整的过程，每一道家乡菜色、香、味俱全，"大厨们"精心的制作和菜品深远的寓意为劳动增添了精致感。

镜头二："老塌饼的新味道"，传统美食的推陈出新。在"美食馆"活动过程中，孩子们充分发挥劳动创新力，老产品做出新花样，将美食制作向智慧劳动延伸。为满足不同嘉宾的口味需要，小小点心师创新了塌饼馅料，老塌饼的新味道得到一致好评，嘉宾们纷纷交口称赞。

镜头三："小吃播上线啦"，新兴美食产业的创意诞生。劳动空间有多大，孩子们的创意就有多广。为更好地宣传自己的美食，孩子们把制作和品尝美食的小视频剪辑在一起，在美食馆的电子屏上滚动播放。一个个"小吃播"吸引了大家驻足观看，也激发了大家对这些美食的制作兴趣。这个富有创意的自我展示平台给活动增添了别样的精彩。

四、回味——家班共建"美食馆"系列活动的收获体会

全方位情境场域,让劳动教育有高度,形成劳动新风尚。"美食馆"作为连接学校与家庭劳动教育的纽带,建立了可供学生实践的劳动场域,并将劳动教育情境化,在任务驱动中激发学生的劳动兴趣,培养劳动能力和创新能力,感悟劳动精神与劳动价值。有趣又时尚的美食馆创建活动,营造了快乐劳动的氛围,引领了"美食制作"劳动实践新风尚,更体现了新时代劳动教育的魅力。

多维度学习实践,让劳动教育有梯度,形成劳动新序列。"美食馆"系列活动中,从劳动技能的学习、实践,到劳动成果的分享品鉴以及创意劳动等方面,多梯度引导学生深入体验和感悟,获得自我成长。此外,家庭、班级、社区三者结合,将劳动教育深化和延伸,让学生在循序渐进的系列化活动中探求劳动的意义和价值,从而树立"劳动光荣、劳动幸福"的观念。

合作式亲子陪伴,让劳动教育有温度,形成劳动新模式。活动中,家长通过参与组织策划、活动指导、日常陪伴等多种形式,言传身教,为美食馆活动的持续开展注入了更多的动力源泉。劳动教育不仅锤炼了孩子,也同时锤炼了家长。"合作式亲子陪伴"成为一种劳动新模式。

"家班共建美食馆"是提升学生综合素养的沃土。我们将以此为契机,挖掘现代教育资源,建设序列化现代劳动教育体系,家班携手共同推进劳动教育,培育具有新时代劳动素养的未来人才。

基于家班共育的小学劳动教育路径探究

上海市松江区仓桥学校 袁 玮

在日常生活中，劳动教育在学校中经常被弱化，在家庭中被软化，在社会中被淡化，中小学生劳动机会减少、劳动意识缺乏、劳动能力不强等问题常有出现。因此，如何结合学生生活实际，开展有效的劳动教育，提升学生的劳动意识，培养良好的劳动习惯和劳动品质，值得我们探索。

一、班级劳动教育的现状分析

我观察到，班级学生虽然已经四年级了，但日常劳动仍然主要靠老师指定分配，也常把家务劳动当作是一项作业来完成，缺乏自觉劳动的意识。为了更充分地了解我班学生的劳动现状，我进行了相应的问卷调查。

学生问卷分析。从学生问卷中发现我班学生每天用于劳动的时间非常短。67.5%的学生每日劳动时间在半小时以内，超过一小时的仅占7.5%。学生劳动场所比较单一，参与家庭劳动的学生占37.5%。参与社会劳动的学生仅有17.5%。在劳动内容上，学生较多参与的是扫地、排桌椅、扔垃圾等简单的劳动。同时，从问卷中我也了解到学生在劳动中遇到的困难集中在"学习任务重，没时间劳动""劳动技能不熟练"上。这些数据反映了学生的主动劳动意愿不强，劳动能力偏弱，劳动服务意识淡薄。

家长问卷分析。从家长问卷中看出大部分家长还是支持孩子进行家务劳动的。70%的家长只是在配合老师完成劳动任务，只有27.5%的家长能根据自己的劳动经验指导学生，或和学生一起参与劳动。同时我们也了解到，家长在指导孩子参与家务劳动中遇到的困难集中在"孩子缺乏劳动方法""动作慢影响劳动效率""劳动能力不够"，家长缺少对孩子的劳动技能进行科学有效地指导，更没有对孩子的劳动习惯进行有计划的长期培养。

由此可见，劳动教育实践必须要家庭、班级、社会三者协同开展，注重教师、家长、学生三者互动合作，注重学生爱劳动、乐服务等劳动意识的培养，这样才

能真正有效地帮助学生提高劳动能力，养成劳动习惯，提升劳动素养。

二、班级劳动教育的实施路径

实施路径一："家·班·社"协同，创设劳动教育立体空间。我们开展"爱劳动 乐服务"班级劳动教育系列活动，努力发挥"家·班·社"协同育人功能，帮助学生养成"家务劳动主动做、校园劳动合作做、社会劳动乐意做"的劳动好习惯。一是坚持"服务空间三维融通"。家庭中侧重日常生活劳动，引导学生家务劳动主动做；学校里侧重班级群体合作劳动，引导学生班级劳动合作做；社区里侧重志愿服务劳动，引导学生社区劳动乐意做。二是坚持"服务目标螺旋式递进"。根据四年级学生的认知特点，劳动实践活动的服务目标遵循了螺旋式上升、循序渐进的原则，帮助学生从学会服务个人到学会服务他人，进而学会服务集体，最终学会服务社会。三是坚持"服务时间常态推进"。基于四年级学生的年龄特点和成长发展规律，注重劳动时间的科学安排、合理分配、常态推进，以"每日、每周、每月、每学期"的时间维度，分配学生的劳动时间，增加学生的劳动机会，将劳动教育渗透于学生的日常生活中。

实施路径二："师·家·生"一体，营造劳动教育和谐氛围。在劳动教育实践中，一要大力发挥教师的主导作用。教师尤其是班主任不仅要指导学生组织开展各项劳动实践，也要指导家长开展好家庭劳动教育。二要大力发挥家长的助力作用。每个家长都是孩子劳动教育的启蒙老师，"家长要鼓励并'手把手'教会孩子家务劳动，每年学会1—2项生活技能"。因此，家长需要成为教师的同盟军，在日常生活中做好孩子劳动教育的指导者、参与者、评价者，帮助孩子养成从小爱劳动的好习惯。三要大力发挥学生实施主体作用，树立正确的劳动价值观，养成良好的劳动习惯及勤俭、奋斗、创新、奉献的劳动精神，从学做劳动，到会做劳动，最终爱做劳动。

实施路径三："五环节"联动，丰富劳动教育实施策略。我们在开展"爱劳动 乐服务"活动中，紧紧抓住"理念学习、方法指导、活动体验、评价激励、展示交流"这五个关键环节，在不断地循环递进、层层推进中，丰富劳动教育的实施策略，促进学生劳动素养的提升。在"理念学习"环节，我们主要开展了"劳动故事汇""劳动歌谣吟""劳动日记录"等活动。在"方法指导"环节，我们开设了"劳动技能小课堂"，邀请学生作为小老师为同学传授劳动技能；"亲子劳动小学堂"，家长成为孩子劳动技能的指导师，亲身示范，教授孩子收纳衣柜、烘焙点心、清洁浴室等小妙招。在"活动体验"环节，在家长们的大力支持下，我们组

织了"家庭劳动大挑战""班级劳动大PK""亲子社区公益行"等活动，学生们在这些活动中既感受了劳动的快乐，也体验了助人的喜悦。在"评价激励"环节，我们创新了评价方式，让"劳动实践手账"既成为学生劳动实践的小档案，又成为学生星级评价的重要依据。我们还借助"劳动实践星级评价单"，在积极参与、实践操作、服务意识三方面分别进行自评、组评和他评，最后再对劳动实践进行活动总评，每学期评选出劳动之星。在"展示分享"环节，我们组织开展了"劳动技能赛"，如在"收纳才艺大比拼"活动中学生们根据竞赛内容，有的展示收纳技能，有的分享收纳妙招，比赛的视频则在班级群同步直播，最后由学生、家长、班主任共同担任评委，评选出"收纳才艺之星"。而"亲子劳动秀"，利用班级群我们组织了形式多样、内容丰富的亲子劳动秀，如围绕"我是做饭小能手"这一主题，我们举办了"家庭美食节"，父母和孩子一起购买食材、清洗食材、制作美食，既收获了劳动的快乐，又促进了亲子关系的和谐。

三、班级劳动教育的成效与反思

一是有效促进了劳动教育空间的融合。通过家校共育，劳动服务区域涵盖了家庭、学校和社区，不仅有效形成了劳动教育空间的融合，还在一定程度上形成了全员育人、全程育人、全方位育人的德育工作格局。

二是有效增强了劳动教育氛围。通过劳动教育实践活动，学生提高了劳动技能，树立了为个人、集体、社会服务的劳动意识，养成了坚持劳动的好习惯。家长的劳动观念随着学生的成长而发生了转变，不再只是家庭劳动的监督完成者，而成为学生劳动教育的指导者和参与者。通过学生、家长、教师的互动，班级劳动教育的和谐氛围形成了，实效也有了显著的体现。

三是社会资源有待进一步挖掘和利用。虽然通过这一系列活动，家长、学生的劳动观念得到了转变，但还是时常出现轻视劳动的现象。要让劳动教育更富有实效，需要社会发挥支持作用，提供必要的保障。因此，如何进一步挖掘和利用社会资源，提升劳动教育的实效性，值得我们进一步探索。

四是劳动素养评价机制有待进一步健全和完善。只有开展好劳动教育过程监测与纪实评价，发挥评价的育人导向和反馈改进功能，才能更好地促进学生的发展，培养学生的公民责任意识，但是评价标准、程序和方法等都需要进一步研究及探索，尤其是学生在家庭、社区中的劳动评价。

家校劳动岗位配对　培养小学生家庭责任意识

上海市杨浦区控江二村小学　顾酉酉

近年来,劳动教育备受瞩目,学校已然成为学生参与劳动的主要场所。以笔者所带的班级为例,学生参与班级劳动的热情较高,却很少有孩子能每天参与家庭劳动。家校之间的环境转变导致学生很难将学校学习的劳动技能在家庭中延伸、巩固、提升。不少家长虽然知道培养孩子劳动习惯的重要性,但在操作层面上缺少科学的指导,难以形成有效的家庭劳动模式。因此,本文旨在以小岗位为抓手,联动家庭与学校的劳动实践圈,探讨如何将家庭和班级劳动岗位进行配对,从而提高学生的劳动素养和家庭责任意识。

一、家校劳动岗位配对的实施原则

在班级管理中,岗位制度已趋于成熟,但由于家校之间劳动的时间、岗位、效度都存在一定的差异性。故在家校劳动岗位配对过程中,需遵循以下原则:

劳动岗位与具体事情相连。以岗位定内容,一事一岗,内容具体明确。在起始阶段,学生一般从日常性劳动做起,如洗袜子、叠衣服,操作简单。在向综合性劳动进阶的过程中,切忌指令模糊,应帮助学生厘清步骤、拆分内容,从而指导其有条理地劳动,培养其独立做家务能力。

劳动岗位与责任相连。"岗位"一词包含其职责,因此,小学生一旦认领了某个岗位,就认同了一份责任,当进行集体劳动时,需分工明确,具体到人,如饭后餐桌收拾,谁负责擦桌子、谁负责洗碗、谁负责垃圾收拾,分工一定要明确,在合作劳动中体验对集体劳动的快乐,养成团结协作的良好品质。

劳动岗位与评价相连。以岗位的形式规定劳动任务,从劳动时间、劳动技能、劳动态度等维度分别进行自评、互评、师评和家长评,通过星级评价,学生可真切体会自己的劳动成果为他人所肯定的愉悦,提升劳动实践能力。

二、家校劳动岗位配对的实施策略

一直以来,笔者主张通过班级劳动岗位的形式,鼓励学生主动参与班级公共

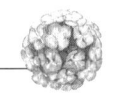

事务管理，让孩子形成"人人都要劳动"的认知，提升学生对劳动教育的认可度，使之成为家校共建劳动岗位的思想基础。

家班共商，寻找家校劳动岗位契合点。在岗位设计阶段，笔者利用一年级新生家长会，指导家长借鉴班级小岗位劳动制度，根据学生的年龄特征，建立家庭劳动小岗位，从而培养学生在家劳动的好习惯。家委会大力支持，群策群力，筛选整理出"个人卫生类""烹调类""整理类""清洁类"等各种劳动岗位。为了让孩子把在学校习得的劳动技能迁移到家庭，笔者把家庭劳动岗位与班级劳动岗位相对应，孩子在班级认领某个岗位的同时，回家也担任相同岗位的职责。这样不仅能让孩子反复操练某项劳动技能，也便于家长督促指导。以一年级家庭劳动岗位为例，学生在班级的劳动岗位为"课桌整理"，那家里固定劳动岗位则是"书桌整理"，家校携手培养孩子的整理能力。当学生步入中年级段，班级劳动岗位不局限于教室，还包括包干区的卫生工作，相应的家庭固定劳动岗位也从收拾碗筷拓展至对家庭用餐区域的清洁维护。

螺旋式上升，定期叠加家庭劳动岗位。家庭劳动岗位的设立在本质上是推动学生劳动技能的持续发展，与班级每学期相对固定的劳动岗位不同，学生随着年纪的增长，需要在家庭中承担更多的责任。因此，家庭劳动岗位应采用任务叠加模式，鼓励学生每学期增加一个劳动岗位。这样，待小学毕业时，每个学生至少能掌握十项家庭必备劳动技能，可以更好地服务于家人，真正成为家庭小主人。

私人订制，打造特色劳动岗位。在家校劳动岗位配对的基础上，可根据家里的实际需求，增加家庭特色劳动岗位，比如"铲屎官岗""多肉盆栽护卫岗""保健品服用提醒岗"等。针对孩子兴趣爱好和特长，家长也可以为孩子私人订制系列劳动课程，如"小蓝带烘焙课程""收纳课程"等，让孩子在掌握一定生活技能的同时，养成良好的劳动习惯，得到个性化的成长。在家庭设立特色劳动岗位的同时，班主任需要不断提供助力保障。如与学校兴趣社团联动，选送有潜质的学生参加社团专业系统的学习；搭建展示平台，分享学生的创造性劳动成果，激励学生的创新性劳动热情。

多元评价，构建监督共育机制。建立多元化的评价方式，运用过程性评价、激励性评价、展示性评价等方式，不断激发学生劳动积极性，使学生找到自我发展的生长点。

过程性评价。针对劳动教育的特点，遵循学生身心发展规律，建立全过程评价体系。在建立劳动小护照、晓黑板发布"21天劳动打卡""周末乐劳动"等活动中，家长记录劳动时间，并上传至孩子的"劳动一刻"，通过自评、互评、家长评、

教师评等多元评价模式，对学生的劳动技能、劳动态度等进行过程性评价，力求全面真实地反映学生的劳动情况。

激励性评价。定期评选"劳动小明星"，激发学生的劳动热情，分享劳动成功的喜悦。以在家劳动时间和实践操作作为评价考核内容，在线上传考核视频，由学生、教师、家长共同参与考评。对劳动能力欠佳的学生，班主任与家长共商对策，加强指导，细化对其的劳动要求和劳动时间，确保人人都能胜任岗位工作。

展示性评价。通过校园"我技我秀"微视频，鼓励学生秀一秀自己拿手的劳动技能和生活小窍门，充分肯定学生在劳动习养中的新发明、萌发的新思考，共享劳动智慧，不断激发学生的创造兴趣和创新能力。

三、家校劳动岗位配对的初步成效

家校劳动岗位配对为家庭劳动教育提供了一条切实可行的路径，取得了初步成效。

激发学生责任意识。家庭岗位配对培养了学生对家庭的责任感，学生在家中有了主动服务的意识。我班小孙家中有保姆照顾生活起居，自理能力较差，是典型的"小少爷"。家庭岗位配对后，小孙不再依赖他人，认真主动地做好岗位工作，在爸爸妈妈的指导督促下，自理能力得到了明显提高，还获得了"劳动小明星"的光荣称号。

有效促进家班联动。在"家校劳动岗位配对"实施的前期，家委会起了重要的作用，从家庭劳动岗位的征集，到家庭劳动岗位的试运行，家委会成员全程参与，提供了不少金点子。在家校劳动岗位配对实施的中后期，全班家长都积极参与，不仅认真督促指导孩子的岗位工作，及时反馈评价孩子的工作情况，更有家长志愿者主动开设"巧手叠衣服""妈妈美食课堂"等微课程，分享劳动智慧。越来越多的家长改变原先的育儿理念，转而化身成岗位技能的传播者，与班主任携手推进劳动教育。

有利传承良好家风。原先，班中不少家庭为"祖辈代劳"模式，即祖辈包揽全部家务，80后父母因工作繁忙，自身也很少参与家庭劳动。而家庭劳动岗位的建立促使父母全程关注孩子的岗位工作。在关注的过程中，父母常常被孩子认真负责的态度感动，并体悟到家务劳动的繁杂辛苦，感受到父母整日操持家务的不易，感恩其父母的常年付出，进而主动为父母分忧，与孩子共同承担起家庭劳动的责任，热爱劳动的良好家风得以传承。

"三延"路径拓展小学爱国主义教育

上海市宝山区月浦中心校 钱 梦

一、小学生爱国主义教育现状分析

爱国主义教育作为学校德育的重要内容,是小学教育中不可或缺的一部分。通过调查问卷发现,目前小学阶段实施的爱国主义教育,主要存在以下两个方面的问题:

爱国主义教育在学校呈现形式单一。爱国主义教育的内容涉及面广,需要教师从不同的角度用不同的载体呈现爱国主义教育的内容,而当前爱国主义教育主要是借助语文、道德与法治等教材内容,呈现形式单一,缺乏多样化的内容和形式。

班主任对爱国主义教育经验不足。爱国主义思想的培养是一个永恒不变的主题,班主任要增强小学生的爱国意识,把爱国主义思想情感深深铭刻在小学生的心底。现实中,班主任队伍年轻化,对政治问题不敏感,平时的爱国主义活动开展多依赖上级文件指示,缺乏班级特色。在抓住教育契机、更新教育内容上,经验不足。

二、小学生爱国主义教育的实施原则

家校协同原则。班主任和家长要形成教育共识,协同引导学生从自然、社会、文化等方面认识国家的过去和现在。

时事融合原则。结合时事对学生进行政治启蒙,了解红色基因,为他们的成长打好底色。

活动育人原则。以丰富多彩的教育活动为载体,不断培养小学生对班级、学校、国家的热爱,增强学生的民族自尊心、自豪感和自信心。

三、家班共育视角下爱国主义教育的实施策略

（一）延展身边事件，把握爱国主义教育契机

想要把爱国主义教育做好，班主任在日常生活中要多多关注新闻和国家动态，学着从身边事中挖掘元素进行教育。班主任可以将自己对身边事的理解及时跟家长沟通，家校携手制订方案、设计活动，共同进行爱国主义教育。

关注生活点滴，用心激发爱国主义情感。班主任指导家长利用身边的资源和互联网的资源，发掘爱国主义教育素材，用具体的、生动的身边事，让孩子理解"爱国主义"。例如：家长帮助孩子对比国内外面对新冠肺炎疫情的做法，激发孩子体会社会主义制度的优越性、生发自豪感，从而坚定学生的"强国志"。

参与实践活动，积极传递爱国主义正能量。指导家长和孩子一起参与实践活动。家长结合时事要闻，鼓励孩子用手绘报、诗文、短视频等各种形式表达自己的感受。引导孩子思考：今后想成为什么样的人？如何成为这样的人？将思考后的结果落实到生活中，实践"报国行"。

（二）延展校内课堂，深入挖掘教材中的爱国主义教育素材

班主任要善于挖掘教材中的爱国主义教育素材，带领学生在课堂中了解祖国的大好河山、名胜古迹，了解自己家乡的特色文化，增强爱家乡的自豪感和对祖国文化的自信。班会课上请学生朗诵语文课本里赞扬祖国秀丽山川的句子，讲讲数学课中提到中国的土地面积；组织学生唱唱音乐课中学到的红歌；美术课上带领同学欣赏中国山水画；体育课上说一说体育项目中哪些运动明星在世界比赛中名列前茅。还可以延展校内课堂内容，引导学生从社会、文化、自然等多方面认识国家，领略祖国的大好河山，激发学生的爱国热情，聚焦社会主义建设中人民改天换地、勇于创新的精神，切实培养学生的爱国主义情怀。

（三）延展课外生活，深入开展家班共育的爱国主义教育体验

在家庭中积极开展爱国主义教育对孩子成长的影响是巨大的。班主任将爱国主义教育通过家班共育的形式延展为活动项目，组织丰富多彩的爱国主义教育活动，使学生在实践中体会祖国之美、祖国之强大。

游中华，请家长为孩子动动手指。班主任指导家长假期带孩子到景点时，带上一面小小的五星红旗，留下孩子与国旗的照片。开学后学生在教室里展示照片，共同分享所见。孩子们感受到祖国山河的美丽，对祖国的自豪感、认同感油然而生。孩子认同了祖国美好的山川、认同了各地不同的文化风俗，自然从"我爱我家"到"我爱我的家乡"，再到"我爱我的祖国"。

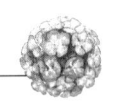

寻足迹，邀家长带孩子迈开步伐。假期中班主任安排了一次"追梦人寻访红色足迹"活动，要求寻访一处家乡的红色场馆，如吴淞炮台湾公园、一大会址等。每个小组邀请一名家长担任活动指导，带领学生组队寻找上海的红色历史。探索的过程中，孩子们明白了家乡的历史，从战场到美丽家园是多么不容易，从而更加热爱家乡；他们认识到，面对个人和国家利益的时候，先烈们挺身而出，用生命换取国家的完整、人民的自由。游览结束后，小组成员回顾寻访红色足迹中获得的知识，讲红色故事，抒爱国情感，立报国志向。

聊祖国，学生带着家长老师共进步。文化需要传承，爱国情感也需要传承。班主任组织开展"爱国知识知多少"主题班会。前期准备让学生提出问题，如"为什么国旗是红色的？""中国地图一直是这么大吗？"请学生认领问题，自己寻找途径获取知识，班会上做回答；班主任梳理归纳学生提出的问题，这些问题促使班主任查找资料、翻阅史籍、学习政治理论，掌握更多爱国的知识；家长针对孩子的提问，主动了解相关知识。学生从家长的言行、情感中更容易产生共鸣，班级、家庭中爱国主义的氛围浓烈。师生、家长在活动过程中共同学习了爱国知识，也传承了爱国主义的思想情感。

四、小学生爱国主义教育实践的成效

在"三延"实践中，班主任通过关心身边事，增加对国家的认同感，更善于发现时事中的爱国主义教育契机。班主任通过言传身教，使爱国思想与情怀，潜移默化地影响到学生。学生通过课内到课外的学习和实践，受到具体生动的爱国主义教育，建立爱国情、明确强国志、实践报国行，为将来成为社会主义建设需要的人才打下了良好的基础。家长参与到家班共育中，不仅增加了亲子互动时间，融洽了亲子关系，也培养了学生的爱国主义情感。

流行元素入诗画　家班共育爱国心

上海外高桥保税区实验小学　王遥珏

对祖国悠久历史、深厚文化的理解和接受，是爱国主义情感培育和发展的重要条件。唐诗宋词是中华优秀传统文化中的一颗璀璨明珠，是进行爱国主义教育的宝贵资源。我们以唐诗宋词为载体，融入新时代微媒体教育元素，通过家班共育的形式，引导学生在活动中体验，在活动中感悟，在活动中理解，探寻爱国主义教育的新途径。

一、草木百年新雨露——挖掘爱国主义教育新风尚

唐诗宋词以其独有的韵味成为传统文化中的一朵奇葩。我班学生对于短小、朗朗上口的唐诗宋词充满浓厚的学习兴趣，但对于诗词中所蕴含的中华文化及爱国情感一知半解。因此，激发学生的内源性学习动机，使其在诗词中汲取精神力量，传承中华文化，埋下爱国主义的种子，显得尤为重要。为了提高学生对诗词所含精神的理解，我们借助微媒体实施爱国主义教育，拓展了教育形式，延伸了教育效能。经过比对、筛选，"手机微信群""喜马拉雅App""中国诗词大会"三个微媒体成为活动推进的主要载体。

手机微信群：学习沟通及时雨。对于四年级的学生来说，很多孩子对微信的操作已非常熟练。将唐诗宋词这一爱国主义教育内容引入微信群后，孩子们在群里及时发送诗词知识、诵读音频，互相学习共同进步，让沟通变得更有意义。

喜马拉雅App：分享挑战互动云。喜马拉雅App操作方式简单、录音分享功能强大。另外，平台上拥有大量名人、作家以及播音演员、配音演员诵读的古诗词音频，为学生模仿学习提供了资源；同时，喜马拉雅App还有网络分享功能，可以形成生生、师生、家班之间的交流分享，甚至还可以和陌生人分享，并收获粉丝。这一互动模式对于学生来说既新奇又充满挑战，能持续点燃学生对唐诗宋词的热情。

中国诗词大会：熏陶体悟代入感。中国诗词大会以"赏中华诗词、寻文化基因、品生活之美"为基本宗旨，分享诗词之美，感受诗词之趣，从古人的智慧和情怀中汲取爱国思想。节目所营造的诗画意境，能让学生感同身受，有强烈的代入感，对于情感的熏陶有促进作用。

二、淡妆浓抹总相宜——探寻爱国主义教育新途径

为了持续有效地开展爱国主义教育，我们依托家长资源、唐诗宋词、时代流行元素，通过三大主题活动将它们有机整合，以此探寻爱国主义教育的新途径。

线上吟诗线下画　大美中华我勾勒。唐诗宋词以其深厚的文化内涵，处处彰显着传统文化独特之美。我们借助时代流行元素，线上吟诗线下画，让孩子们通过吟诵古诗文，勾勒诗画作品，感受中华文化之美，激发他们对祖国的归属感、认同感。活动中，首先由组长带领组员聆听喜马拉雅App中各类名人的诗词范读，进行吟诵和比较，并由家长助教在每个小组微信群中提供古诗词的简单讲解和吟诵指导；然后每周为点赞最多的小组举办吟诵会。另外，每个小组共同完成一份诗画作品，大家结合诗词，用彩笔勾勒出中华大地的广袤壮美，并通过微信群晒一晒，写下自己的点滴感悟，使古诗词学习在笔下得到丰富和升华。最后，学生带着体验和感悟，通过喜马拉雅App的录音分享功能自听自吟，再听再吟，在自主学习中得到提升。线上线下的组合模式给孩子们带来了全新的体验，古诗词的吟诵激发了他们持续学习传统文化的热情，爱国的种子悄然萌发。

家长解读学生悟　大美中华我热爱。为了在家庭中营造读诗颂词的学习氛围，我们倡导亲子共读活动，鼓励家长和孩子一起读诗，引导孩子读诗，为孩子讲解诗，共创美好温馨的家庭人文环境。学校的"家长进课堂平台"邀请五位家长助教走进教室，带领学生对诗词背后的人文内涵和精神价值进行解读。老师整合家长的诗词教学，把抽象的诗词化作一幅动人画卷。开展班级主题教育课"诗画里的中华情"，引导学生体会华夏大地的山河之美，激发爱我中华之情；引导学生感受诗人对祖国美好景色的描绘，引导学生体会其高洁品格；赞赏其家国情怀，树立远大的报国理想。家校合作的教学模式让学生体会到诗词里的爱国情怀，把爱国主义的种子播撒到学生心里。

屏前赏诗幕后赛　大美中华我传承。我们是五千年文化的习得者，让孩子们把唐诗宋词这一文化瑰宝延续下去，才是真正的爱国实践行动。活动中，以家庭为单位，孩子和家长共同观看中国诗词大会，屏幕前全家一起重温学过的古诗词，分享诗画之美，感受诗词之趣，诗情画意叩响了家门。随后，学生自主模仿

诗词大会的竞赛类型，小组合作出题，家委会审核汇总，举办"班级诗词大会"。身穿古代服饰的学生和家长一同进课堂，共同分享诗之韵、诗之意、诗之情、诗之魂，从古人的智慧和情怀中汲取营养，涵养心灵。孩子们不仅读诗背诗，还体会到了诗词的凝练之美，韵律之美，体会诗人对世界、对人生的诗性表达，将自己与祖国连为一体。

三、万紫千红总是春——共悟爱国主义教育新成效

时代潮流促实效，激发爱国情怀。新时代，新元素。活动中，学生通过对一系列网络流行元素的实践，感悟到唐诗宋词蕴含的悠久文化、人文情怀，这是增强民族自信、文化自信的力量源泉。通过深入挖掘，使其更散发出现代教育的价值，让爱国主义教育内容进一步得到了升华，让爱国主义教育在时代更迭中历久弥新。

多彩活动促能力，促进全面发展。新活动，新发展。学生通过吟诵唐诗宋词、读诗作画、诗词大会体验等活动，得到了良好的学习和锻炼，不仅在实践中感受到唐诗宋词传递的文化知识和内涵，更培养了良好的素养和综合能力，陶冶了情操，有利于学生的个性成长，使其身心得到全面发展。

家班共育促合力，提升协同意识。新形式，新意识。在开展"流行元素入诗画"主题活动中，对家长来说，一次次爱国主义思想的教育，一次次传统文化的洗礼。他们与孩子们相伴共吟诗词的美好时光，一家人围坐共赏诗画的和谐气氛，让彼此间多了陪伴与交流，家长对孩子的发展状况有更全面的认识，家庭教育策略不断调整。此外，家庭和学校之间有了更多的默契，家长对学校、对班级文化建设参与意识更强了，协同育人使爱国主义教育的成效加倍。

实践研究促发展，形成向上氛围。新机遇，新挑战。班主任通过活动的开展，使班级凝聚力得到了提升，每一个孩子都愿意主动参与活动，形成了积极向上的班级氛围，同时，携手家长转变家庭教育理念，家班共育，一起研究以唐诗宋词为载体的爱国教育，搜集鲜活、个性化的案例，开展实践研究，也提升了班主任的专业素养和能力。

问渠哪得清如许，为有源头活水来。"流行元素入诗画 家班共育爱国心"主题活动，将教育的力量拧成了一股绳，产生了强大的教育合力，将爱国主义思想深深根植于每个学生的心中，引领孩子们传承、发展优秀中国传统文化。

故事点亮心灯　培育家国情怀

上海市崇明区西门小学　顾一沁

2013年8月的全国宣传思想工作会议上，习近平总书记提出了"讲好中国故事"的时代命题。听故事、读故事、讲故事是小学生喜闻乐见的学习方式，以"故事"点亮学生的爱国"心灯"，是班主任开展新时代爱国主义教育的有效路径。

一、小学爱国主义教育的基本现状

爱国主义教育是一个永恒不变的主题。过往的小学爱国主义教育，缺少对主体——学生的调查和分析，常常忽略受教育者本身的主观情感因素，对学生认知发展、心理需求等缺乏同理思考，导致学生对爱国主义教育活动不甚理解、不感兴趣。爱国主义教育的内容涉及面较广，因而需要教师从不同的角度用不同载体呈现不同类型的内容。然而当前小学爱国主义教育内容的呈现载体较为单一，且实施方式也较为单一，缺少班级特色，故而学生无法从自身体验和感受出发将爱国主义内化为自身的道德规范。

二、"故事点亮心灯"育人活动的架构与实施

基于目前小学阶段爱国主义教育存在的不足，结合学校"书香浸润校园"的综合实践活动，本着"近一点，实一点，小一点"的原则，根据各年段学生的认知水平及情感发展特点，以培育"家国情怀"为爱国主义教育核心，让学生在读故事、听故事、寻故事、讲故事等喜闻乐见的活动中，点亮爱国"心灯"。

（一）基于故事特性，建构"三化"策略

一是课程化。注重道德与法治、语文等学科中的英雄人物故事和历史名人故事，发掘课外读物中的爱国人物故事，寻访身边的优秀人物故事，组成班级"家国情怀"故事系列课程。教师应在实施过程中，根据各年段学生的身心发展特点，注重教育目标及内容的分层。

二是活动化。活动是学生喜欢的一种学习方式，更是学生道德形成和发展的重要途径。"故事点亮心灯"活动的实施，注重学校、家庭、社会的三方融合，在读书、体验、寻访、创编、宣讲等多层次、多渠道、多形式的活动中，激发学生爱家、爱家乡、爱祖国的感情，培育学生的家国情怀。

三是常态化。运用各种恰当的方法，循序渐进，常态化地开展活动。在活动推进过程中，借助家庭、学校、社会的特色资源，鼓励家长积极参与，注重各类体验活动的过程性评价，激发学生持续参加的热情，以保证活动的常态化开展。

（二）基于认知特点，架构活动框架

基于不同年段学生身心发展特点，采取灵活多样的活动形式，用故事润泽学生心灵，培育学生爱家乡、爱祖国的情怀。

低年级：读英雄人物故事，感受英雄们英勇不屈、顽强斗争的精神，懂得今天的幸福生活来之不易，要倍加珍惜，激发学生爱英雄、敬英雄、学英雄的情怀。

中年级：读中国历史名人故事，感受他们的浩然正气，增强民族自豪感；参观家乡的名胜古迹，收集家乡的历史人物故事，培育热爱家乡的情感。

高年级：读新时代创业者的故事，感受他们在追梦路上不懈奋斗、甘于奉献的精神；寻访身边的先进人物，听他们讲述敬业奉献的故事，组织故事会，宣讲他们的感人事迹，滋养爱国情感。

（三）基于目标导向，注重融通衔接

学科联动，同心同向。语文、道德与法治、历史等学科都蕴含着丰富生动的爱国主义教育素材，教材中有不少革命先驱故事和历史名人故事，有的展现了伟大领袖心系群众、一心为民的高尚品德，有的体现了革命先驱不屈不挠、勇于献身的爱国精神，有的描述了普通人不惧困难、敢于担当的爱国情怀。班主任应与各学科教师携手，充分利用各学科的爱国主义教育资源，遵循学生的认知与情感发展的基本规律，结合教材特点，发挥任课教师的特长，开展颂英雄、演英雄、唱英雄、画英雄等形式多样的活动，共同营造爱国主义教育氛围，让学生在体验中感悟革命精神的崇高伟大，笃志润德，滋养爱国情感，把爱国主义教育真正落到实处。

家班共育，同频同振。家班合力共育是培育学生爱国情怀的有效途径。指导家长以传统节日为契机，对孩子进行爱国主义教育。清明时节，让家长带着孩子祭扫烈士陵园，了解抗战时期家乡抗日英雄的感人故事，致敬革命先烈；端午节，让家长与孩子一起了解节日的来历和风俗，讲述屈原的故事，共同感受中华民族悠久历史文化的魅力。身边先进人物的故事是培育学生家国情怀的好素材，

让家长利用走亲访友的机会，带着孩子走访亲朋好友中的好党员，了解他们的入党故事和平凡点滴，体悟普通党员勇于担当、甘于奉献的爱国情怀；让家长讲述自己的成长故事及家风家训故事，激发学生爱父母、爱家、爱生活的情感。

校内校外，同力同行。组织学生在校园内开展各类爱国主义主题教育活动。小学生年龄小，理解能力尚弱，爱国情感要通过生动活泼的活动才能真正融入学生的心中。班队会是班级教育活动的重要形式，是对学生进行爱国主义教育的重要途径，如在"我看国庆大阅兵"的班会课上，让学生讲述收集到的阅兵故事、练兵故事、阅兵记忆；在"我是家乡花博小导游"的班会课上，让学生讲述自家配合建设的拆迁故事；邀请参加"援鄂"的家乡医务人员在班会课上讲述抗疫故事……让学生在听故事、讲故事的过程中感受家乡的发展变化、新时代建设者的忘我奉献精神和祖国的伟大成就，提升爱国情怀。开展"英雄故事我来讲"活动，由学生讲《鸡毛信》《刘胡兰》《小英雄雨来》《小兵张嘎》等故事，让小英雄的光辉形象永驻学生心中。

组织社会实践活动，让学生在活动中直接感受、感知、建立对祖国的情感；带领学生走出校园，去烈士陵园扫墓、瞻仰一大会址、革命历史博物馆等红色教育基地，了解革命先烈英勇奋战的革命故事，学习先辈的革命精神；和社区联动，组织学生参观边防连，聆听边防战士保卫国家安全的感人故事；走访劳动模范、优秀党员、辛勤的社区工作者，一个个生动、感人的故事让学生们倍感亲切、倍受鼓舞，切身体会到爱国之情就在每个人的点滴行动中。

三、"故事点亮心灯"育人活动的成效

厚植了学生的家国情怀。"故事点亮心灯"的爱国主义教育活动已在班级中开展近三年。三年间，学生们在课内外阅读、聆听了大量内容丰富的爱国主义故事，爱国的心灯被点亮，家国情怀被滋养，真正意识到幸福生活来之不易，作为华夏儿女肩负的社会责任和历史使命。

丰富了特色班集体内涵。活动中，学生们喜欢听、乐意找、自觉分享感人肺腑的爱国主义教育故事，"故事点亮心灯"已然成为班集体建设的特色，成为班级名片。各学科老师、家长的积极参与，丰富了班集体建设的内涵。

提升了班主任专业素养。故事育人是德育工作又一新增长点，在"故事点亮心灯"的活动中，班主任既是指导者，又是积极参与者，更是学习者。为了保障"故事点亮心灯"育人活动顺利开展，班主任边学习，边实践，边研究，专业能力不断提升。

基于家班优势互补的小学劳动教育实践

上海市普陀区真光小学 金 鑫

中共中央、国务院印发的《关于全面加强新时代大中小学劳动教育的意见》（以下简称《意见》）中明确指出："劳动教育要强调实施途径多样化，家庭要发挥基础作用……学校要发挥主导作用。"可现实中，一方面家庭劳动教育缺失严重，大多数家长不轻易让孩子做家务劳动；另一方面班级劳动教育目标太过单一，许多班主任把劳动教育的目标窄化为学生劳动技能的掌握，而忽略了学生劳动习惯的养成、劳动情感的培育和劳动价值观的树立。由于家庭教育与班级教育均未承担起各自的职能、未发挥出各自的优势，"不会劳动""不爱劳动"成了现在小学生普遍突出的问题。家庭教育和班级教育的优势分别是什么，如何发挥各自的优势来弥补传统式劳动教育的不足，值得我们分析与研究。

一、开展"基于家班优势互补的小学劳动教育"的缘由

缘于教师的"重结果轻体验"。部分学校组织的劳动教育仍然存在走过场的现象，大多浅尝辄止、流于形式。以学农包饺子活动为例，学校常会组织学生到学农基地学包饺子，但是由于师资数量不够，并不是每个学生都能接受到教师的指导，学生可能并未熟练掌握包饺子这一技能。诸如此类的活动以只是拍拍照片作为终结，学生只是走个过场，犹如蜻蜓点水，缺乏深刻的体验，自然也就无法掌握劳动技能，体会劳动的乐趣，养成劳动的习惯。

缘于家长的"重智育轻劳育"。较多家长仍然"重智育轻劳育"，更重视学生文化课程的学习，忽视劳动习惯与劳动能力的培养。每天放学后常常会让学生专注于文化课作业的完成或者参加课外补习班，并没有留给学生劳动的时间和机会。

二、"基于家班优势互补的小学劳动教育"的含义

"家班优势互补"之含义。劳动教育想要真正在学生心里落地开花，需要家

庭与班级承担起各自的责任，合作育人才能有效地引导学生掌握劳动技能、养成良好的劳动习惯。"家班优势互补"就是指发挥家庭教育和班级教育各自的优势，来弥补传统劳动教育的不足，更好地引导学生掌握劳动技能、养成劳动习惯、树立正确的劳动观。

家庭教育的优势。家庭劳动教育的优势主要体现在以下三个方面：一是灵活性。家庭教育没有统一教材、规定教学内容，并且不受时间、空间、学具的限制，因此可以根据家庭实际需要和学生学情，针对学生学习中出现的问题灵活地调整教育内容和教育方式。二是及时性。家长与孩子接触的时间和机会最多，作为监护人的家长更能及时发现学生在劳动技能和劳动情感上存在的问题，从而进行教育和引导，帮助学生熟练地掌握劳动技能，树立正确的劳动观。三是空间性。班级的空间有限，能为学生提供的劳动无法涵盖衣食住行各个方面，而家庭教育则为学生的劳动提供了更多空间上的可能。

班级教育的优势。一是计划性。班级劳动教育从准备、实施到评价都会制订严密的计划，选择适合班级大多数学生的学习内容和方法，更易于激发学生学习的兴趣，助力学生劳动习惯的养成。二是系统性。班级劳动教育会根据学生不同的年龄特点，设置相适宜的教育目标、层层递进，引导学生在劳动中掌握丰富的劳动技能、养成良好的劳动习惯、树立正确的劳动价值观，更具系统性。三是群体性。班级劳动教育的形式是群体性的，在班级与同辈群体共同学习更容易产生学习兴趣，在学习过程中互相帮助、互相监督、互相激励，有利于劳动技能的掌握和劳动习惯的养成。

三、"基于家班优势互补的小学劳动教育"的实践

家班共商订计划。《意见》指出小学中高年级劳动教育要帮助学生养成卫生、劳动习惯，让学生主动分担家务。因此，劳动计划的制订需要考虑在班级与家庭实施的可行性，也就需要家长与班主任一起商量。以我班开展的"我爱我家的卧室"活动为例，在制订劳动计划时，班委会家长代表首先与我讨论、确定了"叠衣物、整理衣柜、清理书桌、打扫地面、栽培植物"共五项劳动内容，随后班委会主任在晓黑板App利用群调查功能征询了其他家长的意见，经整理提出"时间上正值秋冬交替，家家户户需要把家里轻薄的秋装收纳起来，把适合冬季穿的衣物拿出来，因此将本次劳动内容定为衣物的折叠"的劳动计划。

家班共育教技能。班级教育因空间与时间所限，在课堂中只能教授某种或某几种方法。学生回家后需要家长结合家庭实际情况，针对性地学习或改善方

法，以此来掌握劳动技能。以我班开展的"我爱我家的卧室"活动为例，我先在班级里开展了一节学习衣物折叠的主题教育课。课上，我教授了学生折叠长袖衬衫的一种常见方法，但是生活中衣物的种类有很多，毛衣、衬衫、T恤等折叠的方法都不尽相同。课后，家长根据家里近日需要整理的衣物、孩子折叠方法的不熟练等情况，灵活地、有针对性地教会孩子衣物折叠的方法，如我们班小王同学的母亲在当天晚上就教授了孩子自己常用的"简易三步折叠毛衣法"。家班共育教技能，为学生参与其他家务劳动打好了基础。

家班共建创氛围。班级和家庭都应多为学生创设一些劳动的机会，营造良好的劳动氛围，让他们能够学以致用。以我班开展的"我爱我家的卧室"活动为例，12月中旬学生都穿起了厚厚的冬装，每天出早操或上体育课前学生都会脱下外套，近40件外套有的摊在书桌上，有的随手扔在椅子上，有的则滑落到地上……我借此在每节体育课前的3分钟，组织全班同学来一次叠衣服比赛，比比谁叠得又快又美，学生们热情高涨。这一周，我还布置了一项长作业"和家长一起整理衣柜"。每天晚上，家长们与孩子一起做家务，随后将折叠好的衣服、整理好的衣柜拍照上传至晓黑板App的讨论群完成打卡。这样不仅巩固了学习的劳动技能，体会到了劳动的乐趣，而且亲子关系也越来越和谐了。

家班共评养习惯。学生在学会技能，参与家务劳动后，老师与家长一定要进行反馈，保证作业设计的有效性。多样化的评价方式还能激发学生劳动的兴趣，让学生轻松、愉快地掌握劳动技能，养成良好的劳动习惯。以我班开展的"我爱我家的卧室"活动为例，学生每天课后可以在晓黑板App讨论群内利用点赞功能，为自己认为整洁的衣柜投票，推选每日"整理衣柜小达人"。每位家长每天也会根据孩子在家参与家务的表现打分，完成评价表，一周后这张评价表作为学生"我爱我家的卧室"活动的终结性评价。

总之，劳动教育的有效落实，不能仅仅依靠班级或家庭单方面的力量，需要教师与家长的合力。基于家班优势互补的劳动教育，既要教师认真开发与实施相关活动，发挥好班级教育的主导作用，又要家长成为劳动教育的参与者，发挥好家庭教育的基础作用，为学生创造合适的家务劳动机会，让学生在劳动中得到真实的情感体验，实实在在感受到劳动教育的益处。

高年级小学生初试创造性劳动的"新"路

上海市静安区彭浦新村第五小学　金奕玮

2018年，习近平总书记在全国教育大会上进一步提出，"要学生在长大后能够辛勤劳动、诚实劳动、创造性劳动。"我们的国家已经进入新时代，创造性劳动能够为我们带来发展和进步，劳动价值也向新时代的"知识型、综合型、技术型、创新型"方向转变。

一、"新"路的缘起

根据笔者调查统计，班级的学生大多是外来务工人员的子女。家长们从小让孩子劳动，使他们掌握了基本的劳动技能，参与劳动也很积极。基于学生在校劳动效率较低的问题，结合本班实际，我们将创造性劳动定义为让学生在劳动实践中学习新技术，挖掘创造潜力，从而提升劳动效率。

二、"新"劳动的"心"希望

聚焦"创造性劳动"这一核心概念，我们达成了目标明确的共识：

创造性劳动能挖掘"新"能力。创造性劳动是一种过程，一种为了实现某种目标，对整体或者是其中的一部分进行革新的过程。通过创造性劳动，我们可以在呵护学生好奇心的基础上，帮助他们初步获得高效劳动的能力。

创造性劳动能引领"新"价值。学生印象中的劳动就是简单劳动，他们要了解什么是创造性劳动以及它所能创造的特殊价值。这种价值使生活充满活力和挑战，以整个劳动过程的落实来激发对创造性劳动的兴趣，自身内心和头脑不断完善与改进的过程也是创造性劳动所带来的全新价值。

创造性劳动能拉近"心"距离。在家班协作的过程中，班主任为学生设计"家班三部曲"的创造性劳动初体验主题活动。在各种家班交流软件的加持下，"孩子使用创造性的思维、技术和方法"完成活动目标，改变平时以学习为目的的双向对话，从而培养学生成为一个遇事肯钻研、肯动脑的人。

创造性劳动能促进高校的"心"协作。仅靠班主任单方面的努力来培养学生收效甚微，来自家庭的合作至关重要。家班合作默契，才会事半功倍。

三、"新"创造的"心"体验

家校如何协作才能更好地落实对学生培养的目标。通过班级和家委会的商议，结合《大中小学劳动教育指导纲要（试行）》中的劳动要求，我设计了"家班三部曲"的创造性劳动初体验。

（一）自主实践引导"新"思维：卧室

序曲。当家长们说换季时，孩子们往往需要从衣柜中把衣服拿出来，慢慢折叠整理，再一件一件放回衣柜，整理小小一个衣柜效率太低了，而且叠放整齐的衣服一旦抽出来，相邻的衣服就全部乱了，等于白干。于是，家班共同设计了"小小管家"的活动。

进行曲。课堂上，孩子们展示了自己的衣柜，看过之后，学生们就互相交流，说一说自己是怎么把衣柜整理得干净整洁的。随着方法越来越多，不少同学发现原来方法可以取长补短。当晚，孩子们回家后纷纷动手实践，爸爸妈妈在旁出点子，让他们在学校习得的方法上进行创造性改进：不易皱的衣服可以卷起来，这样既节省了空间，拿取时又不会弄乱其他衣服；衣柜太深、太高时，可以利用抽屉式收纳箱；领巾等小物品可以用塑料袋进行保存。

结尾曲。我分三部分来回顾他们的活动过程：整理衣柜所花的时间、我的新点子和父母所给予的帮助。展示时，对最有新意、效率最高的小组进行方法全推广。通过这个劳动实践活动，学生体验到创造性劳动带来的高效价值，达到了让他们体验创造性劳动的目的。

（二）用心布置挖掘"心"潜力：阳台

序曲。阳台是每家每户不可缺少的一部分，小小的阳台经过装饰，加上一点绿色植物，在充满阳光的午后，小憩一番，别提有多美了。"小小花匠"给植物浇水、施肥、设计摆放的位置等，让植物长得更茂盛，使阳台变得更加美丽。

进行曲。学生们提前在家中准备好了种子、花盆和工具等；在课堂上交流自己从家长身边学来的种植知识；经过教师的梳理，学生们知道了种植的基本步骤。回到家中，在父母的帮助下动手实践，在种植过程中，孩子们互相分享经验，新发现、新经验和新点子层出不穷。例如，不同品种的土、种子的间隔，日照时间的长短，浇水频率和位置等都是影响植物生长的重要条件。

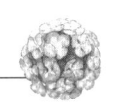

结尾曲。我设计了绿植"选美"大赛的评比表，分种子存活率、植物茂盛度、孩子积极性、家长参与度、经验与技巧总结几个部分。创造性劳动的活动设计和成果都离不开家长的帮助。

（三）日常劳动创造"心"发展：厨房

序曲。在平时的生活中，孩子们最常接触的就是电子产品，但我们可以通过一定的劳动体验帮助孩子远离电子产品，提升他们的劳动技巧。由于孩子的家庭地位和生活环境，厨房可能是他们去的最少的地方。根据《纲要》，三部曲中的最后一部就是"小小厨神"。

进行曲。电子打蛋器和会做简单的日常餐成了首选目标。学生在学校的课程学习中已经有了制作电动小车和打蛋器的经历，家长在家可以帮助他们完成电动打蛋器的制作。不少同学注意到电动打蛋器可以帮助自己完成蛋炒饭、番茄炒蛋等简单的"蛋料理"，真是一举两得。

结尾曲。基于这项创造性劳动的要求，我每日在钉钉群进行打卡，一个月之后在展示环节中，学生都感叹道：这次不仅多学到一项生活技能，还知道了如何用叠加知识的方式更高效地完成劳动任务。

四、"新"收获的"心"展望

人在社会上肩负着劳动的义务，这是因为劳动促进了社会的进步和发展，而创新性劳动更担负着新时代赋予社会的要求。

快乐学生。经过几次创新劳动的活动体验，学生们都体会到创新劳动给他们带来的劳动价值。活动还充分发挥了学生的主体作用，让学生在动手、动口、动脑中获得知识、陶冶情操、提高劳动素质，激发他们的学习积极性和创造能力，实现求学求知，做事尽善，合作共处，学会做人的道理。

启示家班。不仅是孩子的劳动能力得到提升，家庭教育的质量也在活动中更上一层楼，亲子沟通效果显著提升，家长对简单劳动、复杂劳动和创新劳动有了新的认识，明白了对于孩子重要的不仅仅是学习，还要有思维能力、创新能力和探索能力。

展望未来。本次对于创造性劳动的探究给了我很大的启示，但还有很多需要完善的地方，特别是在评价机制方面，可以进一步细化，让学生着眼于每一处细微的地方，看重思考过程而并非设计成果，更准确地了解在学生发展过程中的需求，发挥评价的特殊教育功能，促进学生的发展。

家班共育爱国情怀之"萌娃探寻松江"

上海市松江区中山第二小学 陈 芳

目前，很多学校都在开展爱国主义教育，组织学生参加各类活动，但在实际开展过程中存在一些问题，主要表现在：班级层面，教育形式虽多样，但未能系列化；家庭层面，虽有爱国教育，但未能发挥榜样作用；家班共育层面，家庭和班级尚未真正形成教育合力，教育效果不佳。以上问题，引发了我的思考：如何将爱国主义教育活动系列化，发挥家班协同作用？

一、基于调查，制定方案

家乡是祖国的缩影，爱国主义教育可以从了解家乡、热爱家乡开始。松江作为上海之根，有着悠久的文化历史。为了解学生和家长对松江的了解程度，我对所在年级进行了问卷调查。

问卷分析。学生方面：据调查，我们年级共有345名学生，其中老松江人95名，其余255名都是新松江人，这些孩子基本都是一出生就生活在松江，从某种程度上说，松江已经成了他们的家乡。但学生对天天生活的这片土地了解不多：对松江的景点了解甚少，对松江本土的历史名人几乎不知，只有37个学生去过松江的红色基地，对松江的非遗文化几乎未闻；新松江人都不会说松江话，老松江人也只是听得懂、大部分不会说……家长方面：95名老松江人对松江比较熟悉，但他们对松江本土的历史名人和非遗知道得也不多；新松江人跟其他学生情况差不多。因此，我们拟定了"萌娃探寻松江"活动主题，希望通过开展系列活动，让学生更好地了解松江，激发学生热爱家乡的情感。

制定方案。为了激发学生和家长的兴趣，调动他们参与活动的积极性，我特地邀请了班级家委会成员跟我一同制定活动方案。为了让家长了解我们班级活动的方案，知晓活动的意义，我把方案发在了家长群，并发起了不记名的调查以了解家长对此活动的态度。80%的家长很感兴趣，表示愿意配合老师，带着孩子一起做好此活动；20%的家长较感兴趣，可以配合老师参与活动。

二、家班携手，开展活动

基于方案，开展活动。松江是上海之根，历史文化悠久，人文荟萃。探寻松江活动，让学生感受家乡的美，学习家乡人的品质，知晓家乡的人文，了解家乡的历史，感悟家乡的变化和发展，传承家乡的非遗文化，激发他们热爱家乡的情感。

行走家乡，感受家乡之美。唐经幢、方塔、醉白池、广富林遗址……诉说着松江的古老和璀璨；泰晤士小镇、佘山世茂深坑酒店、G60科创走廊……展现着松江的繁荣和发展。利用周末时间，家长带着孩子一起行走松江，在参观、游玩中了解松江的历史、人文等。同时，我在班级里开展了"萌娃展风采"系列活动。"我是小导游"活动让学生以小导游的身份介绍探寻的地方，"我是小画家"活动则是让学生把在行走家乡的过程中看到的美景画了下来，带到班级和同学们一起欣赏。

走访身边人，学习优秀品质。由家委会牵头，组织家长带着孩子搜集、聆听并学习身边的人物故事。了解消防员叔叔在出现火灾时的挺身而出、义无反顾，了解医生、护士平时在新冠肺炎疫情期间的责任和担当，了解环卫工人不怕脏累，为家乡的美所付出的劳动……聆听身边真实的故事，让学生感悟家乡人为建设美丽的家乡所作出的努力，让学生幼小的心灵受到爱国情感的熏陶。

考察红色基地，弘扬革命精神。"清明祭英烈"，孩子们在家长的陪同下，带上自制的小白花，来到松江烈士陵园，瞻仰烈士墓碑，默哀致敬；参观展馆，聆听先烈事迹……利用假期，在家长的陪同下学生参观了周围很多教育基地，在增长见识的同时，心灵受到洗礼，把家乡人的爱国精神弘扬下去。

"我和长辈比童年"，了解家乡变化。家乡的变化和发展是祖国发展的缩影。我们举行了"我和长辈比童年"的活动。活动中，4组老松江人家长分别从"吃、穿、住、行"方面为孩子们讲述松江发生的变化，让孩子们从一个个真实的故事中明白家乡发生的巨变，懂得我们的祖国在日益强大，油然升起自豪感。

学习非遗，传承传统文化。松江有很多的非物质文化遗产，这是宝贵的财富。父母带着孩子去探寻非遗，孩子们第一次听说了"顾绣"、第一次听到了新浜山歌、第一次欣赏了《十锦细锣鼓》……在亲子探寻活动中，学生了解松江的非遗文化，增强把家乡文化传承下去的意愿。

抓住契机，付诸行动。2020年是特殊的一年，新冠肺炎疫情肆虐华夏大地。在停课不停学期间，我们还开展了"致敬身边'逆行者'"线上故事会活动。学生们用小小的故事，传递着各行各业的工作者以及无数的社会志愿者，普通却又不平凡的事迹，折射出他们身上的大爱精神。2020年是松江的"创全"年，我们开展了"我为创全出力"活动。周末，在家委会的组织下，学生自发地到小区捡垃圾；平时注意文明出行，文明用语，处处彰显文明。

分享交流，展示收获。为了激发和激励家长和学生对此次系列活动的内在动力，也为了让学生对家乡有更深的情感，我们还开展了一些活动以展示探寻的收获，以及分享交流感想。一是举办"摄影展"，让每位学生带三五张照片到学校，我们专门举办了"摄影展"。二是举行"故事汇"，让学生把自己参与活动过程中的所见、所想跟同学们分享，与同学们交流心得，表达自己对家乡的喜爱。三是召开"家长会"，家长们互相交流想法，我们倾听他们的心声，有助于我们及时调整方案，促进活动的改进，确保后续活动的开展更顺利。

三、成效与思考

开展"萌娃探寻松江"系列活动，从了解家乡开始，培养学生的爱国情感，两年来，我们取得了以下成效：一是我们正在开展的爱国主义教育的系列活动，一定程度上弥补了之前班级爱国主义教育活动内容上的零散性，家长参与的被动性。二是活动长知识，活动促行动。这一系列活动进一步激发了学生爱乡、爱国之情。学生比以前更了解自己的家乡，也能在日常生活中，把爱家乡、爱祖国融入自己的行动中。三是家长也比以前更了解松江，在参与的过程中，家长的自我爱国情感也得到提升，家庭爱国氛围更浓厚了，对孩子起到了一个正向的、积极引导的作用。

虽然"萌娃探寻松江"系列活动取得了一些成效，但也存在亟待解决的问题。由于系列活动是要家长带孩子参与的，但并不是所有家长在周末和假期都有时间，致使有的孩子未能参与所有活动。在开展了解非遗的活动过中，原本设想让学生在探寻的过程中亲身体验，由于资源甚少，学生的体验度不高。在探寻的过程中，也带给了我更多的思考：在开展活动的基础上，我们是否可以把系列活动开发成系列课程，让学生更加系统地了解自己的家乡。

小鬼当家显智慧　家班共育促成长

上海市浦东新区北蔡镇中心小学　阮娇娇

《中共中央国务院关于全面加强新时代大中小学劳动教育的意见》指出："劳动教育是中国特色社会主义教育制度的重要内容，直接决定社会主义建设者和接班人的劳动精神面貌、劳动价值取向和劳动技能水平。"然而，目前在小学劳动教育中，学校的主导作用、家庭的基础作用没有得到充分发挥，小学生存在着不会劳动、不愿意劳动、不珍惜劳动成果的问题。小学阶段是学生劳动教育的启蒙阶段，也是培养劳动习惯、树立正确劳动观念的宝贵时期。笔者在经过前期调查的基础上，根据小学生的年龄特征和身心发展特点，以"小鬼当家"为主题，尝试进行基于学生生活场景，整合家班资源、凝聚家班力量，培养学生劳动意识、提高学生劳动能力的实践研究。

一、"小鬼当家"系列活动的实施过程

（一）精心策划，达成共识

笔者通过前期调查及与家长的交流，了解了学生参与家务劳动的情况以及家长的期待和建议，在此基础上，与家长达成共识，成立了课题研究小组，正式确立了"小鬼当家"的家班共育项目。课题组以家长微信群为平台，共同商讨，集思广益，制订了该项目的实施计划。该项目的目标定为：家班携手开展"小鬼当家"系列活动，让学生"懂劳动，学劳动，慧劳动"，努力营造良好的班级劳动教育氛围。"懂劳动"即树立正确的劳动价值观，知道劳动是没有贵贱之分的，用双手付出的劳动都是光荣的，没有劳动就没有美丽的世界、美好的生活。"学劳动"即学习劳动技能，培养劳动习惯，进行适宜自己的劳动实践。"慧劳动"即在学会劳动的基础上，以自己的智慧进行创造性劳动，手脑并用，在劳动中发挥自己的聪明才智。

（二）分期实施，逐步开展

设立岗位，明确职责。依照学生的认知和情感发展的基本规律，兼顾学生

动手能力的差异，课题组设计了"小鬼当家显智慧"工作记录表，把学生家庭劳动实践分为"整洁舒适爱我家、厨艺飘香我当家、善创巧思慧当家"三个部分，以家庭为单位，学生认领家庭劳动中的一个岗位，每周填写一次工作记录，包括工作内容和自己的感受，并上传工作照。指导家长召开家庭会议，通过沟通协商，结合学生的动手能力，为学生设立适宜的当家岗位，帮助学生明确岗位职责，让学生知道自己也是家庭的一员，有责任参与家庭劳动，为自己的家庭出力。

分工合作，密切配合。家庭劳动教育需要班主任与家长的密切配合。班级劳动教育应该以培养学生正确的劳动理念、指导学生掌握劳动技能为主，采用恰当的评价机制，激励学生参与家务劳动的积极性。家庭中的劳动教育则要结合学校的教育，指导孩子进行劳动实践，并及时进行反馈，有效提升学生实践操作的能力。家庭劳动教育巩固了班级劳动教育的成果，使对学生劳动观念和劳动技能的培养一脉相承。家班共育有效促进了"小鬼当家"系列活动的顺利推进。

主题班会，指导引领。班队会是班级教育活动的重要形式，是对学生进行劳动教育的重要途径。在"小鬼当家"系列活动中，从学生的日常生活实际出发，结合"小鬼当家"的目标开展系列主题班会，引导学生走访身边的劳动者，包括老师、保安叔叔、保洁阿姨、维修师傅、食堂阿姨等，让孩子认识到劳动有分工，既有体力劳动也有脑力劳动，但无论是哪种形式的劳动，都在为他人、为社会做贡献，都是光荣的，从而让学生树立正确的劳动价值观，真正"懂劳动"。在"学劳动"的目标引领下，开展"学整理，会收纳"的主题班会，引导学生认识家中的物件，观察家人摆放物品的习惯和规律，探究常见物品整理收纳的方法和原则。在"慧劳动"板块中，组织开展"慧收纳，寻找身边的15厘米""N个一平方"等主题班会，指导学生通过自己的动手实践，巧妙利用15厘米的空隙进行智慧收纳，节约生活空间，培养学生的创造性劳动能力。

家长微课，丰富内容。家长群体有着丰富的生活经验和社会资源，他们的积极参与能使"小鬼当家"系列活动更加丰富多彩。在家委会的引领下，家长们结合自身的特长和优势，拍摄了一系列指导学生劳动技能的微课，向学生传授家务劳动的金点子，包含厨艺技能、清洁整理、物品收纳等，甚至连握扫把的正确姿势都进行了分解和示范。家长的参与和指导丰富了家庭劳动教育的内容，激发了学生学习的热情。

沟通交流，及时调整。在"小鬼当家"系列活动的开展与推进过程中，利用小干部例会、午会及时和学生沟通交流，对于学生在活动中遇到的畏难情绪及疑

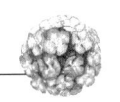

难问题进行疏导和解决，激励学生持续参与活动的积极性。利用微信群和家长会与家长沟通交流，肯定家长的付出和努力，找出活动在推进过程中存在的问题，及时调整策略，及时解决问题，保证了活动的有序开展。

多元评价，展示激励。利用晓黑板 App 的打卡、点赞功能，对学生的"小鬼当家"劳动实践情况以照片视频的方式进行展示，共享劳动智慧，不断激发学生参与的兴趣。活动采用了融合共通的星级评价机制，在统一评价标准的基础上，家长对孩子参与"小鬼当家"活动的表现进行打星评定，老师根据上传的照片和视频进行打星评定，学生自评在活动中的表现，根据汇总的得星数评出"收纳小达人""岗位小能手""智慧小管家"，并召开"当家经验交流会"，颁发奖章，激发学生积极参与家务劳动的热情。

二、"小鬼当家"系列活动的初步成效

学生劳动素养得以提升。学生在当家实践过程中出力流汗，接受锻炼。通过活动前后两次数据对比分析我们发现，学生参与家务劳动的次数明显增多，主动参与劳动的意识增强，家务劳动的能力显著提高，不少学生能够做好难度相对较高的家务劳动，并且在劳动中能融入自己的智慧，进行创造性劳动。学生在当家实践过程中出力流汗，接受锻炼，磨炼意志，劳动意识和劳动能力得到了显著的提升。

班主任和家长的育人能力得以提高。"小鬼当家"教育活动的实施改变了家长以往"孩子都应该归学校管"的想法，家长在活动中积极建言献策，以微课、手把手教授、反馈交流等形式认真参与指导和评价。"小鬼当家"活动不仅增强了亲子间的互动，融洽了亲子关系，而且提升了家长的育儿意识和能力。活动的实施对班主任也提出了更高的要求和挑战，促使班主任在实践中不断思考、不断学习、不断研究，专业能力得到了提高。

家班共育机制得以优化。班级和家庭在"小鬼当家"教育活动中相互支撑、相互配合，拓宽了"班"和"家"劳动育人的方式方法，形成较为全面的家校互动劳动教育机制，营造了班级良好的劳动教育氛围，提高了劳动教育的实效。

家班携手开展小学中低年段劳动教育的实践

上海市长宁区江苏路第五小学　周　亮

小学中低年段，由于年龄小，个人能力较弱，劳动的形式和内容都受到一定程度的限制，而家庭生活中的衣食住行能提供大量的劳动实践机会，学校内开展的一些劳动教育活动也需要家长的积极支持才能收到较好的实践效果。因此，在小学中低年段开展劳动教育特别需要发挥"家庭在劳动教育中的基础作用"，家班携手、齐心向"劳"。为了形成合力，达到最佳的教育效果，我在班级劳动教育过程中，主要开展了以下一些探索。

一、活动前多沟通，主动给予家长选择，不搞"一言堂"

劳动教育是长线教育、长期教育，劳动教育的场所不仅在学校，更在家庭。在小学中低年段，家庭是学生学习和培养劳动习惯的重要场所，因此，开展劳动教育必须要取得家长的理解和大力配合，不能让家长觉得班级开展的劳动教育"可有可无"或是"走走形式""做做样子"。要让家长的确认同劳动的价值和重要作用，就得让家长了解、参与整个劳动教育活动的过程。为此，在设计劳动教育活动时，我改变传统的"班主任布置—家长执行"的模式，而是通过班级家委会邀请家长参与活动内容的选择和制定，让家长共同参与讨论劳动教育内容的确立，不少家长在理念上发生了转变，认识到劳动的价值，尤其是认识到劳动也能促进德智体美的发展，是全面发展的重要内容，更能感悟到劳动的育人价值。与家长们商议后，我们决定让每个学生在班级和家庭都有劳动"责任区""负责岗"，给每个学生建立一个个性化的爱劳动成长袋，从常规劳动教育和特色劳动活动两条线双管齐下，努力提升学生的劳动意识和劳动技能。常规劳动教育是班级的"责任区"和家里的"负责岗"，班级劳动大致有值日生、图书管理、书包柜整理、擦黑板、排队喊口令等，家里的小岗位是吃饭前摆放筷子、勺子，整理、打扫自己的小天地等；特色劳动活动设定的主题是"小劳动＝大成长"，将在一、二、三年级分年段开展。一年级举行"我会系鞋带""我会理书包"和"我会整理图书

角的绘本"三项劳动小技能比赛，邀请家长一起做评判。二年级第一阶段，开展养蚕活动，并让学生拍照片、写观察日记，培养学生的动手和观察能力；第二阶段 Corner 活动交流，请二年级学生通过各种形式向一年级小朋友介绍蚕宝宝的一生，也可以交流在养蚕过程中发生的趣事。三年级开展种菜活动，让学生体验种菜、护菜、收菜的过程，关注学生劳动过程中的体验和感悟，引导他们感受劳动的艰辛和收获的快乐，增强获得感、成就感。活动结束后可将自己的劳动成果放入个性化成长袋。

二、活动中有指导，理解家长实际困难，不搞"一刀切"

在确定了丰富、有趣、分阶段的劳动内容后，班主任还应该及时了解活动开展的状态，总结有效的经验，对于活动中出现的困难，要及时地分析原因，帮助家长予以解决。如果是活动设计本身的问题，应该迅速加以调整，不能一味地要求家长完成既定目标。一年级的活动主要围绕"自己的事情自己做"，家委会设计了从系鞋带、整理书包到整理教室图书角的书本的劳动内容，让学生从具有自我管理意识到具有班级服务意识，劳动难度也是逐步递增，学生在活动中不仅学会劳动技能，也体验到劳动的价值。活动得到了家长的大力支持，并取得了不错的效果。二年级养蚕宝宝活动开始后，家长们才发现，身处在大城市的现代人想要找到足够的桑叶养蚕可真不是一件容易事。大家使出浑身解数，也找不到足够的桑叶。"养蚕活动"成了家长的一项负担。了解到这一情况，我及时和家委会进行沟通，和大家一起商议，采用小组合作形式，将获取桑叶有困难的家庭与其他家庭进行搭配，将之前"每位同学都养蚕"变更为"小组合作养蚕"，这样既能保证所有学生都能参与到活动中，又不给家长增加太大的负担。小组合作养蚕过程中学生们热情高涨，每天进行观察，并对蚕宝宝的颜色、大小、进食量、状态等做好记录。因为有了家长的指导，学生的记录表有表格、有图片，还有图片、文字、照片穿插的，这样的劳动教育不仅有过程、有体验，还培养了学生观察事物、发现问题、自我学习等多种能力，发挥了劳动教育优势，也将劳动教育真正落到了实处，取得了实效。到了三年级，自然课上老师向学生们介绍了什么季节可以种什么菜、会有什么收成，告诉他们各种蔬菜吃了有什么好处等。配合自然课的内容，我班开展了种植蔬菜的活动，学校里有一片小菜园供孩子们实践，我也引导家长在家里与孩子一起种植常见蔬菜。但许多 80 后的家长，自己也不会种菜，笑称自己是"手残党"，更别提指导孩子种植蔬菜了。于是我请来了学校的自然老师还有一些种植蔬菜比较好的家长，为其他家长进行指导和讲解，还把学校的慕课"我们的菜园子"推荐给家长，引导家长和孩子一起学习、一起动手、一起劳动，感受劳动带来的喜悦和收获。这样由学校的劳动延伸到家庭，让孩子感受到劳动的不易，也学会了不少劳动的技能。

三、活动后有总结，给予家长及时反馈

每次开展完劳动教育活动后，老师还要让学生学会思考，要学会分析劳动行为，正确看待别人和自己的劳动行为，在这个过程中，深化学生的劳动价值观，尽可能地将劳动教育触及思维教育的深处，跳出对劳动的表面认知，并且将反思总结的成果呈现给家长，让家长看到学生的成长，更进一步地理解劳动教育活动的意义和价值。如一年级开展的"系鞋带"比赛，邀请家长当比赛的评委，让家长见证学生劳动技能的提升和成长。二年级养蚕活动结束后，在班级里组织了一次蚕宝宝社团成果展，分班级组织学生参观，并结合二年级自然课开展主题学习，每次活动都邀请家长参与组织和点评。三年级学生完成小菜园劳动后，让学生将自己种植、养护、收获的菜带回家，在父母的帮助下完成烧菜的过程，品尝自己的劳动成果。我还鼓励学生通过镜头记录生活中劳动者的最美瞬间、劳动心得、个人感悟。在每月的交流活动中，学生有写到城市最美风景线环卫工人、整天穿梭于城市街道的快递员、维持交通的警察、赴抗疫一线的医生，还有为了一家人辛苦操劳的母亲。交流让学生明白，劳动时时刻刻发生在我们的身边，劳动也不完全是脏累苦的代名词，有很多人的劳动是为了生活，也有些人的劳动是因为爱，但不论是哪一种，劳动的人永远都是最美丽最可爱的。家长从学生的交流中看到了学生的成长和进步，对班级开展的相关活动也更加支持了。

教育家苏霍姆林斯基说过："学生只有在这样的条件下才能实现和谐全面的发展，就是两个教育者，即学校和家庭，不仅要有一致的行动，要向学生提出同样的要求，而且要志同道合，抱着一致的信念。"小学中低年段开展劳动教育，更需要发挥家庭的基础性作用，班主任要认真研究劳动教育的内容，了解家长的担忧，尊重家长的诉求，满足家长的需求。无论是活动前、活动中还是活动后，都需要和家长形成合力，探索家班携手开展劳动教育的有效策略，力求让每一个孩子都爱劳动、会劳动。

家班携手共育：小学低年级劳动教育有效路径

上海师范专科学校附属小学　周　燕

劳动教育是"五育并举"的重要组成部分，是小学阶段实现立德树人根本任务的重要内容。劳动能够培养小学生的独立自主性，摆脱对家长、老师的依赖性，尽早养成自我约束的能力；劳动能够陶冶学生的情操，锻炼学生坚韧的品质。

一、我班劳动教育的现状及分析

我对我班二年级学生开展了"家务劳动"小调查，以整理书包、书房为例，调查情况如下：12.75%的学生几乎不会做家务，37.63%的学生经常做家务，18.74%的学生很少做家务，30.88%的学生有时候做家务。调查发现，有很多学生在放学回家后是不会做家务的，往往都是吃完饭后就被家长叫去写作业；在较为清闲的周末，家长也不会让孩子碰家务。因为很多家长认为孩子年纪太小，做家务过于浪费时间，还有家长认为，低年级孩子"磨""辰光都不够用"……孩子们要完成学校的课程，还有课外辅导课，像整理书包、准备水壶、刨铅笔、整理书房等这些事情由家长完成就可以了，毕竟孩子的主要任务是学习，做这些劳动会剥夺孩子的学习时间。而且很多家长都认为，等孩子长大之后，自然就会懂事，帮助家长做家务，现在他们没时间也没必要做家务。这种观念也让学生觉得做家务理所当然是大人的事情，和他们没有太大的关系。这样的孩子就是被剥夺劳动能力的"上海小人"的真实写照。学生在学校时也很少接触劳动教育，入学两年还不会扫地做值日的孩子比比皆是，这样的孩子也不太喜欢劳动，所以对学生进行正确的劳动教育，帮助学生形成良好的劳动习惯是至关重要的。

二、家班共育模式下小学低年级劳动教育落地的有效路径

根据我班学生实际情况，通过家校合作，我们主要通过以下几个途径来提升劳动教育的实效。

回归生活，设计劳动项目任务。根据班级实际情况，充分发挥家庭教育的作用，由班级家委会牵头，带领家长们设计了班级"劳动园"，根据劳动任务，提供相应的劳动小贴士，达人妈妈们还来到班级，在快乐活动日里，结合低年级"快乐成长整理术"的主题式综合活动，开设亲子劳动课程，孩子们在课堂里学习折叠衣物的本领，回家练习巩固，并在"晓黑板"中打卡，晒一晒折叠的衣物。同时，劳动评价也需要家班共同完成，形成教师、家长合作评价、同伴评价等多元化评价方式。家班共育的过程中，家长们根据孩子年龄特点与能力状况，设计了劳动项目任务单"劳动园"。在任务单的指引下，在新冠肺炎疫情期间，孩子们成了一个个临时"家政员""收纳小达人""小厨师""按摩员"……此时的他们俨然是一件件"贴心小棉袄"。在这期间，一个个"家务小帮手""劳动小达人"应运而生，家班共育也促成了劳动教育的日常化实施，进而引导学生真切体会劳动创造美好生活。

课程助力，丰富劳动教育内涵。我校作为上海市小学低年级主题式综合活动课程首批试点校以及区种子校，依据《上海市小学低年级主题式综合活动课程指导纲要》相关精神，结合学校育人理念、课程基础与资源，制定了"QQ小世界"低年级主题式综合活动校本化的课程实施方案。在课程方案整体规划与实施中，我们从劳动教育的角度出发，设计了一些符合儿童年龄特征、贴近儿童认知的活动项目，如生活劳动技能、养护种植活动、创意设计制作活动等。贯通一二年级，纵向贯穿，横向关联；提升劳动素养，使儿童在劳动中学习，在经历体验中丰满对现实世界的感知与理解；引导学生在劳动教育和劳动实践中感受到劳动的艰辛，体验到收获的快乐，认识劳动的价值和意义，自然而然地尊重劳动者、珍惜劳动成果，树立"劳动光荣、劳动幸福"的劳动观，形成"尊重劳动、热爱劳动"的劳动态度。如借助课程在一、二年级学生中开展"快乐成长整理术"的主题式综合活动。课程连接丰富的家班共育的劳动教育，除了班级指导，家里练习后打卡上传，还可以通过语言、图表、信息化等多种方式的评价，针对不同年级的学生，我们可在劳动日、劳动周开展劳动技能和成果展示、劳动竞赛等活动，培育劳动光荣、创造伟大的校园劳动文化。用发展的眼光对孩子们劳动能力进行评价，客观记录学生参与劳动实践情况，结合我校的劳动教育课题"我爱劳动""班级劳动账簿"，每周撰写"劳动语"，向学生和家长作阶段性过程评价。我利用寒假帮学生制订家务劳动计划表，学生根据家庭实际情况或个人需求，每天选择劳动体验项目。每天坚持参与居家劳动，并将劳动情况如实记录于"劳动小达人寒假打卡记录单"。

儿童立场，实践劳动创意化。基于儿童立场，我们开展了班级美好"食"光行动，减少餐饮浪费、培养节约习惯；开展标语、海报设计、文创作品等征集活动，以小手牵大手的形式，家校联动，大力营造厉行节约、反对浪费的浓厚氛围。在假期中，我们还组织班级学生开展了"劳动创智坊"活动，激发学生的劳动兴趣，使其主动学习劳动小技能，分享劳动创意小妙招，以此提升学生的自理能力，融洽亲子关系。我们运用多维评价，把这些儿童立场、创意化的劳动作品、行为和家长互通，利用晓黑板、班级微信群，让孩子们把自己的劳动成果晒出来，大家一起学习，推选班级里的"劳动小主播"，请"劳动小主播"分享自己的劳动经验和收获体会，学生和家长可以在平台上进行点赞和互动，家班共育一起营造热爱劳动的良好氛围。

三、结 论

经过一学期家班共同的劳动教育，我们班的学生已经养成劳动习惯，在家中会自行完成一些简单的家务劳动。家庭、学校双方共同协助学生学会劳动，明白劳动的意义，多元化、多维度评价孩子的劳动，让孩子放手去做。劳动教育成了可操作的家校合作项目，家庭教育指导与沟通也就具体可行，家庭教育指导能力普遍得到提升。从班级建设角度来说，劳动教育提升了团队合作意识与能力、集体的荣誉感与责任感。从亲子关系角度来说，劳动教育使亲子之间的对话、交流变得更顺畅，亲子感情也更融洽了。从学生成长角度来说，自己的事情自己做，不仅提高了动手和思维能力，还培养了耐心和细心等品质，更提升了学生的综合素养。从班主任专业发展角度来说，组织能力、研究能力等其他方面素养也在潜滋暗长，建班育人的成就感和幸福感明显提升。

初

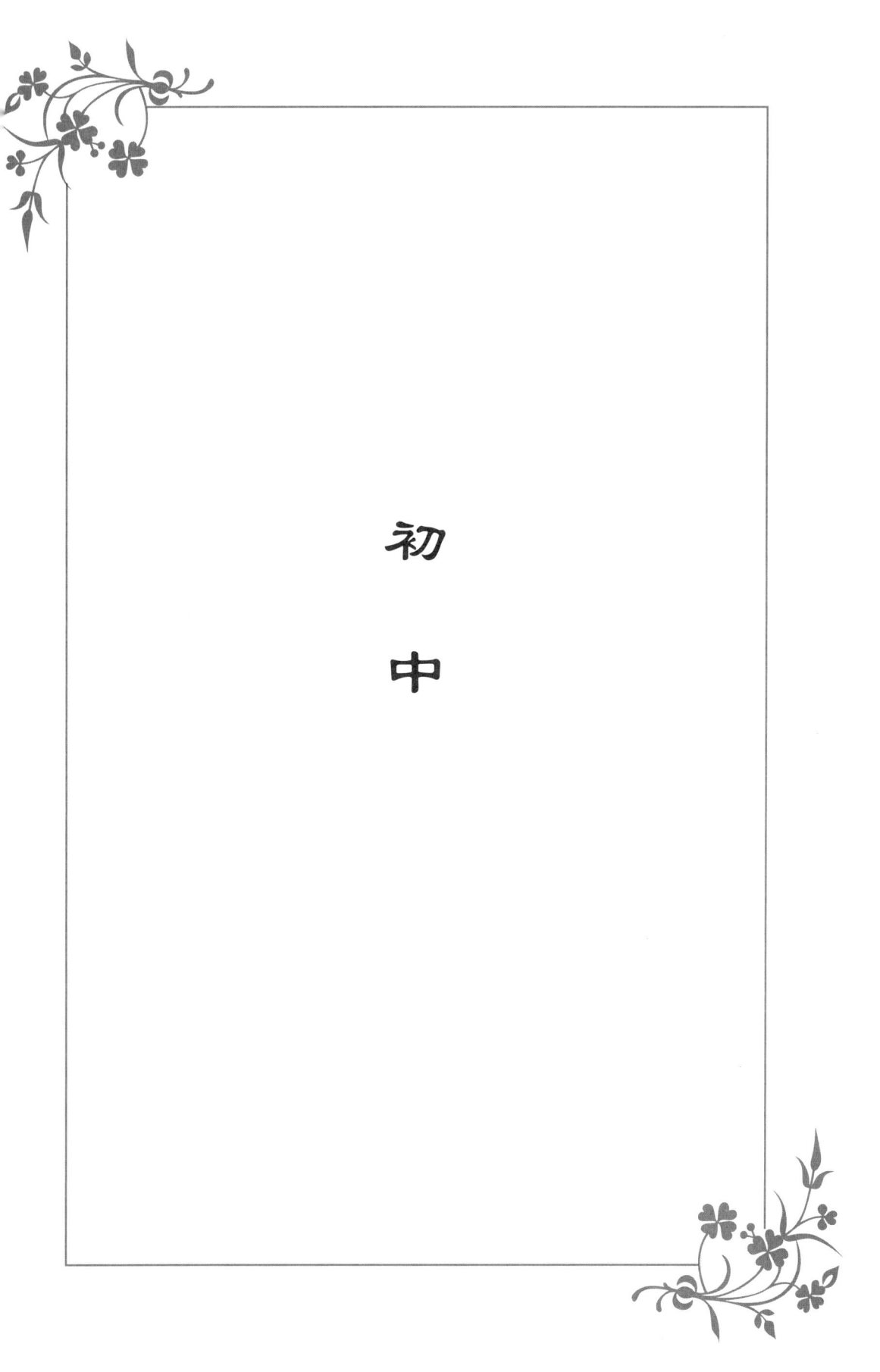

中

家班携手引领　劳动成就未来

上海理工大学附属实验初级中学　李　樱

习近平总书记曾在全国教育大会上强调"要在学生中弘扬劳动精神",同时提出初中要注重围绕增加劳动知识、技能,加强家政学习,开展社区服务,适当参加生产劳动,使学生初步养成认真负责、吃苦耐劳的品质和职业意识。根据《上海市进一步推进高中阶段学校考试招生制度改革实施意见》等文件精神,初中学生在校期间需要完成社会考察136课时、公益劳动80课时、职业体验32课时。家庭和学校是学生活动的主要场所,家班协同开展劳动教育是在学生心中播下职业梦想种子的关键之举。家长和班主任共同担任劳动教育导师,积极开发家班劳动实践活动,激发学生的兴趣和特长,走进职业劳动岗位,在劳动实践中培养职业规划意识,提高学生劳动素养。

一、家班协同劳动教育的探索

（一）校园劳动教育,奠劳动素养之基

营造劳动氛围,更新育人理念。实现家班共育的前提是取得家长的理解、支持与配合。班主任在进行新生家访时,应与家长在开展劳动教育的价值和意义上达成共识,使家长意识到不仅要关注学生的学习和日常生活,更应关注学生全面成长与长远发展,引导家长树立劳动教育观念,营造良好、正确的劳动教育氛围。班级家委会成立后,班主任与家委会成员共同开发设计家班劳动实践活动的计划方案,通过家长会、问卷调查等形式定期招募家长导师,挖掘家长资源,为劳动教育的开展奠定基础。

开展主题教育,树立劳动观念。开展劳动主题教育,通过游戏互动、观看《大国工匠》《强国课堂——听"大先生"讲"小故事"》等专题视频、案例分析等形式,激发学生对劳动者所从事劳动的兴趣,启发学生思考未来可能从事的劳动岗位,提高学习的动机,为将来发展做准备。在主题教育活动中,学生深刻认识劳动有分工的不同,但无高低贵贱之分,培养尊重劳动、崇尚劳动的正确观念,

激发学习奋进的热情，积极参与各项实践活动，培养科学精神、创新精神，增长才干。

创设劳动岗位，提升劳动技能。坚持知行合一原则，根据学校关于实施综合素质评价所提出的具体要求，班主任在班级中设立多样化的劳动岗位，例如设备管理员、绿植养护员、图书管理员、班级音乐台主播、时政播报员等，力争做到"人人有岗位，个个会劳动"，培养学生的主人翁精神和劳动意识，提高学生的劳动素养及基本技能水平。同时，家长在家庭中设置孩子的劳动岗位，例如，食品采购、家庭开支记录、衣物整理、卫生打扫等固定岗位。长期的居家劳动实践，能够提升学生的劳动责任意识，培养良好的劳动习惯以及适应未来职业岗位需要的优秀品质。

（二）亲子劳动体验，播职业梦想之种

每学期，除了邀请1—2位家长导师走进课堂或通过视频微课，分享个人选择职业、从事劳动的故事，讲述履行好岗位职责应具备怎样的劳动技能及素养。家长导师与学生的互动交流，拓宽了学生职业视野，鼓励学生结合自己的性格、兴趣和能力优势，筑造职业梦想。同时，班主任携手家长开发"职业劳动观察日""职业劳动体验日""职业劳动亲子说"等亲子体验活动。

职业观察，增强职业感知。由家长与孩子共同商量，确定一种职业作为观察对象并设计观察记录表，孩子在家长的陪伴下进行半天或一天的职业观察，走进职业劳动者，观察记录劳动内容、劳动素养、劳动技能等内容，也可与劳动者进行交流访谈。学生通过观察记录，更深入地了解职业性质以及职业对劳动者的基本要求，增强劳动意识，培育劳动素养。

职业体验，了解职业特点。充分发挥家长导师集聚的资源，为学生提供职业体验的实践平台，例如，医院自助挂号缴费协助员、图书馆书籍整理员、幼儿园暑期小助教、地铁安检员等。学生利用寒暑假、双休日参与真正的职业劳动体验，在实践过程中，体会劳动者的艰辛，尊重每一位劳动者，珍惜劳动成果。

交流互动，形成职业憧憬。在班主任的指导下，家长导师通过带领孩子观看电影、纪录片，收集时政新闻素材，阅读书籍等方式，与孩子深入探讨职业相关话题，探究这一职业的发展历程、社会价值、未来发展前景等，引起孩子对职业探索的兴趣，潜移默化地激发孩子对个人职业发展的思索。

（三）注重过程反馈，提升劳动教育品位

借助多种形式，记录劳动过程。家班劳动教育的评价，着眼于学生的行为表现、态度变化、精神面貌，特别关注学生劳动素养的增强。班主任可以在学生入

学初期创建的成长记录袋里，记录、保存、收集学生参与劳动实践的成长过程。家长与孩子共同制作劳动实践活动Vlog、数字故事，利用微信群、晓黑板、电子班牌和黑板报等宣传平台，定期展示学生参与班级活动、亲子活动的亮彩瞬间。每学期通过自评、互评，评选劳动达人，形成良好的劳动教育学习氛围，并使学生获得成就感，提升参与热情，巩固教育效果。

定期小结评价，携手共同成长。家班导师定期开展学习交流活动，分析学生年龄、心理、兴趣、劳动能力等各方面情况，为推进劳动教育的开展提供真实可靠的依据。实行学生评分制，由学生为双导师开展的实践活动打分投票，每学期评选出最受欢迎导师及最喜爱的实践活动（家庭版、班级版）。将优秀家庭劳动实践资源整合起来，形成资源库，提升家长导师的劳动教育指导力。

二、家班协同劳动教育的思考

家班联手，形成劳动育人新局面。依据初中生身心发展特点和教育规律，家长在班主任的指导下，改变以往旁观者的身份，作为教育主体参与劳动教育，调动了家长们的积极性和创造性，丰富了家班合作内涵。建立家长导师志愿者队，为学生劳动实践创造更多机会。

多样劳动，为学生未来发展奠基。学生在多样化的劳动体验中，感受劳动之美，收获劳动成果带来的成就感。在师生、生生、亲子间的互动交往中，学生形成正确的劳动观念，对个人劳动能力、职业兴趣有了更全面的认识，主动培养适应未来职业岗位的普适性劳动能力。

共同成长，促劳动教育持续发展。大多数家长未接受过教育专业化培训，在学生劳动实践活动设计与开发方面缺少经验，且家长需要在家长与导师之间适时切换身份，这也是一种前所未有的挑战。因此班主任应做好家长导师的培训，引导家长体会家庭教育能力提升对亲子关系改善的重要性，激发主动成长的渴望，使家班劳动教育持续良性发展。

总之，开展劳动教育是贯彻党的教育方针，落实习近平总书记人才强国战略的迫切需要，也是促进中学生健康发展的现实需要。初中阶段的学习生活使学生们增长知识、培养能力，对未来的个人职业发展奠定良好的基础。家班劳动共育，发挥家庭教育的能量，体现班级教育的优势，为学生未来发展奠基，为社会主义现代化建设培养有理想、有本领、有担当的时代新人。

亲子角色互换在家庭劳动教育中的实践研究

上海市宝山实验学校　金　赟

一、研究背景：以劳动教育为源，居安思危促思考

劳动教育具有育人价值。习近平总书记在全国教育大会上强调，要在学生中弘扬劳动精神，教育引导学生崇尚劳动、尊重劳动，懂得劳动最光荣、劳动最崇高、劳动最伟大、劳动最美丽的道理，长大后能够辛勤劳动、诚实劳动、创造性劳动。劳动创造美好人生，劳动教育意义重大，具有树德、增智、强体、育美的综合价值。

劳动教育处于边缘困境。然而，目前在中学阶段，劳动教育往往被边缘化。学校里，教师习惯于"退而求其次"，以至于劳动教育被弱化。家庭里，学生大多是独生子女，备受宠爱，娇生惯养，缺乏机会接受劳动锻炼，再加上学业压力，学生大部分的精力放在学习上。家长习惯于"包办代替"，导致学生出现了不珍惜劳动成果、不想劳动、不会劳动的情况。

劳动教育需要协同育人。学生正确的劳动观念和良好的劳动习惯的培养，需要整合各方教育资源，需要以学校教育为主体、家庭教育为基础和社会教育为依托，形成强大的育人合力。家庭是孩子最初的课堂，家长的一言一行都对孩子有着极为深刻的影响。要想全面地推进劳动教育，我们必须帮助家长重新认识劳动教育，创新家班共育的策略和途径，变革学生劳动评价方式等，这样劳动教育才能在学校、在家庭真实有效地发生。

亲子角色互换促进劳动教育落地生根。亲子角色互换的活动体验是一种很有效的途径，试一试和孩子角色互换，让彼此更有效地理解对方的想法和感受。在亲子角色互换的过程中，父母静下心来倾听孩子说些什么，站在孩子的角度，挖掘其行为动机，才能更好地沟通，形成良性的亲子关系。

二、实践过程：以协同育人为基，内育外引共发力

（一）家班合力，增进家长和学生对劳动教育的认同和理解

以家长思想建设为引领，固本培元筑根基。劳动教育首先是劳动观念的教

育。一场新冠肺炎疫情，让人们看到了劳动教育在今天所凸显的特有价值。人类的需要由生理的需要、安全的需要、归属与爱的需要、尊重的需要、自我实现的需要五个层次构成，而第一层次生理的需要，比如穿衣吃饭等，要靠劳动才能获得满足，而最高层次的尊重和自我实现的需要更加要靠创造性的艰苦劳动才可能获得。

和家长在观念上达成共识显得尤为重要。笔者在与家长的沟通中发现，有部分家长存在着对劳动教育的认识误区，他们认为"劳动教育只是单纯地扫地、做家务""劳动浪费时间，会耽误学习"。笔者认为，家长首先需要全面地认识劳动教育，劳动教育的内容不仅包括劳动知识与技能的掌握，还要注重劳动的过程体验、创新劳动的方式方法，更包括劳动情感、态度和价值观的培养。事实上，劳动教育本质上就是一种生活教育。

首先，线上宣传。笔者通过家校沟通App开设微讲堂，向全体家长解读《大中小学劳动教育指导纲要（试行）》，消除家长们对劳动教育的误解，让家长们了解劳动教育是为了让学生体会劳动创造美好生活，具备满足生存发展需要的基本劳动能力，培养学生勤俭、奋斗、创新、奉献的劳动精神，形成良好劳动习惯。其次，笔者还推荐给家长们多本有关劳动教育的书籍，如《改变世界的121种神奇发明》《图说中华五千年发明创造》《伟大之人，都是伟大的劳动者》。通过亲子阅读，家长和学生在故事中感悟劳动的快乐和努力的不懈精神。

其次，线下交流。积极鼓励家长给孩子提供生活训练的机会，通过劳动作品技能展示，展现学生在家庭中通过劳动获得生活体验、生活乐趣，掌握生活技能的情况。另外，定期开展家长沙龙，交流家庭劳动教育的经验，交流的内容不仅包括劳动知识与技能的掌握，还有劳动的过程体验、创新劳动的方式方法，以及劳动情感、态度和价值观的培养。

以培养学生劳动习惯为抓手，坚持不懈导向。让孩子参与家务劳动，是孩子获得生活体验、拥有生活技能的重要实践。有人说21天就能养成一个好习惯，通过一个个的21天成功打卡，劳动的好习惯会在学生心中生根发芽。笔者在班中多次开展了"21天劳动打卡"。打卡的要求是：每位学生主动承担一项力所能及的家务劳动，每天坚持做，连续21天，每周写下自己的劳动微感言。

（二）寻找契机，开展亲子角色互换的体验和实践

一直以来父母与孩子是照顾与被照顾、教育与被教育、爱与被爱的关系。让孩子站在家长角度思考问题，这样他或许会得到更多的收获。爱是双向的，角色互换这种方式，能让孩子从被动接受爱变成主动付出爱。假期由于疫情的关系，学生足不出"沪"。我校在假期中开展了家庭劳动实践体验活动。"自己的事情自

己做,家里的事情帮着做",希望学生们在假期中主动承担力所能及的家务劳动,形成良好的劳动习惯和积极的劳动态度。这正是可以开展亲子角色互换的好契机。结合学校下发的《学生假期生活评价反馈表》和要求,给学生布置了一个特别的暑假作业"今天我当家",用角色互换的方法,让学生做一天家长,这样既能体会家长做家务的辛苦,又能体悟到管理孩子的"心苦",真正地将劳动教育和家庭教育融为一体。劳动内容有安排一日三餐,完成洗衣、扫地、拖地、垃圾分类,合理安排父母学习和休闲时间等。

(三)评价伴随,推进实践研究的整合与发展

活动采用的是多元评价机制,通过自评、互评、教师评议的方法对亲子角色互换活动进行评价。评价原则是:家长和学生都需从劳动态度、劳动内容、劳动中运用技术的能力、劳动成果几方面进行评价,评价等级包括优、良、合格,对应3星、2星、1星,最后统计总得星数。评价的内容如下:(1)评价劳动态度:观察劳动态度是否积极,是否发挥了主动性;(2)评价劳动内容:在有限的时间内合理规划安排各项劳动任务;(3)评价劳动中运用技术的能力:学生使用家用电器、劳动工具的能力;(4)评价劳动成果:是否完成布置任务,是否学会新的劳动技能。

三、以总结展望为核,提升育人价值

有助于培育正确的劳动观念,体会劳动获得感。在"今天我当家"活动中,学生身临其境地感受、发现、思考、探究劳动的乐趣,体会"劳动创造幸福生活",悄无声息地实现由知到行的转变,同时领悟到劳动的意义和价值。

有助于构建良好的家班关系,提高教育满意度。良好的家班关系一定是建立在双向沟通和互相支持的基础之上的。学生、家长和教师一起参与到劳动教育中,"三位一体"相互联系,协同发展。教师发挥主导作用,家长发挥联动作用,家校形成劳动教育的一致性。学生发挥主体作用,劳动实践中逐渐树立劳动最光荣、劳动最崇高、劳动最伟大、劳动最美丽的价值观。

有助于形成融洽的家庭氛围,增强教育实效性。通过亲子角色互换的方式,学生能体会家长的辛苦和不易,更体贴父母,也更热爱劳动;家长能设身处地体会孩子的心情,看到孩子的成长,家庭氛围也变得和谐融洽。

总之,家班合作共育是劳动教育的必经之路,只有学校教育、家庭教育紧密联系,形成教育共同体,才能真正实现教育共赢,共同为孩子的健康成长保驾护航。

依托"陈云故乡"资源 家班共承红色文化

上海市毓秀学校 龚赛华

优秀的乡土文化具有培育学生家国情怀的功能,家乡红色资源和历史,是对学生进行爱国主义教育最生动、最直接的教材。家庭对孩子的爱国主义教育具有不可或缺的作用,家庭的深入参与,把爱国主义教育融入家庭教育活动中,实现家校协同,共承红色文化。为此,我依托"陈云故乡"红色资源,开展了系列家班共承实践活动,达到了较好的育人效果。

一、家班共建活动,感知陈云事迹

爱国主题教育是学校德育永恒的主题,通过班级活动,学生在熏陶下自觉爱国,并把爱国之情向家庭延伸,以此达到家班共育之目的。

线上"云点播"观影,了解伟人生平事迹。六年级新生刚入学时,我以《传承红色文化精神,培育爱国有为之才》主题,在班级QQ群发起倡议,建议家长利用网络平台,和孩子定期观看历史题材剧《陈云》,得到家长们热烈响应。家长们通过商量,达成共同协议:每周观看两集,在一学期内分15次完成。家长和孩子共同制作课件,分享观影心得,由孩子在每周三的10分钟队会上展示交流。通过观影及分享,学生了解了老一辈革命家风采,从小在心里种下爱党爱国爱人民的种子。

开设系列主题班会,激发爱国主义热情。班会课是对学生进行爱国主义教育的重要途径,有助于学生耳濡目染地接受爱国主义教育,强化他们的责任感和使命感。为此,我利用班会课举行《学习陈云爷爷,传承民族精神》系列主题教育,并邀请家长参与、观摩或指导。鉴于六、七年级学生善于表达,我以"说一说,陈云爷爷的故事""唱一唱,我们心中的国歌"为主题,家长通过故事评选、排练歌唱等形式参与班级或学校活动,激发学生对陈云爷爷的敬爱和崇敬之情,在学生心中根植红色文化。对于面临升学选择的八、九年级学生,邀请家长走进班会课,听一听孩子的理想和未来规划,提出自己的想法和建议,用自身经历引导孩子前进的方向，鼓励孩子用自己的实际行动为家乡建设增添一分力量。

二、家班协作同频，感悟陈云精神

亲子共读《陈云家风》，营造良好氛围。习近平总书记指出，"不论时代发生多大变化，不论生活格局发生多大变化，我们都要重视家庭建设，注重家庭、注重家教、注重家风"。为此，我们通过家委会成员商议，在征得其他家长同意后，以"共读《陈云家风》，正淳自身家风"为读书主题，按目录认领读书任务，家长和孩子每周朗读打卡，共写读后感、记录读书足迹。亲子阅读活动，让家长们全程参与，告别简单说教，使学生通过沉浸式参与，最终获得直接、直观的情感体验，树立远大的人生目标与理想。

家长讲述红色家风，传递传统美德。陈云爷爷融洽和谐、严守规矩、勤俭节约、酷爱学习的严正家风堪称楷模，我从这四个方面着手，在六年级第二学期，对全班同学进行问卷调查，整理家风特色，以陈云爷爷家风作典范，在家长们的自荐和推荐下，确定四位家长作为红色家风讲述者，每月一次，共分四次，以不同的方式，围绕不同的主题，走进校园班级传递正能量。

第一个尝试讲述红色家风的家长是谢爸爸，他以"热心助人，融洽和谐"为主题，在班级微信群以图文并茂的形式，讲述了奶奶做居委会志愿者，帮助小区居民排忧解难，使家庭和睦、尊老爱幼的事迹。如果说孩子是一粒种子，那么家庭就是土壤，家庭氛围就是空气和水，对孩子的一生起着重要的作用。

随后王妈妈围绕"遵守家规，严于律己"，通过"晓黑板"发布了视频，通过记录王妈妈对家务劳动进行分工，家长准备晚餐，孩子整理刷碗，向孩子传达家务劳动人人有责的责任意识。

吴妈妈围绕"生活简朴，勤俭节约"，通过亲子课堂的方式，告诉孩子们生活本应简朴，主张勤俭杜绝浪费，至今不为孩子购买手机等贵重物品。对于孩子来说，这是发生在身边最真实的事例，也是最有感触和引起共鸣的。

在家长沙龙活动中，金爸爸分享了他和孩子共读《陈云家风》的美好时光。他说自己作为一位IT工程师，最喜欢的亲子活动就是一起读书，探讨所感，孜孜以求，酷爱学习，是每个家庭的优良家风，也是以后立足社会的根本。

家长通过课堂讲述红色家风，营造了校园重视家风建设的氛围，让家长与孩子感受到中华民族家庭美德的时代内涵，感悟到优良家风的向善力量，引导家庭传承中华传统美德，树立良好家风。

三、实地考察场馆，激发爱乡情怀

爱国主义教育，要不断丰富红色基因的传承方式。我充分依托爱国主义教育基地，开展丰富的实践活动。

参观陈云故居，传颂伟人精神。学生在六升七年级的暑假，组织部分志愿者家长和学生来到纪念馆进行研学活动，把班级学生分成四人一组，配备一位家长，围绕"看、听、找、读"，进行了"陈云故居"研学活动。

在家长们的带领下，学生观看微电影《小镇情缘》，通过观看陈云纪念馆员工树立正确的人生观、价值观的过程，重塑新时期青少年的理想信念。他们聆听讲解员讲解"陈云生平业绩展"，了解陈云爷爷伟大光辉的一生，学习伟人精神，传承红色文化。他们探寻文物背后的故事，学习陈云爷爷的优秀品格、高尚情操和无私境界，树立为中国特色社会主义共同理想而奋斗的志向。他们漫步碑廊，阅读陈云手迹及其他党和国家领导人有关陈云的评价题词等。他们学习陈云爷爷实事求是、刻苦学习的精神风范。

组织学生考察瞻仰，同样收获的还有家长，在活动后有家长讲道："这次活动对我有特殊的意义，我不单是一名参观者，更是一名引导者带着孩子去了解家乡的红色文化，有责任，也有使命，更是一种督促。作为家长，一定要以身作则，为孩子树立好榜样，做好孩子成长路上的引路人。"

志愿角色体验，弘扬红色文化。学校统一组织的学生社会实践活动毕竟有限，周末和假期，是学生外出接触社会，了解社会的最佳时间。我鼓励班级学生报名讲解志愿者，把家庭成员视为讲解对象，在家进行模拟练习。如张同学，立志要做一名陈云纪念馆讲解员，在家认真练习时，爸爸妈妈作为"游客"提问，问到背诵之外的内容，他一时无法回答。这件事促使他在之后的学习中更加严谨，自觉查阅、了解陈云同志的一生和具有历史意义的物件。可见把"任务型驱动"和"自主性实践"相结合，让爱国主义教育从校内延伸到校外，融入家庭活动中，是实施爱国主义教育的必然趋势。

爱国主义教育的内容广泛而丰富，离不开学校德育工作的常抓不懈，勇于创新，也离不开家庭教育的言传身教。家长参与班级活动，重要的是不能让家长做旁观者，而是参与进来，充分发挥家长亲友团这一重要教育资源的作用。让家长了解班级动态，成为班级的一员，同时也提高了家长的教育能力，并且坚持不懈地开展家校互通，引导孩子传承红色文化精神，培育爱国有为之才。

家班共育，在劳动中诗意栖居

上海市莘光学校　姚文晗

《关于全面加强新时代大中小学劳动教育的意见》指出，要树立正确的劳动观，崇尚劳动、尊重劳动。然而，在现实生活中，劳动教育常常处于尴尬的境地，不少家长不让孩子从事家务劳动，甚至向孩子传达一些错误的观念，导致很多孩子既没有积极的劳动态度，也没有珍惜劳动成果的认知，更没有劳动实践的能力。"没有家庭教育的学校教育和没有学校教育的家庭教育都不可能完成培养人这一极其细致和复杂的任务。"苏霍姆林斯基的这句话是至理名言。笔者将从劳动情怀、劳动技能和劳动新意等几个方面来谈谈自己在家班共育中的粗浅实践与思考。

一、以诗话劳，让劳动情怀应"文"而生

中国是诗的国度。"日出而作，日落而息"的农耕文化，承载着浪漫诗意的文化基因，也承载着诗化哲学的精神传统。山水田园、塞外牧歌、杏花春雨、大漠孤烟造就的审美意境，有着寄情山水的情怀，有着天人合一的哲思，更有着劳动光荣的信念。

家长学堂，聚焦劳动意蕴。在班级家委会的组织下，组成"家长讲师团"，有计划地开展"家长读书会"和"亲子共读"，通过线上线下同步推进，在每月一次的"家长学堂"活动中，通过家长讲师团的力量，对孩子们进行别样的劳动教育"以诗话劳"。根据孩子的不同学习年段，我们设定了不同的主题。

表1　"以诗话劳"家长学堂系列主题

年　级	主　题	内　容	着眼点
六年级	劳者歌其事	诗经楚辞中的劳动之美	劳动与生活
七年级	富贵无根勤中得	唐诗宋词中的劳动赞歌	劳动与价值
八年级	日出而作日落息	元曲清词中的劳动生活	劳动与社会
九年级	远方的河流	外国诗歌中的劳动体验	劳动与创新

从古至今，由中而外，在家长的带动下，阅读诗歌让孩子们感受到日出而作、日落而息的劳动。经过近两年的熏陶，同学们从跨越千年的古韵中汲取了文化的滋养，也初步明白了劳动精神的深层意蕴：辛勤与创造。

自由创作，提升劳动自觉。在诗词的滋养下，同学们的劳动意识逐渐增强。同时，诗歌中彰显出的"崇尚劳动、尊重劳动""知行合一"的观念态度也深深地影响着每一位学生。他们纷纷用集句或原创诗歌表达着自己对劳动的认知。

（一）
劳动之思
蒹葭苍苍春日迟，白露为霜不如兹。
所谓梦想在何处，溯洄从之水中沚。
呦呦鹿鸣食野苹，嘉宾齐聚翻瑟笙。
谁言河流宽又广，一苇杭之齐劳动。

（二）
劳动之行
白云一片去悠悠，夕阳照我教学楼。
讲台黑板无纤尘，教室座位排成文。
空里流霜不觉飞，走廊地面应无人。
今日卫生今日毕，明日劳动明日轮。

（三）
劳动之悟
七月流火天转凉，八月未央农作忙。
九月授衣以御寒，十月获稻来相伴。
日出而作日落息，渔夫亦可轻帝王。
采菊东篱见南山，心远地偏也昂扬。

（四）
劳动之情
斜阳墟落天色晚，秋色满身心丰盈。
声在室南应室北，欢声笑语劳动美。
闲逸悠然忙亦乐，田夫荷锄牛羊鸣。
躬耕识得农家苦，不谓田中谷自生。

二、以身试劳，让劳动技能应"动"而活

劳动教育不同于知识的传输，要想真正地实现"教育"这一目的，一定要考虑到劳动本身所具有的具身性、对象性和实践性，也就是说，劳动教育必须要有一定的载体。

（一）劳美小组，构建劳动场域

班级组建之初，以"劳美"为中心，设立劳动小组，同学们自由选择，自主组队，最终形成四个小组——艺术小组、生活小组、科学小组、运动小组。每周五晚上小组组员们对自己的劳动成果进行群内直播。大家集想法和实践于一体，乐在其中：生活小组变着花样做美食，自给自足；运动小组坚持锻炼，身心愉悦；科学小组做小实验，追求真理；艺术小组畅游艺术海洋，怡美向善。

（二）活动实践，丰盈劳动体验

指导家庭劳动教育。劳动教育根在家庭、长在学校。我与家长合作，构建班

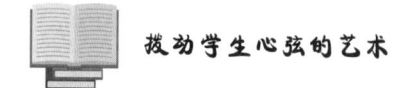

级的家庭劳动教育课程体系，如把洗菜、洗碗、洗衣、打扫房间等布置为家庭作业，家长把完成效果发给老师沟通评价。在家庭劳动教育中，充分发挥家长的启蒙与参与性，初步形成了课程实施框架。

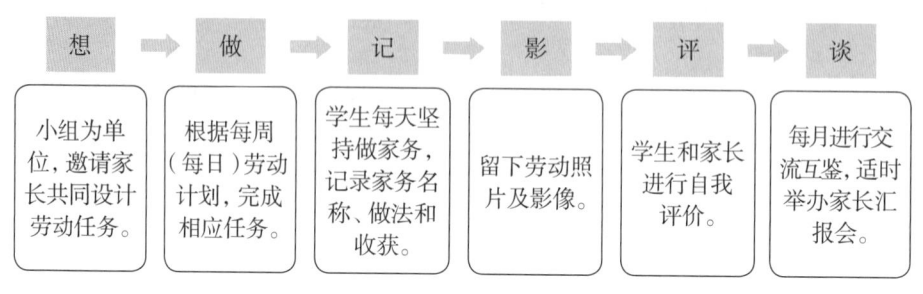

想 → 做 → 记 → 影 → 评 → 谈

想	做	记	影	评	谈
小组为单位，邀请家长共同设计劳动任务。	根据每周（每日）劳动计划，完成相应任务。	学生每天坚持做家务，记录家务名称、做法和收获。	留下劳动照片及影像。	学生和家长进行自我评价。	每月进行交流互鉴，适时举办家长汇报会。

图1　班级家庭劳动教育课程实施途径

在孩子的家庭劳动记录档案袋中，我和家长一起制定评价标准，共同筛选、整合、确定劳动表现中的关键特征，家长收集孩子们的劳动表现，呈现劳动过程和劳动成果，学生反思自身劳动过程，让学生感到，家务劳动不仅是我们应尽的义务，也能给我们的生活以丰厚的回报，使家庭生活更为舒适、整洁、温馨、美好，同时锻炼动手能力，掌握独立生活的本领，增进与家人感情。

构建劳动实践体系。"家庭劳动教育要日常化，学校劳动教育要规范化，社会劳动教育要多样化，形成协同育人格局。"在平时的劳动实践中，我从日常劳动入手，整合家庭、学校和社会的资源，构建劳动实践体系，从观念、知识技能、习惯养成等方面，制定实践目标并加以实施。

在"创新我家"的实践中，除了包水饺、蒸米饭、衣橱整理等亲子活动之外，还有"家庭小管家"和"工作初体验"的活动。在一周中，与父母互换角色，全家人的衣食住行都由学生安排，打理家中的生活开支，并完成理家感悟。

通过班级家长对接校外资源，有的组织同学们去崇明自家的菜园里劳动；有的让同学们参加服务敬老院老人的活动，到区图书馆担任书籍整理员，到区博物馆担任小小解说员；有的带领同学们走进父母的单位或者社区其他工作场所，观察体验工作劳动并尝试分担。学生在广阔的劳动场域中，对劳动有了更深切的具体认知，生发获得感和满足感，感受美好生活的来之不易，也会将劳动之乐内化于心。

三、以研促劳，让劳动新意应"美"而来

劳动教育不能只给学生灌输知识，更应该唤醒学生内心对于劳动的美好愿

望。为了让孩子们真正地做到诗意栖居，我带领他们顺应新的时代，以劳创新。

项目探究，关注劳动创新。"纸上得来终觉浅，绝知此事要躬行。"我和家委会的成员们一起商定各个小组的创新型劳动，以项目研究的方式进行任务驱动。比如，本学期学校的德育关注点为"稻花香里说丰年"，班级四个劳美小组以此设定小组项目主题，进行探究与成果展示。项目探究过程中，我还鼓励同学们参与"我是小讲师"活动，他们可以围绕自己小组的日常探究进展，每天回家给家人讲课十分钟。学生通过这十分钟对学到的知识进行再加工，并以自己喜欢的方式展现出来，其实是把知识内化的过程。

记录反思，孕育劳动文化。只有劳，没有思，是难以谈得上劳动教育的。班级开展记录"我的劳动成长故事"活动，主要载体是班刊《一苇杭之》、报刊《劳美小报》和班级公众号"风吹过草生长"。三个载体促进了学校教育和家庭教育的融合，为学生留下最美的成长记录，助力学生成长。在开展劳动教育的过程中，同学们的综合能力得到了提升，家长的教育意识得到了增强，作为班主任我的专业能力也得到了发展。

家班合作助力爱国主义项目化学习的探索

上海市嘉定区震川中学 李 磊

一、一次校园涂鸦事件引发的调研

我班曾经出现过一起学生"涂鸦校园林则徐雕像的事件"。在处理这起事件的过程中，也引发了我的一些思考：是什么导致学生涂鸦事件的发生？学生对民族英雄林则徐的事迹有多少了解？怎样有效地对学生开展爱国主义教育？为了更全面地了解学生和家长对此事的看法，我对自己任教的六年级两个班级的学生和家长进行了问卷调查。

（一）调研内容

学生问卷。主要涉及两个方面的内容：一是对此次涂鸦事件的态度并分析原因；二是对林则徐这个历史人物的了解程度。结合问卷第一部分中"分析原因"的开放性回答，可以归纳出以下几点：一是绝大部分学生对涂鸦林则徐塑像持否定态度，但一部分同学的认知在于乱涂鸦本身是一种不文明的行为，而对林则徐这一历史人物了解模糊。二是一部分学生虽然比较了解林则徐这一历史人物，但对学校的历史却不甚了解，不明白学校为什么要放置他的雕像。三是一部分学生对校园文化比较漠视，缺乏主动亲近、探究的意识。

家长问卷。主要涉及三个方面：一是对此次涂鸦事件的态度；二是对林则徐的了解程度；三是了解家长的爱国主义教育理念，此部分是开放式的问答。从家长对这次涂鸦行为的态度，并结合他们对问题"如果您的孩子也参与了此次涂鸦事件，您会有哪些举措"的回答，可以归纳以下几点：一是家长们在原则问题上的态度明确，立场坚定；二是大部分家长在进行爱国主义教育引导时，主要采取说教的方式。

（二）调研启发

以往，我们通过课堂学习、读书活动、征文活动、主题实践、研学旅行等多种途径，在爱国主义教育的形式上，已经取得了不错的效果。在保留这些优秀形

式的基础之上，我们还应该积极开拓新的方式和途径来优化爱国主义思想的引导。以历史人物林则徐为例，我发现两代人在了解途径上，有以下特点：其一，灌输教育和自我教育相结合是两代人共同的特点。其二，受时代的影响，学生（子辈）获得互动型教育的机会更多。其三，体验型教育目前还比较薄弱。

基于上述问题思考，我认为家校合作开展爱国主义教育是一条有效的思路，可以依托学校丰富深厚的文化资源，通过项目化学习，携手家长共同参与。

二、家班协同爱国主义教育项目化学习的探索

（一）家班协同爱国主义教育项目化学习的设计

夏雪梅说："项目化学习要锻炼和培育的是学生在复杂情境中的灵活的心智转换，是一种包含知识、行动和态度的'实习实践'，而不是按部就班地完成探究的流程。"以林则徐为例，我与班级家委会商定，拟定"林则徐爱国事迹知多少"项目化学习的活动指南如下：

"林则徐爱国事迹知多少"项目实施指南

项目主题：爱国主义教育

建议时间：10课时

项目活动：林则徐爱国事迹知多少

项目描述：了解林则徐的爱国事迹；以家庭为小组单位，参与并完成项目展示，并在过程中体悟林则徐的爱国情怀

项目目标：

1. 能够辩证地评价林则徐这一历史人物，萌发对林则徐的崇敬之情

2. 能够与父母协作，并完成活动成果的分享交流

学习准备：

教师：校史馆场地

学生：制作人物小卡片的绘画工具等

家长：上海禁毒馆参观门票等

驱动型问题：震川中学校园里为何有林则徐的塑像？你对林则徐有哪些了解？

作品结果呈现方式：人物小卡片、上海禁毒馆观后感等

项目评价："十佳"家庭评选与表彰

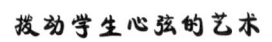

(二)家班协同爱国主义教育项目化学习的实施

1. 爱国主义教育项目化学习分年级内容

在实施指南的引导下,家校合作的背景下,我们设置并开展了具体的学习实践活动,带领学生通过自己的主动探究去完成"知、行、思"的合一,经历有意义的学习实践。

表1 实施指南内容

项目步骤	教师支架	家长支架
一、亲子合作搜集林则徐信息,制作人物小卡片。	历史、道德与法治、语文老师给予相关指导。	学生和家长尝试绘制青少年乐于接受的卡片模式,并辅以生动有趣的文字讲解。
二、以家庭为单位参观上海市禁毒馆,共同撰写观后感。	鼓励学生同时参加学校组织的"禁毒知识竞赛"。	陪同孩子共同参观,共同描述感受,并用文字记录。
三、邀请家长共同参观校园及校史馆。	带领家长及学生参观校园。	陪同孩子共同参观,并进行交流。
四、交流共享,利用学校"家长微课"分享成果。	与家长、学生共同设计"家长微课"的活动流程。	以家庭为单位展示或汇报活动的成果及收获。

上述"林则徐爱国事迹知多少"项目化学习仅仅是我班开展爱国主义教育项目化研究的一次实践和尝试,这项活动适合在六年级入学阶段实施,但仅通过一次实践是很难将这种思维方式迁移到其他情境中去的,于是,后期我们也将不断深入这一爱国主义教育项目化学习研究。

七年级主题——震川先生的家国情怀。主要内容包括:了解震川先生的生平及品格;震川先生与安亭的情缘;震川中学的"前世今生";

八年级主题——学校路名中的人与事。主要内容包括:震川中学道路命名缘由的考证;震川中学路名中的"人"为震川中学做的"事";震川中学"十二古迹"的介绍;

九年级主题——探寻校史人物的爱国足迹。主要内容包括:震川中学校史文化了解;以"震川先生"为代表的校史人物的家国情怀的探寻;爱校、爱家乡、爱祖国的情怀感悟;自身在未来的责任和担当。

自此,六至九年级的"爱国主义教育"项目化学习就可以统整为一个母主题"震川文化中的那些人"。根据不同年龄段、学段学生身心发展特点,制定不同内容,不同维度、系统化的项目主题,形成螺旋式上升的序列。确立这几个主题,

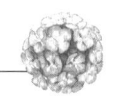

也充分考虑了班级学生的实际情况。绝大部分学生的家庭都是世代生活在安亭镇上的,他们的父辈甚至祖辈都曾在震川中学学习过,对于学校、安亭镇的历史变迁都有较为充分的了解,这样就可以充分挖掘家庭资源,实现家校共育。

2. 爱国主义教育项目化学习的思路与策略

通过本次项目化学习实践的探索,形成了家班协同爱国主义教育项目化学习"六步骤"基本思路:确定主题—明确任务(教师、家长、学生)—学科融入—课外延伸—交流分享—项目评价。同时,在实践活动过程中,形成了以下五个方面的实施策略:一是确定爱国主义教育的项目主题,将碎片化的内容转化为整体性的项目;二是学科融入,对基础型课程教材中相关内容进行梳理,让教育活动在学科浸润中得以接受;三是对课堂教育内容进行课外延伸与拓展,多以体验、互动的方式呈现;四是充分挖掘家长资源,优化爱国主义教育的家庭环境;五是充分利用学校丰富深厚的文化资源,不断加强爱国主义教育的浸润。

三、家班协同爱国主义教育项目化学习的思考

在推进家班协同爱国主义教育项目化学习中,学生具体的"做",家长参与的"助",以及学校策略的"引",让学生自己验证理论并学习知识,在亲历的过程中升华爱国情感,体验爱国行为,让学生成为爱国主义教育的主动参与者,并将这种主体能动性贯穿和渗透于整个爱国主义教育的过程和结果之中,实现学生的自我教育和自我成长。

但也有一些问题值得思考:一是项目化学习是一个较长时间的学习实践过程,故阶段性的评价比较容易滞后,如何制定科学有效的阶段性评价机制是需要思考的。二是活动中可能存在家长包办或家长意志强加于学生的现象。三是目前的实践,主要停留在情感引导层面,所以,还要充分发挥学生自身的主观能动性。

家班协同开展爱国主义教育的路径探索

上海市嘉定区嫽城实验学校　马　莲

一、现状分析

2020年是中国人民抗日战争暨世界反法西斯战争胜利75周年，国庆前夕，《中国文明网》开展了"2020，向国旗敬礼"全国中小学生网络签名寄语活动，引导未成年人强化爱国意识，激发报国志向，争做新时代的好少年。我以此为契机，对班级全体学生及家长进行了爱国主义教育小调查。通过调查我们发现，班级爱国主义教育存在以下问题：

学生层面——被动参与不用心。主要表现为流于形式、被动参与，未能从情感、态度、价值观层面深入推进。反思平时的爱国主义教育，我们用来做例子的大多是历史名人、重大历史事件等，这些教育素材和情境离新时代中学生有些久远，学生没有产生真正的心灵共鸣和情感认同，不能有效激起爱国主义情感。

家长层面——态度冷漠不关心。大多数家长对这次活动表现出漠不关心的态度。在平时的家庭教育中，家长对孩子参与爱国主义活动缺乏足够的重视。家长们过多关注的是孩子的分数，希望孩子努力学习，以后找个好工作，不大会把努力学习，长大回报国家作为培养目标，多数家长认为搞活动是浪费孩子的学习时间。

二、路径探索

对初中生开展爱国主义教育，需要家庭、学校、社会"三位一体"形成合力，我根据班级实际，协同多方力量，积极探寻家班共育视域下初中班级爱国主义教育实施的有效路径。

（一）多维指导，提升家长爱国主义教育素养

家庭是学校之外最重要的教育场所，所以亟须转变家长的教育理念，使得家班在爱国主义教育理念方面达成一致。我在班级中开设爱国主义教育家长课程，

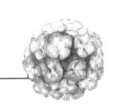

逐步引导家长转变观念，家班达成共识，协同指导学生进行爱国主义教育实践。

引导家长明确爱国主义教育的价值。"互联网+"时代，家班沟通渠道更加多元化，对此，我充分利用网络开设序列化的线上课程，打破时空限制，鼓励家长自主选择课程进行学习，共享教育资源。同时，通过微信、钉钉等班级群，推送并解读与爱国主义教育相关的政策文件，引导家长明确爱国主义教育的重要性。

指导家长掌握爱国主义教育的方法。一些家长虽然重视爱国主义教育，却缺乏有效的指导方法。为此，我结合学校录制的微课，通过腾讯会议和钉钉直播的方式，和家长一起观看、交流并讨论，学习爱国主义教育指导方法。同时，我积极发挥班级家委会作用，挖掘家长资源，开设家长专栏，邀请家长分享爱国主义教育经验，促进家长提高爱国主义教育指导能力。此外，我还利用家长会、家长沙龙等形式进一步指导家长了解和掌握爱国主义教育的方法。

（二）多元活动，家班协同爱国主义教育路径

共赏红色作品，丰富爱国主义内容。中华民族是一个伟大的民族，几千年的历史孕育出大批爱国文人、经典著作，他们在作品中表现出深沉的家国情怀。

古诗词有情感感染和智慧启迪的作用。为此，我引导家长通过深情吟诵与品读充满深沉爱国之情的诗篇，和孩子一起走进诗人的内心世界。孩子们在掌握知识的同时，爱国主义情感与家国情怀潜移默化地沁入心田，并得到升华。

红歌有很强的代入感，更有教育性。我鼓励家长陪孩子多听多唱，在音乐中进行思想的洗礼，汲取精神的力量；带着孩子观看爱国题材的电影，和孩子一起临摹喜欢的英雄人物，并讲解英雄们的感人事迹，唤起孩子的红色记忆。

无论经典书籍、红歌、电影都烙有红色的印记，家长与孩子共读共阅，共画共唱，共同分享彼此的情感，让孩子产生心灵共鸣和情感认同，孕育出深深的爱国信念，并把爱国情自然转化为爱国心、报国志。

共办主题班会，凝聚爱国主义力量。在学期初，我根据家长的不同职业和专业特长，挖掘其身上的教育资源，设计了"1+X家校共育课程"。"1"是一个主旨：家班联手推进爱国主义教育；"X"指家班联手开展多个课程。目前，共开设了以下4个课程：

传统节日课程。每月第1周周五，主要以了解中国传统节日的来历，风俗习惯及演变等为主要内容。以此弘扬优秀传统文化，培养民族自豪感，树立文化自信。

家乡文化课程。每月第2周周五，主要以了解家乡的历史、先贤、文化、发展等为主要内容。目的在于促进学生传承家乡文化，增强对家乡的归属感和自

豪感，激发学生服务家乡、建设家乡的责任感与使命感。

四史学习课程。每月第3周周五，主要以学习"四史"（党史、新中国史、改革开放史、社会主义发展史）为主要内容。让学生知荣辱，懂感恩，铭记历史，不忘初心，坚定理想信念。

新冠肺炎疫情防控课程。每月第4周周五，主要以学会科学应对疫情，学习抗疫英雄的先进事迹为主要内容。学生们在课程中感悟中国精神，学会敬畏和珍惜生命，感受中国力量。

这些小课程，承载着博大的家国情怀。家班共育课程的实施，拓展了教育渠道，成为班级爱国主义教育的重要载体。专业化的讲解、多样化的学习方式，让孩子们愿意学，乐于学，在潜移默化中受到爱国主义教育的熏陶。

共游红色基地，坚定爱国主义信念。我和家长们一起设计了一条区红色旅游线路：陈君起纪念馆→廖家礽烈士墓/廖家礽烈士纪念馆→高义桥→补阙亭→外冈游击队纪念馆→娄塘游击队纪念碑→微音阁→区革命烈士陵园→区党史陈列馆。利用双休日和小长假，我邀请家长参与班级实践，带孩子走出家门，走向社会，追寻红色足迹，缅怀革命先烈。孩子们重温了老一辈共产党人在战火中不畏艰难、奋勇抗争的革命场景和艰苦奋斗、无私奉献的革命精神，感受到新中国来之不易，对先烈们的崇敬之情溢于言表。

共提志愿服务，砥砺报国之行。爱国不仅仅是简单的情感表达，更应是一种理性的行为，是身体力行、报效祖国的实际行动。因此，我和学生们一起设计了多项班级主题实践活动，利用广阔的社会资源，把学生的爱国情感、爱国信念落实到学习和实践中去，在实践体验中促进知行统一。

三、实践成效

一年来，我以爱国主义教育为核心，通过多元联动，整合学校、家庭、社会的力量，以红色精神引领班级德育，以班级德育促进学生成长，逐渐形成了"眼中有光，心中有爱，我与祖国共成长"的班级特色，取得了明显成效，得到学生、家长、任课教师的交口称赞。学生们视野开阔了，格局变大了，对班级、学校事物更关心，越来越爱学习，越来越自律，学会了合作，学会了交往，勇敢承担责任，自信面对困难，他们学会了如何爱国，怎样爱国，家国情怀在每一个学生心中孕育生长。个体的成长也促进了班集体的成长，班集体的教育生态环境得到了极大优化，班风班貌有了很大改观，团体意识和集体荣誉感越来越强。

初中生劳动教育中的"数学运算"

上海市曹杨第二中学附属学校　翁浩杰

近期,教育主管部门先后发文,要求学校认真开展劳动教育。根据学生的现状,我认为劳动教育可以借鉴数学运算加以落实。

一、先做减法

很多初中生的休息时间,都被各类补习班、兴趣班等占据。平时在校学习、周末补课,能有时间参加劳动成了一种奢望。要改变这种情况,家庭和学校都需要做"减法"。

做育人观念的减法。"望子成龙,望女成凤"是每位家长的殷切期望。现实告诉我们,很多家长认为凡从事体力劳动者,非龙、非凤也。许多家长抱有"万般皆下品,唯有读书高"的旧观念。一味地追求分数,最终只能培养出一个个做题的"机器",这样的学生在日后是经不起考验的。学校层面,也有类似的情况,文化课的时间占据了相当大的比例,劳技课等课程常被占用。学生除了每天的值日及固定时间的大扫除外,没有时间和机会参与到劳动中。这些错误的观点应当摒弃。

做重复学习的减法。减去一些学习上的重复练习,减去一些课外补习中超前学习的内容,减去一些额外的作业,让学生有时间和机会参与劳动。我们都知道,随着学习的深入,困难和挑战也会随之而来,有些学生在面对学习的难题时选择迎难而上,另一些则会选择放弃。培养孩子不怕困难、吃苦耐劳的方式之一就是让他们参与劳动,而劳动教育是需要时间的,在每天可供使用的时间总量保持不变的情况下,参与劳动的时间就需要从那些重复的学习中挤出来。

二、再做加法

做劳动形式的加法。目前学生参与劳动的时间是远远不够的,《大中小学劳动教育指导纲要(试行)》指出,中学阶段每周的劳动时间应不低于3小时。值

日和大扫除可能每周或每两周才一次，每次劳动的时长也仅在半小时左右，因此离3小时这一及格线还有一定的距离。增加劳动的时间并不是拉长每次的劳动时间，而是需要学校和家庭共同为学生提供更多形式的劳动，进而达到劳动时长的目的。

《指导纲要》指出初中生应当更多地参与志愿服务等公益性劳动。从学校的角度来说，除了每天的值日和固定的大扫除之外，还可以安排一些如一日义工、志愿者服务、校园包干区劳动等。把劳动的场景从教室搬到校园的包干区、学校对接的社区中，这也是劳动形式上的一种拓展，能让学生从实践中体会到他所掌握的劳动技能是能够为他所在的校园和社区环境的优化出一份力的。这种学以致用所带来的幸福感是学科学习难以替代的。

从家庭的角度来说，家长不应该将劳动作为惩罚的手段，这样会打击孩子劳动的积极性，让处于青春期的孩子对劳动产生错误的认知。在家中，除了扫地、洗碗、拖地等日常生活类劳动以外，还可以让孩子参与诸如烘焙、垃圾分类等可供家庭成员共同完成的劳动。让孩子参与制作的过程，不是只享受成果的美味。培养孩子的劳动兴趣，激发他们的劳动本能，更多地需要家长的引领。更多地参与家务劳动，也是培养孩子对于家人的一种关爱和责任。让孩子从内心接受劳动，热爱劳动，从中体会收获的快乐，这是更为重要的。

做劳动技能的加法。《指导纲要》指出，每年有针对性地学会1-2项生活技能。而目前就初中生而言，所掌握的生活技能普遍只停留在扫地、拖地等日常参与度较高的劳动中。如做菜、缝纫等技能就有些困难了。其实，上海初中的劳技教材中有包括做针线、打中国结、系领带、木相框制作、水仙花雕刻等技能的教学，但可能由于课时的安排等一些原因，有些学校落实的情况并不理想；有些即使教了，但学生也是先学后忘，课后在没有老师的指导下，并不能很准确地重复出来。因此从学校层面来说，劳动技能的种类已经足够丰富，而这些技能也的的确确是生活所必需的，我们需要做的是把课本的内容落实到位，教一个技能就掌握一个，不求快，不求教学进度，只求让学生掌握更多的技能。

在家庭中，孩子有更多的场景来丰富自己的劳动技能。家长要鼓励孩子自觉参与、自己动手，随时随地、坚持不懈地进行劳动，掌握洗衣做饭等必要的家务劳动技能。除此之外，家庭中的垃圾分类、疫情背景下的家庭消毒方式等等，这些看似简单的劳动，背后都需要科学知识的辅助。例如垃圾分类前，孩子需要先了解四种分类的依据、家庭的防疫消毒措施需要哪些消毒剂，怎样配比更有效。家长要放手让孩子去做，与其休息时间被电子产品所束缚，不如让他们自己动脑参与劳动更好。劳动教育的收获是孩子在实践中潜移默化地形成的，这会比家长单向灌输式的方法更有效。

三、后做乘法

做劳动教育的乘法。劳动教育需要家校协调，强强联手，就像数学中的乘法那样，成倍地扩大劳动教育的成效。劳动教育有机地渗透于家庭教育的全过程中，使学生端正劳动态度，掌握劳动技能，为今后形成独立自主的生活态度与能力打下基础。具体来说，首先，教师与家长要沟通学生在校与在家的劳动情况并及时发现问题。其次，教师与家长要沟通所进行的劳动教育的内容、形式及已经掌握的技能，这样使家长能有效地参与到劳动教育的整个过程中，提升家庭劳动教育水平。应当将劳动时间相对固定下来。学校的值日劳动、劳技课或志愿服务等是有时间保证的。家长也要为孩子制订好劳动计划，可以是每天的，也可以是每周的。家长要做思想的解放者，不要由于学习而减少让孩子的劳动时间，每天的个人生活应当由孩子自己料理。

做携手育人的乘法。家庭教育与学校教育各有优势，应积极发挥两者之长。家长要配合学校，为孩子提供劳动机会，培养劳动能力，在参与家务劳动中，养成做家务的习惯，掌握基本的生活技能，培养学生吃苦耐劳、艰苦奋斗的精神。因此，劳动教育需要增强家班共育意识，强化家班合作，营造重视劳动、尊重劳动的良好氛围。

家班共育下的劳动教育，是为了让孩子在劳动中体会幸福是奋斗出来的，没有谁能随随便便的成功。要鼓励孩子参与校内、家中的各类劳动，学校课程安排组织的研究性学习、志愿者服务、职业体验等，在集体劳动中提升劳动效能，增强劳动的光荣感、责任心和团队意识。也要鼓励他们从身边的小事做起，扫地、拖地、洗碗、整理房间等，与父母共同完成力所能及的家务，形成积极向上的家庭劳动氛围，踏实肯干，坚持不懈，用劳动之光点亮青春之光，助力学生成长。

农村初中家班协同学农劳动教育的实践

上海市崇明区长兴中学　徐宝卫

《大中小学劳动教育指导纲要（试行）》提出："中小学要推动建立以学校为主导、家庭为基础、社区为依托的协同实施机制，形成共育合力。学校要引导家长树立正确劳动观；明确家长劳动教育责任，让家长主动指导和督促孩子完成家庭、社区劳动任务；学校要与相关社会实践基地共同开发并实施劳动教育课程。"劳动教育需要学校、家庭、社会三方合力，作为一名班主任，我基于校级学农劳动教育课程，采取家班协同模式，开展学农劳动教育的实践。

一、学农劳动育人价值与问题

（一）全面认识学农劳动的育人价值

教育的目标是培养德智体美劳全面发展的人，"劳动是培养人、塑造人的关键途径，甚至是最主要、最根本的手段。在教育体系中，学生只有通过劳动，才能发挥个人的才干和智力"。学农劳动教育具有一定的实践性、独创性与综合性，有着其他任何一个学科所无法替代的育人功能，是素质教育中必不可少的一部分。因此，我们不仅要激发班级学生参与学农劳动实践的兴趣，也要注重发挥家庭教育的功能，通过家班协同，引导并促进学生正视劳动、学会劳动、尊重劳动、热爱劳动，培养学生奋斗、创新、奉献的劳动精神。

（二）家班协同学农劳动存在的问题

学生参与学农劳动实践的主动性不够。作为农村初中，班级与学农基地合作开设学农劳动实践课程。课程以设计农产品包装作为结果导向，分步落实学生参观农产品展厅，了解农耕文化；深入蔬菜大棚，采摘农产品；使用劳动工具，收获农产品。但学生抱有走过场的心态，对农作物不感兴趣，参与学农劳作实践不够主动。这反映学生对农业缺少深度了解，没有意识到农业劳动的创造性价值，没有认识到学农劳动实践意义，体会不到参与劳动的乐趣，因而缺乏参与的主动性。

家长认识学农劳动价值的全面性不足。不愿让孩子参与学农劳动实践的家长主要有两种观点：一是孩子不做农民，学农劳动实践浪费时间。这部分家长只看到学农劳动是又脏又累的体力劳动，忽视了学农劳动涵盖体验、技术、理论和实践四大类，对当代农民劳作内容缺乏全面了解，片面理解农业仍是面朝黄土背朝天的田间劳作，不知技术也可让农民成为科技人才。二是认为旅游景点才能拓宽孩子视野，比学农劳动实践更有育人的实际意义。

二、家班协同学农劳动的开展

（一）整体架构学农劳动的课程内容

根据"五育融合、全面发展"的教育方针，针对家班协同学农劳动存在的问题，结合学校的柑橘农场学农劳动基地，及部分学生自家有橘园的实际情况，发挥学农劳动、实践树德、增智、强体、美育的育人价值，对班级学农劳动进行整体融合设计。

树德篇。参观柑橘农业发展史展览馆，了解柑橘农业发展史。采访家中长辈，调查种植橘树的家庭收入，了解柑橘农业带给家庭与家乡的发展变化，认识到劳动创造美好生活的道理，激发爱劳动的意识。

增智篇。走进学农实践基地，学生近距离观察农作物，识记农作物，接触农具并了解其用途。通过家班协同，父母指导孩子参与学农劳动、做好过程记录与评价，学会分辨不同季节农作物生长特性等。学生在劳动的实践中发现农产品包装单一，很多农产品没有包装，于是萌生为农产品设计特色包装想法。小组讨论激发新思考：什么包装最受市场欢迎，包装材料可否采用水溶性材料或可循环材质。学生综合考虑经济和环境因素，拥有科学发展眼光，设计农产品包装激发了学生创造性思维，实现了劳动教育纲要"关注学生劳动过程中的体验和感悟，引导学生感受劳动的艰辛和收获的快乐，增强获得感、成就感、荣誉感。鼓励学生在学习和借鉴他人经验基础上，尝试新方法、探索新技术，打破僵化思维方式，推陈出新"的要求。

强体篇。一方面是学会使用农具，体验农业劳动。学农中，学生在教师的指导下播种、培植、收获农作物，掌握种植要领。家庭有田园的学生，跟随父母为农作物灌溉、施肥，记录农作物生长周期。家中无田园的学生，利用阳台绿化与父母同种绿色植物，做好过程性记录。另一方面是动手设计制作农产品包装，用行动验证创造性想法，拜访农业研究所，请教农业专家，逐步完善包装设计。

育美篇。首先是学习袁隆平、吴明珠等农业科学家事迹，领悟无私奉献精神之美、科技创新智慧之美、服务全人类品格之美。其次是将学农劳动教育融合爱国主义教育：学生设计农产品包装，选取红色旅游景点作为设计元素，借包装宣传红色文化，引导学生关注人的辛勤劳作，促进家乡建设，助力国家发展进步，激发学生爱国情，懂得为国做贡献。

（二）雏鹰争章学农劳动的评价机制

合理有效的评价机制利于调动学生学农积极性，解决学生学农劳动实践不积极现状。结合《中国少年雏鹰行动争章手册》中休闲章和合作章的具体要求，设定学农劳动实践评价标准：

休闲章。争章侧重考查学农劳动实践内容实效。依据学农劳动实践树德、增智、强体、育美四个维度，分设四星。学生完成学校和家庭各环节劳动实践内容，集齐四星可兑换休闲章，记入初中生综合素质评价系统。

合作章。争章目标为"学会合作，互助共进"，侧重评定学生学农实践中习得品质。具体要求为：有责任心，善于交往，能理解、宽容，善于发现，各抒己见，各展所长和友善守信七个方面，采用组内互评、家长和教师参评方式。每达到一方面可获得一星，集齐七颗星换取合作章，记入初中生综合素质评价系统。

三、家班协同学农劳动的实践成效

开展家班协同学农劳动实践，发挥家长正面引导作用，家校合力共助学生形成尊重劳动、热爱劳动的劳动观，掌握劳动技能，培养吃苦耐劳、认真负责的劳动品质，提升合作能力。家班协同学农劳动实践收效：

（一）提升了学生动手能力和沟通能力

学农劳动实践涵盖采摘农产品，使用劳动工具，给农作物灌溉、施肥，设计农产品包装等。实地劳作增强学生动手能力，小组合作使学农实践事半功倍，学生沟通能力增强，同学间主动帮做值日工作、互助讲解题目，学生主动请教老师问题，主动问询家长生活经验。

（二）转变了家长对孩子和学农的认知

学农劳动实践助家长全面了解孩子，家长意识到过多保护不利孩子成长，转变为助孩子完成学农劳动的"一手包办"，学会留给孩子成长空间。家长共同参与学农实践，体验制作糕点、手编藤篮、采摘农产品、参观陈列馆等，认识现代农业已发展成与劳动、文化、科技为一体的智慧产业。

（三）促进了家班和亲子关系的和谐

首先，学农劳动实践优化家校关系。小组成员生生合作体验翻地、拔草等劳动，劳动中增进了解，加深友情。良好同伴关系有助学生度过快乐中学时光。师生合作中，班级38名学生分为6个小组，邀请6名教师担任领队。教师协助学生完成劳动体验，指导学生填写"植物生长记录卡"，指导设计包装，引导组内成员相互理解、相互包容、各抒己见、各展所长，形成合作共进氛围。师生合作中增进双方了解，培养师生感情。由于合作奠定和谐的生生和师生关系，家长在参与劳动实践中切身体会班级教育理念，为孩子能力提升感到高兴，进而增添对教师信任，加深对学校了解，有利家校关系良性发展。其次，学农劳动实践搭建亲子沟通平台，在平等合作中调整亲子相处模式，父母变强势给予为学会倾听孩子需求，尊重孩子独立意志，优化亲子关系。

光盘行动助力新时代劳动教育的实践探索

上海市奉贤区实验中学 张 媛

作为"五育并举"的重要组成部分，劳动教育越来越显现其重要性。在初中阶段，树立正确的劳动理念与精神，培养必要的劳动技能，对学生的全面发展有着积极作用。光盘行动就是一个具有教育意义的行动，它能培养学生尊重劳动、珍惜劳动成果的意识和行为，有助于形成正确的新时代劳动价值观。

一、造成学生用餐浪费的现状及成因分析

"光盘行动"传承厉行节约、反对浪费的中华民族传统美德，也是培养学生良好劳动意识、劳动习惯和劳动精神的载体。学生虽然知晓"光盘"，实际情况却是不尽如人意，在校园、家庭中用餐时浪费现象普遍。为此，我在班级中开展了用餐情况问卷调查，了解浪费原因。调查结果显示，学校餐厅每周剩余午餐称重量为316公斤大米和菜，浪费占比9.8%。我们班级，仅有31%的学生每次都能将所有饭菜吃完，55%的学生基本能够吃完，14%的学生每次就餐都浪费。"不合口味"（32.5%）、"饭菜样式少"（45.4%）成为浪费的两大主要表象原因。其深层次原因，主要在三方面：家庭层面，我们班的学生大多来自城镇且为独生子女，家庭条件比较优渥，加之父母宠溺，学生的节约意识比较淡薄；学校教育层面，流于空洞说教，很难内化于心，教育无法落到实处；当下生活条件普遍向好，餐桌上追求攀比，浪费的现象严重。

午餐浪费看似是学生个人行为，但却表现出学生不节约粮食、不珍惜劳动成果、随意浪费的问题。借助学校创建"国际生态学校"的契机，本班适时开展了主题为"我是光盘神斗士，对浪费说不"的光盘行动，以培养学生尊重劳动、珍惜劳动成果的品质。

二、以光盘行动为切入点，探索多元化劳动教育的有效途径

（一）多渠道宣传，培养节约粮食、尊重劳动成果的意识

组织班级学生观看有关"光盘"的宣传片，从思想层面宣传"光盘"的重要

意义，树立节约劳动成果的意识；小组拍摄日常生活中餐桌上浪费的小视频，分享学校食堂、家庭、饭店餐桌上浪费惊人的照片，以及食堂工作人员辛勤劳动和学生节约粮食的好榜样事迹，给予学生警醒和榜样示范；亲子共绘"我是光盘族，对浪费说不"的海报，通过交流展示，达到"共育"的效果。

（二）多形式活动，体验劳动的艰辛

"纸上得来终觉浅，绝知此事要躬行"，躬行、体验方能感知劳动的艰辛，让尊重劳动从被动接受到自觉内化，生成劳动意识和劳动价值观。

亲子体验，深入乡村劳动实践。雏鹰假日小队在家委会的组织下于暑期开展了五次系列劳动体验。以向日葵小队为例，8人深入齐贤农村完成了插秧一亩的工作量，历时6个小时，经历了烈日下的暴晒和蚊虫叮咬，感受了劳动后清茶淡饭却全部光盘的幸福。队员们纷纷表示，插秧劳动不仅锻炼了身体，更让我们感知到一粒米饭要经历许多步骤才能够端上餐桌。其他小队有的去庄行体验榨菜籽油，有的跟着爸妈去上班，有的"学做一天小村长"……通过小队活动，队员们体会了春耕秋收的辛苦，也体会了劳作的快乐。

探究活动，倡导适量科学搭配。为了从根本上杜绝午餐浪费现象，班级成立课题小组，开展探究活动。采访厨师，体验厨师买菜搭配、烹饪的过程，探究初中生膳食营养搭配、学生喜欢的菜品排行榜等。课题小组以班级名义向学校提出了"学校午餐一周食谱的科学配备方案"，建议学校食堂要根据学生的年龄特点、男女生差异，调整食品种类和份额，提倡供应小份餐、半份餐。在课题探究中，学生探本溯源，科学认识食谱，学生有效进行自我教育。

（三）成立自治小组，制定光盘行动实施细则

学生成立"光盘行动"自治小组，集体商议确立班级行动总目标：光盘我做到、就餐我文明、餐后我劳动。

我是"光盘神斗士"，对浪费说"不"。每日中午自治小组将学生剩余饭菜的采集桶进行称重，记录数据，为期一周，与活动开展后的节约情况作对比，评比出"光盘之星"，并计入"金钥匙"评选中。设计班级光盘特色徽章，获得多者可与班主任、校长共进午餐，激发学生争做"光盘神斗士"的热情。

我是监督员，劳动我能行。班级中每个人都有劳动岗位，互相监督管理。"文文员"：维持用餐秩序，保障同学们文明有序用餐，不洒落饭菜；"净净员"：督促同学吃完盘中餐，检查剩余饭菜，并做好记录；"轻轻员"：剩余午餐称重，对光盘完成情况做好记录和统计；"徽徽员"：对表现优秀的同学颁发徽章，对表现优秀的小组颁发光盘行动"金钥匙"。

（四）弘扬家风，光盘打卡促进习惯养成

最完备的教育是学校与家庭的结合。《关于全面加强新时代大中小学劳动教育的实施意见》倡导构建以学校为主导、家庭为基础、社会全方位支持劳动教育工作格局。为了更好地弘扬家风，促进合力育人，我们通过发告家长书和召开家长会的形式倡导家长以身作则，实行光盘，创建节俭好家风。家长拍照记录自己家中的光盘情况，亲子一起填写表格光盘打卡，促进习惯养成。同时，根据学校"劳动创造美"暑期活动要求，每位学生学做一道菜，体会劳动的艰辛，更好地践行光盘。

（五）班会沙龙，家校分享推动劳动教育

"光盘行动"现场会。综合考量在校和在家光盘情况，评选、表彰身边的榜样，请获得光盘徽章最多的同学和家庭与大家分享感悟，开展勤俭好家风故事演讲，发扬勤俭节约传家远的良好家风，评选优秀家庭。

三、晒出幸福，辐射社会引领新时尚

两个多月里，班级先后开展了"午餐浪费不文明"现象大曝光、海报设计、亲子体验乡村劳动、浪费午餐每日计量称重、"光盘徽章"进阶兑换、好家风故事演讲等一系列内容丰富、形式多样的主题活动。我们欣喜地发现班级午餐不文明现象减少了，厨余垃圾减量了，学生兑换"光盘"徽章的热情持续高涨。光盘行动促进学生树立珍惜劳动成果的意识，培养了劳动能力，对卫生习惯的养成，团结合作、优良学风的创建起到积极作用。当年我们班级被评为区优秀中队。雏鹰假日小队利用周末和寒暑假走进社区，以自制海报、发放宣传单等方式开展宣传，提高居民对光盘行动的认知度，倡导节约、反对浪费，提出许多合理化建议，在区域内起到了良好的示范作用。

我们将继续以"光盘行动"为着眼点，在班级管理中完善细则，在家校评价中促进习惯养成。家班合力，帮助学生树立尊重劳动者、节约劳动成果的新时代劳动观，为培养学生成为德智体美劳全面发展的社会主义建设者和接班人奠基。

家班携手劳动教育的设计与实施

华东政法大学附属松江实验学校　陈雪琴

劳动教育是中国特色社会主义教育制度的重要内容。学校是学生教育的主导者，而家庭是孩子的第一课堂，因此，劳动教育的实施与开展离不开学校与家庭。为此，我以家班携手的方式对劳动教育进行系列化的设计和实施，以多样化的家班活动促进学生掌握必要的劳动技能，提高劳动素养，从而健全人格，形成良好的道德品质。

一、家班劳动教育的设计

家班携手实施劳动教育离不开家长的支持与参与，本设计立足于对家长意见进行征集并获得认可的基础上，再组织家长代表和教师共同商议讨论形成。劳动教育的对象是学生，学生的阶段发展特点及其成长需求是本设计的主要依据。家务劳动是学生掌握基本生存技能的主要内容，社区劳动是初中生感悟劳动精神，初步激发职业生涯意识的主要内容。为此，家班劳动教育主要围绕"家务劳动"与"社区劳动"进行设计。

（一）家务劳动设计系列化

在家务劳动方面，劳动的目标与内容则根据学生六至九年级的能力特点的不同。以"亲子厨房"活动为实施项目，对劳动目标和内容进行系列化的设计。

在六年级，以学生初步学习食品制作的知识和技能，达成能够在家长指导下DIY一份冷餐食品的目标，如制作冷餐、饮料、水果拼盘等。

在七年级，以学生学习并掌握2—3个做菜的技能，达成能够独立完成2道菜的制作烹饪目标，如能够实现饮食生活能自理的水平。

在八年级，以学生学习并熟悉食品的营养常识为内容，达成学会饮食的合理搭配的目标，如能够独立设计出家庭一日三餐营养搭配的一周食谱。

在九年级，以学生学习自主采购食材，独立制作一顿午餐或晚餐，达成能够为家人提供饮食服务的目标。如能够为家长聚餐提供做主厨服务。

家班携手设计的家务劳动项目，在内容上呈现"学做菜、懂营养、能主厨"系列化特点，在目标上呈现"学知识、练技能、供服务"的螺旋式上升的特征。让后续的活动实施既体现系统性又具有发展性。

（二）社区劳动设计阶梯化

社区劳动的开展，需在对班级家长进行调查的基础上，了解家长的工作情况及意愿后，以"职业体验与实践"活动为实施项目，对劳动目标和内容进行阶梯化的设计。

在六年级，以家长进班级介绍职业的方式，达成让学生了解不同职业的特点及所需基本技能的目标，活动后，学生能针对其中一份职业谈自己的认识。

在七年级，以对各行各业的探访为内容，在家长的组织下，分小组参观相关行业，通过近距离参观感受各行业劳动者的工作场景，达到感悟劳动精神及劳动价值的目标。如能够在活动后，以多种语言、图文、视频等多种方式表达个人感悟。

在八年级，以家庭为单位，由家长带着孩子体验工作，学生深入行业进行实践，达到体验家长的职业劳动，感受劳动价值，增强职业规划意识的目标。如学生能够总结体验感受，提出对未来职业的思考等。

在九年级，利用节假日，以进入社区开展志愿者活动为内容，通过体验社区志愿者的实践工作，达成感悟志愿精神，激发社会责任感的目标。

家班携手设计的社区劳动，结合班级中家长的职业情况，充分发挥家长资源，立足学生不同阶段的成长需求，呈现"了解认识、观摩访问、实践体验"阶段性的特点，为后续有效实施社区劳动奠定基础。

二、家班劳动教育的实施

无论是家务劳动还是社区劳动，其教育的实施场所主要在家庭中、社区里，为此，家班携手劳动教育的实施过程中，班级承担组织发起的职责，家长承担教导或者示范的职责。在整个实施过程中，班级是组织者、引导者、推动者；家长是教导者、示范者、评价者，二者相辅相成。

（一）家长教技能，班级促评价

家务劳动看似内容简单，但每一项厨艺都需要学习并反复训练才能掌握好技能。为此在"亲子厨房"的活动中，由家长结合自身厨艺特长教给孩子相应的技能知识，不断指导实践并评价反馈，以此帮助学生掌握技巧，提升良好的家务劳动水平。

教导厨房知识。家长在家中指导学生利用烹饪视频进行知识学习，或者家长亲自传授烹饪的厨房小知识、小技能，或者学生和家长共同学习餐饮知识与技巧，探究饮食知识及相关制作要求。

协助厨技训练。班级利用节假日开展"亲子厨艺秀""今天我掌勺"等实践活动，学生筹备一顿家宴，如一顿生日餐、庆贺餐等，让学生在家长的协助或合作下反复训练厨房技能。

评定厨艺水平。组织"精彩厨艺展"活动，动员学生将烹饪过程与成果制作成小视频，传至班级"晓黑板"中，由家委会组织家长、同学、教师共同评选并评价。

在家务劳动的教育过程中，家长是知识与技能的指导者，也是劳动成果的评价者，家长对学生的劳动成果及时反馈，能激发学生不断提升厨艺技能，并从中体会到劳动的价值与责任。

（二）班级有组织，家长有分工

社区劳动教育的实施依靠班级组织发起活动，在问卷调查的基础上，经由家长和学生讨论沟通后自主分组，在小组中进行自主分工并合作完成活动。

介绍职业。在六年级，家长自主报名和推荐，选择多项不同职业，邀请家长以进课堂或视频方式介绍职业情况，丰富学生视野，增加学生对多种不同职业内容及所需技能的了解。如有的家长通过对航天研究工作的介绍，给学生普及航天知识，学生通过自己的学习探究了解如何成为一名航天研究员。

带领观摩。在七年级，通过发起"探究各行各业"活动，组织学生以小组方式进行实地考察，以观摩走访的形式深入了解某个行业的劳动场景及劳动价值。如探究公交车行业，学生通过乘坐公交车，采访司机、乘客以及行业的管理人员等多种形式，感受到公交行业的运行情况、员工的工作强度以及对城市的作用，从而感受到该行业的职业精神与劳动价值。

陪同体验。在八年级，开展"跟着爸妈去上班"活动，在家长的帮助下体验自己意向的职业工作。在家长进行工作示范后，学生尝试承担一些力所能及的工作内容，在陪爸爸妈妈上班的过程中，力争掌握一些简单的技能，同时，体会家长工作的辛苦与复杂。如陪妈妈做服装售卖，在帮忙售卖的过程中，掌握一些基本销售语言和技巧，也感受到家长每一份收益的来之不易。

鼓励志愿。在九年级，开展"我做志愿者"活动，组织学生以小区为单位自由分组，家长则鼓励孩子走向社区及街道，体验志愿活动。如担任社区垃圾分类志愿者、创全国文明城区的宣传志愿者等。帮助学生在承担社会责任的过程中，

感悟到劳动奉献的意义，激发社会担当精神。

社区劳动中，无论是职业的介绍、社区实践活动还是职业体验活动的开展，家长是重要的资源提供者，也是职业劳动的示范者，更是活动中的重要协调者。学生通过家长的积极参与和展示，不仅能加深对父母的理解和尊重，也能孕育职业规划的萌芽，加强对劳动价值的感知认识。

家班携手劳动教育的设计与实施，积极发挥学校引导作用，立足学生发展特点，充分调动家长力量，灵活利用了家庭与社区生活的时间、空间，科学开展劳动教育活动，实现育人目标。

"因势利导"，提升初中生的劳动素养

上海市彭浦初级中学　陈　敏

有关劳动教育的文件的频频下发，既表明了劳动教育在新时代中小学教育中的重要性，又为学校、教师的工作提供了方向与任务的导引。然而在班级中，我依然发现，部分同学在完成学校的日常劳动时，仍有较大不足之处，如擦黑板、扫地等基本动作不够熟练，经常需要别人的协助才能一起完成；完成劳动的时间偏长，积极性不高等。可见班级学生们的劳动技能、劳动态度和习惯，即劳动素养，有待进一步加强。

一、寻因——以小问卷追溯学生劳动素养的成因

为了全面了解学生们平时的劳动现状及成因，我向班级学生和家长们发放了"初中生劳动素养自评表"，请家长和学生共同填写。

调查主要包括学生在日常劳动中表现出的劳动技能、劳动习惯和态度。回收表格的结果显示，选择"孩子能在指导或提醒下独立完成部分日常劳动，如洗菜、叠衣物等"的同学占78%；选择"孩子可以在提醒与帮助下，完成自己的日常劳动"的同学占82%。

由此可见，班级中近80%的学生缺乏基本的劳动技能、良好的劳动习惯。究其原因，大多数家庭选择的理由是，劳动会占用课业时间。学生课业繁忙，与其花费时间在劳动上，不如把时间用来学习更有收获。家长们对劳动教育的重要性认识普遍尚浅，他们事事为学生打点周到，以至于学生根本不用劳动。甚至有些家庭用错误的方式引导学生看待劳动，如当学生难得扫地、洗碗，家长就大力夸赞或者以金钱作为奖励，让学生以为劳动本不是他们应该做的事。

因此，真正落实好劳动教育需要家校的紧密配合。引导学生崇尚劳动，培养学生良好的劳动习惯，强化劳动技能，是亟待解决的问题。

二、乘势——以微提案共商提升劳动素养的策略

"生活即教育"。不管是家庭生活还是学校生活都充满了劳动,而家庭是劳动教育最早的"课堂"。针对班级同学的劳动现状,教师请家长就"在家中如何提升孩子的劳动素养"为主题,形成"微提案"。发放征集表后,共收到 32 个家庭(占 91%)的 35 条微提案。这些提案主要分为两类,其一是建议加强学生的劳动技能,其二是增加学生对于劳动的兴趣。

根据家长们的微提案,老师请家长们和家委会成员进行复议,结合学校的资源,对提案内容提出建议,最后确定任务单打卡活动。

"微提案"的开展,不仅可以提醒家长走出重分数轻劳动的误区,而且帮助学生明确了在家日常需要完成的劳动任务。

三、互利——多活动提升学生的劳动素养

(一)活动一:每周任务单式的快乐打卡劳动

快乐打卡是针对学生劳动情况,以提升学生劳动技能、改善劳动习惯与态度为目的而组织的活动。每个家庭可以自行选择家中可以尝试的劳动项目作为任务单,在项目数量上保持一致。任务单内容主要包括劳动项目名称、目标、实施要求、自我评价和家长评价等。

为了培养良好的劳动习惯,家庭制定任务单交由教师审核。以周为单位,在任务单上记录学生的劳动情况,家长负责拍摄劳动过程的照片和不少于 1 分钟的视频,并上传至"钉钉"打卡。一周结束后,填写任务单的评价部分,以此检视学生的劳动态度。

教师需要查阅每一位学生的劳动视频和任务单图片,加强对于学生的过程性评价,对劳动目标予以核查,在学生的劳动技能、劳动习惯、劳动态度和劳动成效等方面进行正确引导,帮助学生规范操作。如教师发现班级内有同学运用不同的技巧高效擦拭不同的物体,并自行研究了不同材质的抹布对应的擦拭物体,即推荐她参加科创比赛且获得了佳绩。学生们在完成劳动任务的过程中,不仅增强了自己的劳动技能,也提升了个人的劳动素养。

(二)活动二:每月"集体生日会"

集体生日会,是学生重视且喜爱的班级活动,教师可以依据班情,主动联系家长,巧妙设计每次的"集体生日会"。活动每月开展一次,劳动时间从月初持续到月末。一是为当月过生日的学生,举办一次有意义的集体生日会。二是借

助"集体生日会"的活动，营造班集体积极劳动的氛围，使每个学生都能得到不同的劳动分工，在劳动中获得乐趣，不断提高学生参与劳动的热情，在不同的劳动岗位上锻炼已习得的劳动技能，形成劳动素养。

活动前，由教师和同学一起商定"集体生日会"的劳动岗位，包括手工制作生日会邀请卡并分发，布置班级环境，事后清理班级环境等。岗位公布后，以"以生助生，生生合作"的原则进行分工，由当月生日的同学负责在家中制作手工生日会邀请卡，分发给老师和同学。一部分同学负责教室环境的布置。教师与家长沟通，以过生日的同学的共同兴趣为主题，每次的环境布置都力求不重复。这些负责布置环境的学生需要在家中事先通过家长熟悉相关事宜。另一些学生负责会后的清理工作，也需要在家中事先练习相关劳动技巧。

按照男女生灵活搭配、一定周期内人员相对固定、人数相对等同的原则，在各组内制订组规、分配任务，做到人人参与、个个明确、事事有责。教师通过例会、培训、交流等机会，不断查询进度，指导学生劳动。组员们按照劳动任务分工，在家长和教师的帮助下按时完成任务。

"集体生日会"活动，从策划到整理，全部由学生们分工合作完成。这种创造性的劳动让学生体验到劳动的辛苦与快乐，当学生对劳动有更深刻的认识后，必然会把劳动中形成的良好习惯转化为日常生活中的实际行动，学生通过亲身实践所获得的技能与习惯，往往更长久。

四、导扬——在实践中发扬学生的劳动高素养

《关于深化教育教学改革全面提高义务教育质量的意见》提出，"由于劳动教育的综合性和渗透性，决定了我们在劳动教育的实施过程中必须注重多路径的实施和多形态的结合。"在实践中，充分展现学生已有的劳动素养，可以带给学生自信和成就感，更能影响同伴们，共同提高。

首先，根据学生日常的学校劳动表现，评选班级"劳动小达人"并予以表彰，为学生们树立榜样，发挥良好示范和引领作用。其次，利用学校的各种活动，鼓励班级学生积极在家制作精美的手工原创作品：手工装饰品、木制雕刻作品、手工肥皂、自制书签等，在活动中予以展示，充分展现学生的劳动技能，提高他们的自信心，还可以组织学生做调查、写报告、开展课题研究、动手设计制作等，参加市级相关竞赛，充分展示他们超群的智慧和综合能力。

通过以上实践，我看到了"因势利导"策略对培养学生劳动素养的深远影响。教师主动依托家校互动，积极开展劳动教育，不断提高学生的劳动素养，是一项恒久的工程，需要我们继续努力。

家班协同开发"特奥"资源　共育智障儿童爱国情怀

上海市浦东新区辅读学校　陈丽竑

爱国主义教育是德育永恒的旋律。作为一名辅读学校的班主任，在组织班级学生开展爱国主义教育中，我发现因特殊孩子认知滞后、表达不清、体验不足等原因，爱国主义教育较多流于表面。如何更加有效地在辅读班学生中开展爱国主义教育，有效培养辅读学生的爱国主义情怀？我借助家班协同方式，挖掘"特奥"育人资源，开展各种形式的活动，共育智障儿童爱国情怀。

一、把握亲和力，向"特奥"借榜样，激发爱国梦想

爱国主义是一种精神动力，这对于智障儿童来说是无法理解的。所以，我为特殊孩子找到一个真实鲜活的爱国榜样，当孩子们与榜样一起学习生活，就能从自己的所见所闻所感中悟出爱国之道。

主题队会"寻找'特奥'榜样，说说我的梦想"：活动前期，我将"特奥"赛场的直播视频通过云端传给班里的家长，请家长和孩子一起收看，了解"特奥"赛事和"特奥"运动员们。活动中，孩子们先在校园里、自己的身边寻找"特奥"榜样，随后以小组为单位，分别采访中高年级的"特奥"冠军，采访结束后进行分享。交流中有队员发现，这些冠军们都有一个共同的报国梦，要用自己出色的表现报答祖国。于是，我抓住这个契机，鼓励队员们说说自己的梦想。

从小树立自己的梦想是爱国情感表现的第一步。对智障儿童来讲，"为国争光"无疑是一个非常好的"爱国梦想"。无论是教师还是家长，我们要善于抓住教育时机，在孩子们有为国争光的念头出现时就进行适时引导，让他们知道从小有梦想，并能为自己的梦想努力奋斗就是一种最直接的爱国举动。

二、把握渗透力，向"特奥"借精神，内化爱国意识

参与"特奥"运动的第一课就是要知道它的运动口号："勇敢尝试，争取胜利"。虽然只有短短的八个字，但是其中蕴涵的深意就是不畏艰险，努力拼搏。

所以，在爱国追梦路上，我采取向"特奥"借精神，让"特奥"精神伴随着爱国主义教育一起，促使孩子们克服困难，顽强拼搏，让自己的追梦步伐永不停歇。

主题队会"拼搏"：活动中，我设计先让队员们说说榜样身上有哪些品质值得我们学习，再通过情境创设让队员为案例中的"小东"出主意想办法，走出放弃梦想的困境。最后将"特奥"精神进行延伸，让队员们听听"两弹一星"的追梦故事等，通过实例领悟"实现梦想需要努力奋斗"的道理。同时携手家长，将教育延伸到家庭中。

"无畏艰险，努力拼搏，为国争光"这是"特奥"精神的最高境界。在追梦的过程中，智障学生肯定会经历各种挫折，是选择勇往直前，还是停滞不前？是选择披荆斩棘，还是退回原点？这是班主任、孩子和家长都必须要面对的现实。而智障儿童往往会出现"畏难不前"的状况。这时，家班就必须联手支持孩子们。教师在孩子们不明白时，给他们指导；家长在孩子们胆怯时，给他们勇气；长辈在孩子们受挫时，给他们鼓励。智障儿童只有在家校携手的支持下，才能更好地建立起坚不可摧的顽强品质，最终为实现"为国争光"的信念而努力拼搏。

三、把握吸引力，向"特奥"借机会，外显爱国表现

"特奥"运动是我们辅读学校里覆盖面最广的运动。每位学生都是一名小小"特奥"运动员，经过找"特奥"榜样、学"特奥"精神的活动后，每个孩子都跃跃欲试。同时，家校共育所形成的教育合力，能吸引更多的学生参与"特奥"运动，且有了家庭的助力，能够最大程度上契合智障儿童的身心特征，提供"心灵慰藉"，呵护好他们的梦想，帮助他们克服困难，勇敢尝试，将爱国价值观有效渗透。

向"特奥"借机会，用仪式涵养爱国志向，让智障儿童有展示自己爱国之心的舞台，最终将自己的爱国价值观表现出来，这就是"特奥"的吸引力，也是爱国情怀最好的外显。仪式是活动，也是象征。作为软实力的表征，类型多样、功能各异的仪式是培育和弘扬爱国主义精神的重要载体，对涵养智障儿童的爱国志向有着重要的作用。

"特奥"运动员李想，在参加雅典"特奥"会获胜时，双手举着国旗全场示意。这面国旗是李想妈妈特意提前准备好的。她告诉李想，五星红旗代表着中国，你可以将国旗带到国际赛场上。于是夺冠那刻，李想第一时间就想到了那面国旗，当他高举国旗围着赛场示意时，所有参赛选手都为之欢呼，中国队的其他队员也喜极而泣。李想在接受采访时被问及那时的感受，他只说了一句话："我

是中国人，我为中国骄傲！"

李想一路走来，有老师的教导，有家长的陪伴，更离不开双方共育的智慧。李想妈妈在教育李想时，特别重视仪式感。通过这种仪式感，将家国情怀融进了孩子的内心深处。当李想带着国旗宣告成功时，那份发自内心的自豪感就是他爱国主义情怀的绽放。

四、关注参与力，向"特奥"借活动，增强爱国导向

参与国际赛事是最好的爱国主义洗礼，可是这样的机会少之又少，如何提升每一位智障学生的爱国情怀呢？其实爱国也可体现在积极的自我认同，完善的优良品格和浩然正气中。

主题队会"国旗"：借助"特奥"资源，围绕"国旗"这一内容开展活动。国旗象征着中国共产党领导下中国人民大团结，代表着中国。了解国旗的历史，尊重国旗，是每个公民应该做到的。主题队会从队员对国旗知识的了解、升旗仪式教育以及爱国情感价值观三方面进行渗透，最终达到爱国主义教育的目的。

班主任利用好班队会，每个仪式、每次活动，都是良好习惯的养成，都能不断增强学生对爱国的理解。就如主题队会"国旗"中提到的升旗仪式。除此之外，挖掘"特奥"资源，借助"特奥"运动组织更加丰富多彩的班级活动，鼓励所有同学参与进来，在运动中同样也能增强智障儿童的爱国主义导向。

以学校的"特奥"运动体验周为例，我从班级学生的能力评估入手，将孩子分到适合他们能力的组别，同时将家长和一些能力偏弱的学生组成融合组。在活动前，开展家长培训，使家长明确：开展"特奥"运动，重在参与的过程，以及学习不畏困难、勇敢尝试的"特奥"精神。活动中，家长志愿者需要以鼓励学生参与为主旨，尽量帮助有困难的孩子参与到活动中，充分体验活动。而学生们在体验中能不断感受"特奥"运动带来的欢乐与成功、汗水与挫折等等，最终学生们在活动中实现展示自我、认同自己并养成优良的品质和浩然正气。智障儿童的爱国价值观，在班主任和家长一言一行的鼓励中，生根发芽，茁壮成长。

总之，在家班协同共育模式下，借力"特奥"榜样、"特奥"精神、"特奥"机会和"特奥"活动四项举措，让智障儿童建立起爱国的具象，爱国的情怀得以激发，爱国的行为得以外显，爱国的志向得以增强。

"沪延结对"共育爱国情

上海市进才中学北校 张 丽

习近平总书记"生命至上、举国同心、舍生忘死、尊重科学、命运与共"这20个字的抗疫精神是举国上下共抗新冠肺炎疫情斗争的真实写照,也是我们中华民族精神的内核。伟大的抗疫精神理应成为学生爱国主义教育的重要内容。为了进一步培养学生的爱国情感,传承中华优秀传统文化,在家长的支持下,笔者所带教的班级开始尝试开展"沪延结对"活动。

一、"五式"实践

(一)书信互育式

所谓书信互育式,是指结对成员间借助书面文字、图表等,传递彼此的学习和生活情况,以增进相互了解和互育爱国情的线下教育形式。

首先,"沪延结对"班级间确定每位同学的结对对象;定期(一般是半个月)给对方写信。首次书信内容,主要介绍个人情况,并表达希望彼此成为好朋友的愿望;其后,介绍新冠肺炎疫情中彼此的认识和做法;再后,介绍"沪延"当地的红色资源等。在为期半学期的"沪延结对"的书信互通中,我们班级共发出了3次共180封信,收到了延安班级同学2次共172封信。我们班同学首次发出书信两周后,收到了延安班级同学的回信,同时收到延安学生赠送的亲手种植的苹果,同学们激动兴奋之情溢于言表,看着手中的书信和礼物,久久不肯放下……书信互育既拉近了彼此的距离,又传递了同学间的友谊;更重要的是传播了抗疫精神,分享了彼此家乡的优秀传统文化和红色革命精神,增进了爱家乡、爱国和爱党情感。

(二)网络互育式

所谓"网络互育式",是指结对成员间利用网络平台进行沟通、交流,是疫情背景下开展家班共育爱国情活动的主要平台。

首先,组建微信群,双方班主任、教师、家长代表均加入群内;通过"腾讯会

议"积极商讨、修改方案，最终达成共识，确定了《同学少年风华正茂　上海延安携手成长》和《爱国立志，结对成长》结对方案；然后，在"腾讯会议"上，同学们第一次面对面，认识彼此；微信群让同学们面对面交流想法、展示介绍家乡的资料和艺术作品；微视频展现了同学们共唱红歌《我们都是追梦人》的昂扬气势。为期半学期的"沪延结对"活动，网络互育贯穿始终，前后一共组织腾讯会议达30多次，微信群的信息超出1000条。实施结果显示：在疫情背景下，运用线上模式，既打破了空间的阻碍，又高效地实时互动。有学生说："疫情也没能阻挡千里相隔的我们共同表达对于祖国的热爱，这都是网络时代带给我们的好处啊……"

（三）家乡展示互育式

所谓"家乡展示互育式"，是指双方学生各自展示家乡风貌的系列活动。每次活动分主题进行线下和线上相结合的展示与交流，激发学生爱家乡的情怀。

首先，学生通过手抄报的形式，整体介绍各自的家乡，包括家乡名称的由来、历史、位置和手绘家乡在中国地理图上的定位。然后学生给结对对象附上一封信，每次从不同角度来介绍，如习俗、历史、现状等，以邮件形式寄给对方。通过结对学生手抄报展示，了解和认识对方的家乡。"家乡展示互育式"的实施证明了这种教育形式对于提升学生爱家乡的情怀很有成效。例如，有的学生在介绍"上海中秋习俗"的时候，仔细地去了解"赏月""吃酒酿"习俗的由来，还了解了沪上著名景点"石梁夜月"与中秋节的渊源，有的学生还细致地向延安同学推荐赏月的好去处——东方明珠，并附加路线图和价格介绍。"爱家乡"的情怀就这样通过"家乡展示"活动被不断激发出来，传扬出去。

（四）优秀传统文化互育式

所谓"优秀传统文化互育式"，是指"结对"成员通过线下线上结合的方式，不定期进行书法、绘画、朗诵、才艺表演交流或比赛。

首先，家委会和双方老师通过线上会议确定活动主题。如2020年11月确定主题为"沪延艺术交流月"，分"硬笔书法"和"个人绘画"两块内容。双方在教师指导下完成交流作品，分好类，用邮件形式互寄对方；收到作品后，张贴在班级展示墙上，进行欣赏品析，最终评出奖次；根据评选结果撰写奖状和准备奖品，互寄对方。在这次活动中，笔者班级共寄出76份作品，收到延安同学87份作品。最后，以奖品的方式把爱心捐物的物资寄送给延安同学。奖品的来源，既有班级家长免费捐助的，也有学生用零花钱买的，还有学生主动带来的文具等。"优秀传统文化互育式"的实施，增进了学生对于中华优秀传统艺术的学习和传承，还教会了学生开展爱心传递。

（五）共唱红歌互育式

所谓"共唱红歌互育式"，是指双方班级成员选出一首共唱的红色歌曲，进行排练、演唱和摄录视频，通过网络平台，进行展示交流。

首先，双方教师和家长代表线上相聚，讨论、商定以"礼赞祖国，唱响未来"为主题的共唱红歌活动，然后学生通过投票选择歌唱的曲目，最终确定为《我们都是追梦人》；接着双方师生利用节假日认真排练、演唱，最后录制成视频，通过网络平台互发对方，共同欣赏彼此的歌唱精彩场面；最后，请有专业水平的家长制作活动视频，录制光盘，每位学生一份，作为美好的回忆。这次活动，双方班级成员（师生）参与率为100%，家长参与率也达到90%以上。"共唱红歌互育式"的实施，取得良好的效果。一首红歌就是一段历史，在"共情"上，传递出学生们对党、对祖国最天然、最质朴的情感；在活动中学生们发扬团队精神，齐心协力参与整个活动，由衷表达自己爱党爱国的情怀；家长们的大力支持与参与，保证了整个活动良好的共育作用。

二、实施效果

（一）学生方面

一是"优秀传统文化互育"有效地调动了学生的积极性，提升了学生对于传统文化的热爱。比赛结束后双方学生掀起了练习书法、绘画的小高潮，都盼望着第二轮比赛快点到来。在"家乡展示互育"中，学生兴趣浓厚，主动了解家乡的传统风俗和历史人物，并学习感受对方家乡的传统文化。

二是"五式"共育实践，充分让学生从身边、生活中感受、发现家乡的美好和伟大，用行动去讴歌延安和上海的奋斗精神，激发了学生对家乡、对党和对祖国的热爱。学生们纷纷表示要把这"三爱"之情贯彻到实际行动中，努力学习，共同成长，长大报效祖国。

三是双方学生在书信互育式的实践中，锻炼了书信沟通的能力；在整个"沪延结对"活动中，学生增强了集体荣誉感；利用"班级公众号"记录爱国主义教育过程，受到社会广泛好评，起到较好的引领和辐射作用。

（二）班主任方面

作为班主任，笔者在实践探索中也得到了锻炼。一是带班能力有了新的提高，主动与时俱进，学会适应时代发展；二是家班共育敢于创新，开辟新渠道，形成了爱国主义教育合力。

基于苏霍姆林斯基教育思想初中家班劳动教育的实践

上海市光明初级中学 杨 凯

习近平总书记在全国教育大会上提出："将加强劳动教育纳入新时代培养社会主义建设者和接班人的总体要求。"《关于全面加强新时代大中小学劳动教育的意见》指出："家庭要发挥在劳动教育中的基础作用，学校要发挥在劳动教育中的主导作用。"《大中小劳动教育指导纲要（试行）》要求学生"亲历实际的劳动过程"之外，还要善于观察思考，注重运用所学知识解决实际问题，提高劳动质量和效率，同时，还要关注学生劳动过程中的体验和快乐，增强获得感，成就感，荣誉感，并鼓励学生在学习和借鉴他人丰富经验、技艺的基础上尝试新方法探索新技术。家班如何协同是培养新时代学生劳动素养的重中之重。

一、苏霍姆林斯基教育思想对劳动教育的启示

苏霍姆林斯基指出："教育的效果取决于学校和家庭的教育影响的一致性。如果没有这种一致性，那么学校的教学和教育过程就会像纸做的房子一样倒塌下来。"班级教育与家庭教育必须相互配合，才能共同影响和促进孩子的成长和发展。学校教育是主体，是对学生进行素质教育的最重要场所；家庭教育是基础，是对学校教育的必要补充。教师和家长是培养学生的共同体，需形成教育的一体化，同心同向，同行同力。

通过对学生和家长进行访问调查后，我了解到学生缺乏家务劳动锻炼的原因主要有两点：家庭教育的缺位；学生自身不想劳动。

二、家班共育视域下劳动教育的探索

（一）家班协同确立劳动教育思路

要想使劳动教育获得长足稳定的发展，需要学校、家庭和社会的通力合作。

只有家庭和班级都重视劳动教育，思想和观点统一，才能有更好的教育效果。

为此，我先是和家长进行单独沟通，了解家长关于学生劳动的想法，帮助家长更新对劳动教育的理念。其次，我利用家长会和家长们进行沟通交流，制订活动方案。最后，请家长们分享成功经验和想法，积累有效的教育方案。

家长们都赞成学生要学会符合他们年纪的家务劳动，并放手相信他们有能力完成家务劳动，积极配合家校联动开展劳动教育，并为学生树立好榜样。

（二）家班协同共树劳动教育榜样

苏霍姆林斯基指出"要想使劳动思想占据学生的精神世界，需要教育者对学生的思想进行施加，使劳动和劳动者在他们的心中占据崇高的地位。"家长和老师要热爱劳动，要严格规范自己的卫生习惯，为孩子树立好的劳动榜样，引导学生重视劳动；其次，家长和教师应该引导学生阅读关于劳动的文学作品，观看关于劳动的节目，引导学生思考劳动的意义，体会劳动者的美好品质；最后，每周进行值日岗位的"值日劳模"评选，每次劳动活动后都要举办"优秀劳动者"评选活动，利用身边的榜样激励学生。

（三）家班协同开展劳动教育活动

劳动教育不仅要培养学生的劳动能力，也要让学生体会到劳动的快乐，热爱劳动，从劳动中有所收获。

家庭为主要阵地的劳动教育活动。请家长指导学生掌握一些家务劳动的技能，比如烹饪，打扫卫生等，班级定期为学生开展主题分享交流活动，或者开展劳动比赛，给学生提供展示自己的劳动成果的平台，获得劳动成就感。也依托传统节日的契机，如在劳动节，家长可带领学生进行家庭大扫除，元宵节时，家长教学生包汤圆等。

学校为主要阵地的劳动教育活动。学校里有很多劳动教育资源，可以结合学科特色，为学生提供劳动教育的机会，比如我们班级开展了催熟香蕉的活动。教师在网上买了一些生的香蕉，分发给每个学生带回家催熟，可以求助家长，可以上网查询方法进行催熟，学生定期拍照，记录香蕉的成熟情况。香蕉成熟后，班级一起分享劳动的果实，一起分享催熟香蕉的心得。

（四）家班协同参与公益劳动教育

《纲要》中指出劳动教育的内容之一为"在公益劳动、志愿服务中强化社会责任感。"苏霍姆林斯基指出"孩子们越早理解在劳动中所付出的努力的价值，劳动对他们的吸引力就愈大，他们也就会愈顽强地去克服一切困难。"公益劳动可以让学生意识到自己能力和力量能为社会造福，能看到自身的劳动价值，从而激励自己投入更多热忱到劳动中去。

比如家长可以支持学生参加学校组织的爱心义卖活动，为公益贡献自己的力量。教师可以利用课程资源，比如教会学生制作香囊，组织义卖，将义卖所得捐给有需要的人群。家长和教师可以联系社区或者社会上的公益岗位、志愿者岗位，带领孩子去参加公益劳动，让学生体会自己的劳动价值。

（五）家班协同开发劳动教育资源

家长资源。在家长的支持下，我们班级开展了"家长职业课堂""学做一天生产者"活动。在"家长职业课堂"活动中，家长代表为学生讲解了所从事的职业及需要的技能；在"学做一天生产者"的活动中，家长为学生提供了职业体验岗位。学生在了解和体验父母的职业后，不仅对职业有了更深的认识，初步形成职业生涯规划，也体验了父母的辛苦，变得更加乖巧懂事了。

学校资源。作为数学学科教师，我利用学科的特征，培养学生的创造性劳动能力。引导学生观察生活，提出问题，并利用数学建模及编程对实际问题加以解决，让学生切身体会到数学对生产生活的重要作用，体会到脑力劳动之于生活的重要作用。

社会资源。中华民族文化历史悠久，历经五千年文明演化汇集而成，具有鲜明的民族特色、内涵博大精深。上海有许多可利用的学习资源，如纸张博物馆、银饰的制作、糖画等。我以上海为活动体验场所，让学生成立探究小组，探究城隍庙里的劳动形式，感受中国传统文化的魅力和智慧。

三、家班协同劳动教育成效与思考

（一）成效

利用网络拉近家班距离。充分利用互联网资源，拉近了家与班的距离，打破空间的限制，让家班的手拉得更紧了；实时进行沟通，让教育互动随时随地发生。

突破空间限制的教育阵地。劳动教育的阵地不只是学校和家庭，只要有劳动的地方，都可以成为劳动教育的阵地。要善于利用多方资源，比如社区资源、场馆资源等，开展多种形式的劳动教育，让劳动教育打破空间的限制。

挖掘学科育人的劳育资源。学科教学也有其劳动育人的功能。劳动教育不要局限于班会课、劳技课或具体的劳动活动中，也应该出现在学科课堂上。结合学科特征，将劳动教育渗入学科教学中，真正地将五育融为一体，培养德智体美劳全面发展的中学生。

系列劳动教育活动的开展,形成了以劳动为荣的班级氛围,学生在家里积极帮家长做家务劳动,高质量地完成值日劳动。此外,学生也积极参加创造性劳动活动,在校园吉祥物的征集活动中,我们班入围了9件作品,占总数的20.45%,指导学生在劳动教育方面的探究课题也获得了奖。

(二)思考

班级作为学生分享劳动成果和交流劳动心得的平台。"晒劳动"不是分享,劳动也不是劳动教育。教师和家长,在对学生进行劳动教育、劳动指导时,要尊重学生的教育主体性,运用符合学生的身心和认知行为、符合教育发展规律的方式方法,以知行合一为目标开展各类劳动教育实践。

"劳其身",在劳动的亲历中,实现生活劳作技能的自理自立;"动其脑",在劳动亲为中,实现学能学力的独立创新。"教在先",在劳动实践前对学生进行指导和培训;"育在后",在劳动实践后要注重学生的反思和交流,引导其从反思中获得意识情感升华,内化成劳动经验,提升劳动育人品质。

从"我不"到"我做"再到"我来"

上海市松江区九亭中学　聊红安

一、新时代劳动教育的背景

（一）国家政策的发布与实施

2020年3月，中共中央国务院发布《关于全面加强新时代大中小学劳动教育的意见》，明确提出要积极探索具有中国特色的劳动教育模式，促进学生形成正确的世界观、人生观和价值观。

（二）初中生劳动教育现状

家长劳动教育观念薄弱。家长们普遍认为学生抓好学习就可以了，"学而优则仕""重脑力而轻体力"的观念在家长们心中根深蒂固。有些家庭根本不要求孩子劳动，家庭劳动一般都是扫地、倒垃圾、洗碗等较为简单的家务活。学校的劳动教育难以与家庭有机衔接。家长对学校提出的要求，不积极落实，往往是代学生完成或是拍个照片交差了事。

二、初中生劳动教育路径的提出

劳动教育，是学生成长的重要内容，具有树德、增智、强体、育美的综合育人价值。中学生要深刻地理解与认同"劳动最光荣、劳动最崇高、劳动最伟大、劳动最美丽"，树立正确的劳动观念并内化于心、外化于行。根据初中生心理发展的特点，可以从消除"我不"——从"厌劳动"到"愿劳动"，普及"我做"——从"愿劳动"到"会劳动"，激发"我来"——从"会劳动"到"爱劳动"三个教育步骤行动，逐步帮助学生树立热爱劳动的观念，激发劳动的积极行为。

三、初中生劳动教育路径的构建

（一）消除"我不"——从"厌劳动"到"愿劳动"

1. 学校层面

（1）定期主题班会。意识决定行为，学校定期开展主题班会，帮助学生改变

"厌劳动"的想法，形成"愿劳动"的意识。比如《我劳动，我快乐》主题班会，以劳动为自己服务，让自己快乐为出发点，从学生已有的生活经验入手，选择学生容易接受的场景、案例等来帮助学生理解劳动的重要意义。

（2）教师引领、同伴联动。教师作为教育者，学生尊敬、崇拜的对象，以身示范，带头劳动，能够带动学生形成"愿劳动"的意识。"同伴联动"即让积极劳动的学生和不愿意劳动的学生结对，或者小组对小组联动参与，让不愿劳动的学生从不愿意到开始尝试，再到主动去劳动，互相激励，共同前进。

2. 家庭层面

家长以身作则。父母是孩子的第一任老师。父母的思想、意识和行为，无时无刻不在影响着孩子。因此，要让孩子形成"愿劳动"的意识，家长们必须要以身作则，在日常家庭劳动中努力做孩子的榜样。在父母的带领下，通过"亲子劳动"的范式，帮助学生体验劳动的快乐，学生也会逐步从"厌劳动"变成"愿劳动"。

3. 家校合作层面

学校鼓励家长为学生提供劳动机会，并提供平台进行劳动过程评价，比如：开展"我是劳动小主播"线上活动，让学生积极参与点赞、送花及匿名的实质性评价，让学生从劳动中获得认同感和价值感，激发学生"愿劳动"，消除"厌劳动"。

（二）普及"我做"——从"愿劳动"到"会劳动"

这个阶段的目标是在"愿劳动"的基础上，帮助学生习得劳动知识和劳动技能，养成劳动习惯，进而实现"会劳动"的转变。

1. 学校层面

（1）劳动课程"量身定做"。对于不同学生，劳动内容可以"定做"。比如：让能力强的学生尝试高阶劳动技能；能力弱的学生可以选择同内容但是易上手的进行尝试，在体验成功的基础之上，再去尝试较难的劳动。

（2）小小"专家团"。由于生长环境不同，每个学生的劳动技能是不一样的。在班级内可以成立一个小小"专家团"，展示他们所擅长的劳动技能。有的是生活方面的"专家"，那就以"微视频"的形式教会大家如何高效整理房间；有的是手工劳动的"专家"，可以现场演示操作，教会大家手工插花、制作航模；有的是集体劳动的"专家"，可以采取情景演绎的方式，告诉大家劳动要合作、要有技巧。

2. 家庭层面

（1）不定期开展"我的独门绝活"活动。高尔基曾经说过："我们世界上最

美好的东西，都是由劳动由人的聪明的手创造出来的。"每个家庭都有自己的"绝活"。母亲可以展示新学的烘焙技术，带动孩子一起制作、品尝美食，体验快乐，父亲可以展示复杂的手工制作，如模型等，带动孩子一起探究其原理，学习其技术，体验劳动的成功感、幸福感；学生可以展示自己在网上、学校学到的"绝活"：编织小配饰、围巾、制作小挂件等，将劳动成果送给家庭成员。这样的劳动能让学生收获更多来自家庭的爱和温暖。

（2）启动"项目式"家庭劳动。所谓"项目式"家庭劳动是以"家人需求"为导向进行的劳动。比如，"妈妈喜欢的植物"学生可以先查阅妈妈喜欢的花草种类有哪些特性、怎么种植、如何照料等资料，在种植、照料、开花的劳动过程中体验劳动的快乐。

3. 家校合作层面

从家庭方面来说，当学生遇到问题的时候可以利用学校图书馆、网络资源或者请教专业老师，比如，种植方面的技能可以请教生物老师。从学校方面来说可以邀请"项目式"家庭劳动中有经验的学生在班级进行过程和成果的展示，并将这种劳动知识和技能的获得模式运用到班级的合作劳动中去。

（三）激发"我来"——从"会劳动"到"爱劳动"

在"会劳动"的基础上，树立初中生热爱劳动的观念和情感，形成积极的劳动态度和行动。

1. 学校层面

（1）班级"劳动模范"光荣墙。班级可以设置一个"劳动模范"光荣榜，贴上学生的照片，附上他们的"劳动座右铭"。光荣墙会提醒并激发其他学生去学习、模仿并努力超越，充分调动初中生的主观能动性。

（2）"我身边的劳动榜样"活动。定期在班级内开展"我身边的劳动榜样"活动，让每个学生说一说、评一评自己身边的"劳动榜样"，引导学生学会观察其他爱劳动的学生的先进事迹，从他们身上学习劳动精神，明确自身需要努力的方向，从而落实到行动上。

2. 家庭层面

（1）"今天家庭谁做主"评选。家庭中的话语权一般属于父母，因为他们是劳动者，能够创造劳动价值尤其是经济价值。开展每周或每月"今天家庭谁做主"评选，可以给予学生做主的机会，如"安排家庭劳动岗位""点评劳动质量"等。比如，这一周的饭菜可口，得到大家一致好评，那么下周可以是妈妈做主；这一周孩子整理房间速度快又干净，那么下周可以是孩子做主。劳动给学生带

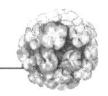

来不一样的体验，有了自己当家做主的感受就会更加热爱劳动了。

（2）"劳动之最____"勋章墙。我们可以在家庭中设置一个"劳动之最____"勋章墙。"____"的内容可以是仔细、认真、耐心、巧妙、高效等，通过家人之间劳动技能、劳动品质的比拼逐步让学生积极劳动、热爱劳动。

3. 家校合作层面

（1）共同制作"我的劳动成长手册"。从在学校学习身边"劳动榜样"到家庭劳动中学习"今天家庭谁做主"，学生对劳动有了体验，在此基础上，再引导他们对这些体验进行图文并茂的设计和展示。学生的实践体验过程，其实是一次次自我成长的过程。

（2）"我劳动，我成长"微视频比赛活动。学校积极引导学生将自己的家庭劳动、学校劳动、社会劳动等过程做成微视频参加比赛，让同伴、老师、家人都能看到自己劳动成长的足迹，让每一位学生都能够拥有劳动的光荣感和自我价值感。

消除"我不"，普及"我做"，激发"我来"，是一个长期的过程，不是一蹴而就的。在初中生劳动教育的成长路径中，实现由"我不"到"我做"的成长，可以让学生正确认识劳动，珍惜劳动成果，可以让学生获得劳动技能，形成热爱劳动、主动劳动的意识，培养学生坚持不懈的精神、团结协作的社会交往能力和综合解决问题的能力。学校和家庭互相配合，落实到位，能够帮助初中生形成正确的劳动观念，从而愿劳动、会劳动并最终发自内心地爱劳动。

高中、中职

以和为贵，开展班本化劳动教育

上海交通大学附属中学嘉定分校　喻正玮

始终将"求和"与劳动教育相结合，追求教师、学生、家长三者的和谐关系建设，这就是"以和为贵"的班本化劳动教育的基本思路。

一、家班劳动教育"失和"的表征及归因分析

（一）家班劳动教育"失和"的表征

劳动教育被当作训诫手段。问卷调查结果显示，有许多教师或家长将劳动作为规训和惩戒的手段，劳动本身不再是光荣的，反而成为不遵守纪律的象征。学生作为被惩罚的对象，与家长、教师站在了对立面。

劳动教育流于表面形式。在有效性调查中，许多学生认为曾经的"学农""学工"都是另一种形式的休闲课程，没有实际意义。学生和家长不信任学校劳动教育的效度，而采取敷衍塞责甚至弄虚作假的态度。

劳动教育被矮化、诋毁。有85%的学生认为劳动对个人成长没有价值，54.55%的学生认为现在生活不需要劳动，学习才是最重要的。有49%的家长以"怕耽误孩子学习"为理由，不让孩子进行劳动。近半数的家长将劳动教育与学业放在了对立面。此外，有45.28%的家长对孩子说过："如果不好好学习，将来只能做苦力"这一类的话，诋毁体力劳动的意义和价值。

（二）家班劳动教育"失和"的归因分析

工具取向下尚善精神缺失。劳动教育被作为手段和载体而存在，过分注重知识、技能的获得，忽略对学生劳动态度、劳动精神的培育。过度地将劳动作为工具和发展的手段，实际上是忽视了人类劳动是始于尚善，而不是为了惩恶的。

任务导向下求真精神缺失。当前班级的劳动教育过分注重任务完成和结果呈现，而忽视了学生在劳动过程中的个人体验和精神成长。"缺乏精神意义的赋予，或者说是为了达到某一种目的而进行的劳动，并不表现出劳动本身的真正意义。"

教育焦虑大环境下育人观念窄化。当前整个教育环境呈现一种过度竞争的趋势,学生、家长、教师都被一种教育焦虑心态所裹挟,育人仅仅为了育"高分人",而并非培育有责任意识、会实践、能与他人和谐共处的人,劳动教育站在了课业学习的对立面。

二、家班劳动教育"求和"的基本目标和内容

用"孝行"劳动建立学生与家长间的亲善关系。"求和"的劳动教育首先要建立学生与家长之间的"和"。我们从"孝"这个道德原点出发,帮助家庭建立和谐和睦的气氛,让学生在劳动中理解父母、关爱父母,从而与父母建立真诚沟通的关系。

用"真行"劳动建立家长与教师间的互信关系。在传统劳动教育中,家长被教师所主导,对学校的劳动教育课程既不了解,也不理解。我们以真诚和互信建立家庭与学校之间的"和",让家长参与劳动教育的决策、施行和评价过程,从而认同劳动教育的效度,创建家校共通的劳动教育平台。

用"义行"劳动建立学生与教师间的平等关系。学生在劳动教育中处于相对被动的位置,想让学生在劳动教育中发挥主人翁的地位,必须要和老师建立起平等的对话关系,让学生自己发现和承担起义务,让他们有成为班级和家庭建设者的自觉意识。

三、"以和为贵"的家班劳动共育的实践探索

(一)"观—行—思—推"的"孝行"实践

"孝行"是指以"孝"文化作为劳动实践行为的支撑点,让学生能够理解父母、欣赏父母,从而愿意为父母做事,建立起和谐的家庭关系。

首先要求学生用文字的形式记录父母的一天,并且在班级里签下孝行承诺书。承诺书的签订给予了学生自由,由学生自行拟定,对于孝行的频次和难易度并没有特别的要求,在班级公示栏进行公示。孝行承诺中包括"一星期一次帮妈妈买菜"这样的易事,也有"坚持帮助中风的奶奶洗澡"这样需要体力和毅力的事情。在孝行承诺签订两个月后,开一次"我以父母/自己为荣"的主题班会,让学生在分享中着重思考参与家务劳动在家庭生活中的作用和意义。大家谈及的关键词有"分享""分担""尝试""不容易""有点甜""酸酸的""长大了"等,能够明显看出学生在两个月的孝行实践中,产生了与家人相处的新的情感体验,也感悟到了在这个年纪,自己应当在家庭中承担起更多的责任。最后一个环节是,请

家长在自己的社区内联系需要帮助的老人,让孩子走进生活,帮助更多需要关爱的老人。家长借助这样的活动也真实地参与到孩子的劳动教育中,从一开始的被观察对象,到社区活动辅助,作用明显增强。

(二)"共议—同行—互评"的"真行"实践

"真行"是指追求真实参与与体验劳动教育实践过程,让家长与学生参与劳动实践课程的设计、施行、评价过程,促进家长、学生对劳动教育的认同感,从而真诚地参与劳动实践。

表1 以"工匠精神"为核心的"真行"实践流程表

组织者	地 点	活动主题	活动任务	达成目标
教师	学校	"工匠精神"学习活动研讨会	确定内容;拟定流程;确定出席人员	学生、家长共同参与劳动课程建设,与学校能够达成共识
教师	劳动实践基地	"滋匠心""养匠能"系列活动	采茶、泡茶、徽墨描金、区域发展规划设计等	使学生学习并掌握一定的专业技能,埋下工匠精神的种子
学生	劳动实践基地	劳动成果评一评	学生和家长作为主要评价人,对当前劳动成果进行评价	使学生感到劳有所获,专有所成

表2 以"节日元素"为核心的"真行"实践流程表

基本流程	端午节	中秋节	春 节
共议	尊重节日传统,提升节日气氛		
同行	包粽子、挂艾草、做祈福袋	准备团圆饭、赏月酒、做月饼	大扫除、贴春联、做年夜饭、包饺子
互评	在班级群中晒一晒节日的准备工作,在班级公众号中集中展示		

父母相较于"孝行"中所承担的观察和辅助对象的角色,在"真行"实践中则变成了决策的制定者,实践的见证者、监督者,成果的评价者,全程参与到学生的户外劳动实践课程中,将流于形式或休闲的劳动实践课,变为了注重真实体验过程和收获的劳动共建课。

(三)"明义—定责—执行—评价—修订"的"义行"实践

"义行"是指学生主动承担起自己的责任和义务的劳动实践行为,学生作为独立的个体,真正发现、审视自我,与教师、家长建立平等的对话关系。表3中

拨动学生心弦的艺术

展示了我班级在明确学生作为班级和家庭建设的主人翁，如何在班会课上利用群体定规的方法明确自己的义务，规定自己的日常劳动责任，并进行自我监督、自我评价和自行修订等一系列流程。

表3 "义行"实践流程表

组织者	地点	活动主题	活动内容	活动目的
学生	班级/家庭	"责任我明确"	明确个人在家庭与校园中的义务和责任	明确学生的责任意识，唤醒其主人翁精神
		"班规/家规我参与"	利用班会课进行群体定规，由全体讨论决定公共规则	用民主的方式帮助学生改变劳动态度，赋予学生平等对话的权力
		"执行我自查"	学生在完成值日生任务之后填写自查表	用自我检查的方式帮助其养成责任意识
		"家长有话说"/"班主任有话说"	在微信公众号开设两个栏目，将家长/班主任眼中学生所起的变化集中记录	给予学生正面的、过程性的评价，让其获得完成个人义务的成就感和满足感
		"我还有个小建议"	在微信公众号中开设该栏目，学生将任务分配、执行过程中的问题即时提交	学生在班级建设中有与班主任同等的发言机会，促进师生和谐共处

在实践过程中，老师和家长基本处于隐藏状态，起鼓励和肯定作用，帮助学生明确：劳动即责任，劳动是义务，劳动帮助我们完善自我，改善生活环境，和谐同学关系等意义。家长和教师逐渐形成一股教育合力，将劳动行为本身作为道德培养的一种方式，使学生在劳动过程中能够与他人建立良性的互动关系。学生在三项劳动教育实践中的主动性不断增强，完成了从实践者到决策者的身份转变，其劳动自主意识也在不断地增强。"劳动教育，家班共建"成了我班劳动教育的常态。

劳模家长在身边，劳模精神促成长

华东师范大学第三附属中学　刘思薇

以"劳模精神"作为班级劳动教育的切入点，充分利用家长的力量，树立"劳模家长"典范，家班联手加强劳动教育。通过对"劳模家长"的评选和表彰，为劳动教育树立生活中的育人案例；通过"劳模家长开讲啦"以及"跟着家长去上班"等劳动体验、劳动实践，让学生在亲身参与中体悟劳模精神，在增长才干和磨炼意志中感受劳动所带来的快乐和收获，从而尊重劳动、热爱劳动。

一、缘起——"劳动不光荣"

在2018年全国教育大会上，习近平总书记指出要"在学生中弘扬劳动教育"；2020年3月，中共中央、国务院印发《关于全面加强新时代大中小学劳动教育的意见》指出"劳动教育是中国特色社会主义教育制度的重要内容"。虽然党和国家强调和重视劳动教育，但大中小学生的劳动教育现状其实并不乐观。笔者通过对本班学生和家长的问卷调查和个体访谈，发现问题集中在两个方面：

劳动认知有误："以成绩论英雄"。调查问卷中"劳动会耽误学习"一题，本班学生选择"非常不认同"和"不太认同"的比例是36.9%和37.6%，可见仍有25.5%的同学对劳动的认知不正确，将"劳动"和"学习"完全割裂。同时，在访谈中笔者发现，班内部分学生觉得学习才是首要任务，部分家长认为高中升学压力那么大，只要关注学习就好，甚至有少数家长认为劳动会影响学习而帮学生一手包办。对于学校和老师布置下来的劳动任务，往往是"摆拍"大于实际，以此应付检查。

劳动价值观曲解："光鲜、轻松、来钱快"。高中生作为个性鲜明、思想开放的"00后"一代，他们生活在经济全球化深入发展、各种思想文化相互激荡的时代，时代和社会对他们的劳动观、价值观影响极大。在对本班学生的职业愿景进行统计时，笔者发现有部分学生未来想成为"网红""游戏主播"，理由是"光鲜、轻松、来钱快"，甚至有学生写"无所谓未来做什么，活少钱多就行"。在部分学

生眼里,"劳动"不是一个神圣的字眼,"劳动人民"也不是一个光荣的称号。

二、联手——"教子须是以身率先"

劳动在育人中发挥着磨砺顽强意志、塑造健全人格、锤炼高尚品格的重要作用。笔者深感对于班内学生进行劳动教育的必要性,相对于劳动知识和劳动技能而言,劳动价值观的调整更为迫切,首先要让学生"在道德上做好准备以及要有热爱劳动的思想"。基于我国国情,结合"十九大"报告提出的"弘扬劳模精神和工匠精神,营造劳动光荣的社会风尚和精益求精的敬业风气",笔者决定以"劳模精神"作为学生劳动教育的切入点。

"教子须是以身率先",父母对孩子教育起着极为重要的作用,调查问卷显示,71.2%的学生认为父母是影响自己劳动认知和劳动价值观的主要因素。家长作为学生的首要人生导师,也是学生身边的劳动工作者,其中不乏具有"爱岗敬业、争创一流,艰苦奋斗、勇于创新、淡泊名利、甘于奉献"的劳模品质的优秀典范。因此,笔者决定充分利用家长的力量,树立"劳模家长"典范,打造家长导师团队,家班联手加强劳动教育。

三、共育——"劳模家长在身边"

(一)"劳模家长"评选

劳模评选表彰是我国特有的一项制度,1982年"奖励劳动模范和先进工作者"被写入宪法,而后劳动评选表彰逐步成为一种常态机制。效仿这一国家制度,笔者策划了本班的"劳模家长"评选方案,由班主任为主导,班委及全体学生为主要实施者,家委会班委协助实施,共同评选出10位"劳模家长",组成本班的家长导师团。

评选流程如下:

学生拟定采访内容,采访家长,完成事迹撰写	家委会及班委进行审核,并确定入围名单	线上投票,确定"劳模家长"名单	进行"劳模家长"颁奖,将事迹推送班级公众号

提交事迹:学生拟定采访内容,对父母进行采访,完成采访稿,撰写"劳模家长"个人事迹。

确定入围:家委会及班委对提交材料进行审核,确定15名入围家长。

线上投票：家委会设计并发起线上投票，全体学生及家长票选出10名"劳模家长"名单。

推送公众号：班级宣传小组负责将"劳模家长"事迹分批推送到班级公众号。

（二）"致敬最美劳模家长"颁奖典礼

完成"劳模家长"的评选后，由学生为"劳模家长"举办一场颁奖典礼。文艺委员策划"劳模家长"颁奖典礼，负责节目彩排；班长确定主持人，并进行培训；语文课代表完成颁奖词撰写；宣传委员完成欢迎黑板报，及颁奖环境布置；生活委员采买颁奖所需奖品、奖状及鲜花；摄影小组负责摄影及视频后期剪辑。

整场颁奖典礼的策划和举行，由学生全权负责，这不仅有利于学生感悟劳模精神，引导他们树立正确的劳动价值观，同时也是一次生动的劳动实践，在参与的同时，收获劳动带来的成就感和愉悦感。

以2020学年第一学期"劳模家长"颁奖典礼为例：

表1 "劳模家长"颁奖

流程	主要内容
暖场	PPT滚动播放"劳模家长"事迹
主持人入场	主持人入场
致辞	家委会主任委员致辞
入围奖颁奖	由班主任公布5名入围奖家长名单，学生为获奖者颁奖，由对应学生献花
学生节目	学生节目
获奖家长受奖	由家委会宣读"劳模家长"颁奖词，PPT展示获奖家长事迹，并由学生进行颁奖，对应学生献花。获奖家长上台时拉响礼花筒（道具组负责）
家委会节目	家委会节目
获奖家长发表感言	获奖家长代表发表感言
结束	主持人宣布颁奖仪式结束

（三）劳模家长开讲啦

笔者将"劳模家长开讲啦"常态化、序列化，根据不同职业，安排"劳模家长"进班级分享他们的劳动故事，畅谈职业生涯感悟。对高中生而言，榜样的力

量是无穷的,要让学生感受到劳动的魅力,最直观的方式就是由劳动者来讲述他们的劳动故事,而劳模家长因为十分贴近学生的生活,效果更佳。通过这个过程,学生会明白,真正的劳动功绩不是惊天动地,而是在日常、平凡的生活中完成的,就是身边最亲近的人对自己本职工作的热爱。

(四)跟着家长去上班

笔者充分利用家长的珍贵资源,家校联手,创设劳动实践和劳动体验机会。联合班级家委会在寒暑假期间组织学生前往家长的工作单位进行体验,在条件允许的情况下进行上岗操作。想要让学生产生认可、热爱劳动的积极观念,让学生切身体验劳动、积累劳动经验的过程必不可少。而在每次劳动体验的背后,不仅是劳动意识的觉醒,更是敬业精神、公民意识、自我认知、意志品质、探究意识等的综合提升。

另外,笔者联合家委会在班内组织学生进行校内模拟职业体验,邀请相关领域的家长参与其中,让学生能在亲身参与中体悟劳动精神,在增长才干中感受劳动所带来的收获和乐趣。比如在参加了学校的"法治夏令营"后,开学伊始,笔者利用班会课组织学生进行了一次模拟法庭演练,由学生扮演审判长、审判员、原告、被告及代理律师,模拟法庭庭审次序,双方援引法律条款并进行举证、质证,活动最后由特邀家长点评学生表现并作相关指导。

(五)劳模同学在身边

高中阶段是人格同一性发展时期,同龄人的影响不容小觑,因此除了关注"劳模家长"外,笔者也努力引导班内学生关注身边"劳模同学"的事迹。班级每学期评选班内"劳动最光荣"十佳好人好事,请同学们互相提名,重点关注那些为班级默默付出的同学,比如班内的晨检员、运动会志愿者、兢兢业业履行职责的课代表等。通过这样的形式,挖掘"劳模学生"典型事例,树立劳动榜样,从而克服重智育轻德育的"唯分数论",关注学生成长的不同方面。

四、成效——"劳模精神"促成长

从"劳模家长"的遴选到颁奖,到后期"劳模家长"进课堂、学生去"上班",这一系列活动,弘扬了劳模精神,发挥了家长的榜样引领作用,为劳动教育提供了生动形象的案例;在这个过程中,家长不再是旁观者,反而成了劳动教育的关键助力。与此同时,整个过程学生参与其中,近距离感悟劳模精神,涵养了他们的敬业精神和爱国情怀,帮助他们正确认识个人与集体的关系,为成为社会主义的建设者和接班人奠定坚实基础。这是一次德育与劳动教育、劳动实践的有效结合。

构建家班协同共育机制,提升高中爱国主义教育品质

上海市崇明中学　张子晨

在进行高中家班协同爱国主义教育的实践中,坚持以"高度、广度、深度、热度"四个维度为支撑提升策略,我们的做法如下。

一、明确方向,端正态度,提升协同教育高度

首先,应当转变高中家班协同爱国主义教育参与各方的观念。各方应当平等看待彼此在协同教育实践中的价值,认可协同教育方式。一方面,可以通过家长会、家长座谈、家长学校、家访、家长参与班级活动等方式,使家长认识家班协同爱国主义教育实为"三位一体"的互动构造,使教师、家长和学生之间形成动态协同与交融互嵌,调动各方的主动性;另一方面,要使教师认识到与学校教育相比,家庭教育也有着其独特的优势,如:时间上的优势,情感上的优势,资源上的优势等。

其次,引导合作各方对爱国主义这一主题的认同感。尤其是要引导家长认识到高中家班协同爱国主义教育对家长的个人素质提出的更高要求。例如,班主任在组建班级家委会过程中,可以在充分调查后邀请并发动家长中的党员积极加入家委会,调动起他们的先锋作用,在高中家班协同爱国主义教育中与教师一道成为坚定的弘扬者和实践者,在家长群体中引领思想认识,提升对爱国主义的认同和对家班协同教育的重视。

再次,在高中家班协同爱国主义教育中重构家班双方的角色,紧密家班之间的联系。举办相应的专家讲座、专题报告、自主学习等,促使教师适当降低以往协同教育实践中的强势地位,主张以更加开放的姿态,吸纳社会和家庭等多方力量。教师可以在家班协同爱国主义教育的活动设计中积极联系班级家委会,鼓励家委会成员与教师合力策划活动方案,集思广益,齐心协力。如本班在开展"庆祝祖国七十华诞"主题班会之前,我积极联系本班家委会的三位家长,请他们为班会设计出谋划策,共同准备了故事《我家巨变》,活动中充分调动起家长

们的积极性,学生通过听故事了解自己小家的改变,也感受到祖国的繁荣昌盛,增强了对党和政府的支持与认同,提升了民族自豪感。

二、优化资源,高效利用,拓宽协同教育广度

在高中家班协同爱国主义教育的实践中,各方应当积极搜寻可利用资源的辅助力,整合后优化配置,实现家庭教育资源、学校教育资源的互补、互动、互助,使学生在爱国主义家班协同教育中成长,也提升协同教育双方的能力。

学校可以开发多种形式微课、微视频和在线课程,还开发体现爱国主义教育要求的音乐、美术、书法、舞蹈、戏剧等课程。并且还要积极提升思想政治理论课的地位,充分发挥这一爱国主义教育主阵地的重大作用,将思政课与家班协同爱国主义教育相融合。例如,教师在进行家班协同爱国主义教育课程的设计时,邀请思想政治课教师共同参与,从思想性和学理性的角度综合考量,确定协同教育形式和环节,实现协同教育效果的提升。

注重启发家长资源。家长的职业、阅历、特长对学校来说是一笔丰富的教育资源,如何有效地利用身边的优质资源,使家长成为学校素质教育的协作者和支持者,是高中家班协同爱国主义教育中的重要任务。鼓励家长充分发挥自身资源优势与价值,多角度、多维度地围绕爱国主义这一主题不断发展。教师可以布置给学生一项探究作业,学生以采访者的视角向家长了解作为祖国各项事业建设者的心得体会,并在爱国主义主题班会上分享自己的采访内容和启示。在学生暑期社会实践活动中,我们组织部分学生到一位家长工作的区博物馆进行志愿服务,鼓励同学们通过查询、访谈等方式了解博物馆内展品的历史故事,让他们作为志愿讲解员在这一爱国主义教育基地中得到锻炼。

搜寻探究其他资源内容。如寻找学生中的爱国主义好榜样,创建高中家班协同爱国主义教育的平台进行交流学习;搜寻教师中的先进事迹、典型事例,通过展示或报告等方式进行宣传;探求更加广阔的社会资源,如走访著名景观和伟大工程,体会祖国兴盛的强大,提升民族自豪感。

三、丰富载体,创新形式,挖掘协同教育深度

充分利用班会活动和社会实践活动。《大中小学劳动教育指导纲要(试行)》提出要把爱国主义内容融入党日团日、主题班会、班队会以及各类主题教育活动之中。班委会、团支部委员会根据爱国主义主题组织主题班会、主题团日活动,班主任结合形势设计并开展主题教育课活动,引导家长参与其中,增强其爱国品

质的同时也能了解到学生在活动中得到的锻炼成长；利用志愿服务活动、研学活动等社会实践活动，帮助学生在实践中体会、传承和弘扬爱国主义精神，明确自身使命担当与社会责任。

我班在新冠肺炎疫情期间借用网络举办了一次家班协同爱国主义教育主题活动。考虑到家长的时间安排冲突问题，我通过班级钉钉群发起了一场"防疫，'家'我一个！"线上微班会，鼓励家长和学生共同参加，学习抗疫英雄们的感人事迹，分享大家的防疫经验和身边的防疫故事。一位在医院工作的家长分享了她在工作中的见闻，并从专业角度纠正了一些防疫误区，她的"相信自己、相信医生、相信国家就能战胜疫情"的观点赢得了许多家长和学生的赞赏。各方通过发帖回复的方式在线发表观点、互相交流。让各方拥有话语权，在开放的空间里围绕主题展开讨论，自由地发声，表明态度和观点。在交流过程中，使各方逐渐提升自己，感受爱国主义的重要性。

另外我班还尝试"家长进课堂"的形式。做到课内与课外、学习与实践、系统知识与现实生活的连接，更主动、更有趣、更全面地促进学生的健康成长。家长来自不同的工作岗位，拥有不同的专业知识、人生经历和兴趣爱好，他们围绕爱国主义教育这一主题为孩子带来了更加丰富的知识，更加开阔的视野，也使高中家班协同爱国主义教育的形式不断创新。本班一位家长经常在朋友圈中分享有关国防方面的新闻与评论，经了解才知道原来他有过服兵役的经历，即使退役多年也依然热心于军事国防教育。所以我们经过多次沟通后邀请他来作国际形势报告，让学生们大开眼界的同时感受到我国国防建设的艰辛历程和如今的雄厚实力。

四、抓准时机，紧跟时代，保持协同教育热度

发挥传统和现代节日的涵育功能。在端午节、春节等传统节日时，组织家长和学生通过班级钉钉群等在线渠道进行"弘扬传统习俗，激发爱国热情"高中家班协同爱国主义教育活动，传承和弘扬中华优秀传统文化。教师在国庆节期间，鼓励学生家庭在家门前适当位置悬挂国旗，组织"我和我的祖国"随手拍活动，在班级钉钉群中与大家分享自己的所见所闻，记录并感受祖国的日新月异，欣欣向荣。

把握形势政策的契机进行高中家班协同爱国主义教育。以时事热点的发生为契机，在爱国主义教育过程中不断深入开展国情教育和形势政策教育，准确把握国情，既不落后于时代，也不脱离实际，了解世界正经历百年未有之大变局，

点燃学生的爱国主义热情。在祖国取得重大科学成就,如嫦娥五号成功发射,防疫疫苗成功研制之时,组织家班协同爱国主义教育活动,引导家长和学生抒发爱国情怀。

充分结合"四史"学习活动。在高中家班协同爱国主义教育中广泛开展社会主义史、中国共产党党史、中华人民共和国建国史、改革开放史教育,使教师、学生和家长都能深刻体会历史是最好的教科书,领悟当代中国爱国主义的本质就是坚持爱国和爱党、爱社会主义,在加强历史知识学习的基础上,知晓我们当前社会从何而来,正处何时,将往何处,增进道路自信、理论自信、制度自信和文化自信,明确自身的历史使命。

家班同心，共育爱国情怀

——以中国非传统节日（纪念日）为契机

上海外国语大学闵行外国语中学　毛秋月

中国传统节日是中华民族悠久历史文化的重要组成部分。长久以来，各学校从中国传统节日中挖掘了大量的爱国主义教育资源，而随着国家及社会需求诞生的一些现代节日，其爱国主义教育的价值少有人问津。因此，家班合作在挖掘中国非传统节日（纪念日）中的爱国主义教育方面大有可为。在近三年的爱国主义教育实践中，我在高一利用职业主题节日，开展了"家长榜样在身边，立志定位报中华"主题教育；在高二利用纪念日，开展了"勿忘历史之难，奋发报国之力"主题教育；在高三上学期利用国家发展主题日，开展"了解国情，志愿报国"主题教育。以下，我将从这三个部分进行阐述。

一、家班共庆职业主题节日，助力学生理性立志定位

高中生随着身体的迅速发育，自我意识的明显增强，独立思考和处理事物的能力不断发展，这使得高中生在心理和行为上表现出强烈的自主性。高一同学刚刚进入高中，站在新的人生起点上，他们信心满满，对未来有着满腔的热情和希望，正是立志好时候。同时，高一学生处于初中高中角色转变时期，渴望更多地了解和接触社会，因而更喜欢体验式学习。

在"家长榜样在身边，立志定位报中华"主题教育系列活动开始之前，我通过调查活动，对全体家长的职业有所了解，并接触相关家长，还对学生展开问卷调查，了解他们喜欢的职业。综合家长资源和学生的兴趣点，从职业主题节日中选取合适的主题。下面我以中国航天日为例，阐述活动开展的过程。

活动准备阶段。学生梳理中国航天日的由来、设立宗旨、节日活动、纪念意义、年度主题、中国航天事业的发展历程、重要人物等，在此基础上制作黑板报或者宣传小报，并更新在班级公众号，供大家在活动前了解热爱祖国、勇于登攀、科学求实、团结协作、默默奉献的航天精神。

活动实施阶段。邀请从事航天事业的家长现身说法,讲述自己的工作、印象深刻的见闻、自己的感受等,使学生了解国家航天事业发展现状、航天人的日常工作和家国情怀。同时,请家长谈一谈我国航天事业需要什么样的人才,高中生要立志航天报国现在应该做怎样的准备。

活动总结阶段。如果大多数同学对主题活动的反响较大,则召开主题班会进行全方位的总结,如果只是少部分同学比较感兴趣,可以用职业体验小报、征文等方式进行总结分享。

班主任老师在活动中始终起引领作用,引导家长传递航天人坚定的信仰和浓厚的爱国情怀,引导学生体会普通航天人兢兢业业、默默奉献也一样是平凡的英雄,也是对祖国的深情表白。

班主任通过每月一两次的职业主题节日教育,使高一学生在了解职业、走近社会中,感受到各种职业的平凡与伟大,无形中接受了爱国主义教育、职业生涯规划教育、国情教育等,有利于他们以身边的家长为榜样,根据自身情况与社会需要,理性地立志定位,树立报国之志。

二、家班共度国家纪念日,引导学生直面挫折磨难

高二年级是高中的中间阶段,很多学生既没有高一时的雄心壮志,也没有面临高考的紧迫感,是一个容易出现动荡和茫然的时期,被称为"高二现象"。高二学生面临着诸多压力,是逃避还是迎难而上,需要家长和老师的智慧引导与帮助。因此,在高二年级进行系列纪念日主题教育正是学生懈怠时的一剂剂强心针。

"勿忘历史之难,奋发报国之力"系列活动可分为四个阶段:

第一阶段,在高二上学期,以抗日战争、烈士纪念日、南京大屠杀死难者国家公祭日为契机,开展多种多样的纪念活动。活动开始之前,在学生的亲朋中寻找抗战老兵或者对抗战史有特殊记忆的家庭。寻找到合适的家长,班主任带领大家一起前往聆听家国故事和战斗精神,如果找不到,班主任就布置同学在网络中进行检索,选取抗战过程中真实的、充满细节的典型事例。9月份,"身边的祖辈讲抗战故事"或者每位同学介绍一位"抗战中的中国人";10月份,请家长陪伴孩子看一场关于抗战的电影;12月份至寒假,请家长陪伴孩子去一处抗战纪念馆参观。

第二阶段,在3月,以学雷锋纪念日为载体,开展纪念活动。雷锋精神不仅值得学生学习,也值得家长学习。有了家长的参与和引导,学生更有学习积极

性。通过亲子共同学习雷锋日记、召开亲子班会等形式，家长和学生交流学习心得，一起感受雷锋在最艰难的日子里，一心为国为民的爱国主义情怀和不畏难勇上前的气魄，勉励学生把"螺丝钉"精神贯穿到学习与生活中。

  第三阶段，在5月，以五卅纪念日为重点，带领学生了解五卅运动的全过程，体会中国人民在血雨腥风的年代里高涨的爱国热情，尤其是学生们不怕牺牲、勇于斗争、直面苦难的勇气。周末请家长和孩子共同前往位于南京西路、西藏中路西南侧的五卅运动纪念碑前，一同感受历史的厚重，感受中国人民为国家独立英勇斗争的崇高精神。我还进行了"走石子路——直面挫折"实践体验活动，由家长联系石子路场所，同学们走进社区，亲自体验挫折、疼痛、困难，努力超越自己。

  第四阶段，在7月，以中共建党日为题材，给学生和家长布置暑假作业：请家长为孩子提供一次与党员对话的机会，陪孩子看一部关于共产党的电影，了解并学会一首歌颂共产党的歌曲，最后形成文字、照片、视频等形式的作业成果，由学生整理到班级公众号或其他网络空间进行展示。

  通过系列纪念日主题教育活动，加强了对学生的国家和民族历史教育，进一步激发了大家的爱国热情。同时，亲子活动的创设，增进亲子沟通，有利于驱除高二学生的孤独感和焦虑感。国之英雄和亲人的陪伴、鼓励他们直面挫折磨难，砥砺强国之志。

三、家校共识国家发展主题日，激励学生努力奋斗感恩

  步入高三，就像战场上吹响了冲锋号，从这一刻起，需要全力冲刺，心无旁骛、全力以赴、坚持不懈！在奋战高考的过程中，每位高三学生都想做一位英雄，他们期待鼓励和认可。同时，高三年级的学生在思维和意识上都趋于成熟，在经历了高一、高二的系列爱国主义教育活动之后，他们不缺乏爱国情怀。因此，在高三年级开展"了解国情，志愿报国"国家发展主题日教育，不仅能使高三学生了解国情，打开格局，还能进一步给予他们"以天下为己任"的信心。

  然而，高三年级时间紧迫，为了确保活动效果，要在高考百日之前，尽量简化活动内容。根据班级具体情况，尤其是家长资源方面，选取国家发展主题日。现以国家宪法日为例，阐述活动开展过程。

  *活动准备阶段。*班主任布置学生梳理国家宪法日的设立背景、本届主题等，将其内容张贴到黑板报栏。同时，整理同学们关于法律的疑问。

  *活动实施阶段。*邀请有法律背景的家长，讲解国家的法治现状，一方面使学

生感受到国家法治建设的巨大进步,为大家提供安稳的环境,另一方面鼓励大家投身国家法治建设。

　　活动总结阶段。整理华东政法大学、上海政法学院等学校的法律专业资料,为部分同学提供专业志愿的信息。

　　在活动开展过程中,班主任要始终从感恩和激励两方面进行引导,力求给予高三学生更多的力量。高三学生通过两次国情教育,了解国家建设的成就、现行社会制度的优越性,感恩国家、家人为自己提供了良好的学习生活环境,同时了解国家各方面仍然需要大量的人才,勉励自己加油冲刺,推动其报国之行。

　　充分挖掘、利用中国非传统节日(纪念日)提供的契机,根据不同年级段学生的特点、存在的问题,有针对性地设计系列活动,创新教育方式,深化教育内容,在爱国主义教育上达到事半功倍的教育效果。

基于家班共育，依托工学交替开展劳动教育

上海市工业技术学校　孙鹤家

中职学校在劳动教育方面有着得天独厚的优势，"工学交替"实际上就是中职院校为了拓宽学生的劳动实践途径，深化产教融合，与对应企业开展的一个常规项目，是开展劳动教育的有利契机。如何充分利用工学交替，拓展学生的劳动教育实践途径？如何丰富家班共育内涵，发挥劳动教育的最大效益？我们做了以下探索。

一、联合家庭开展劳动主题教育，提升学生认知水平

在工学交替前期准备以及总结阶段，抓住一切有效契机，开展有针对性的劳动主题教育，帮助学生完善劳动认知，形成正确的劳动价值观和岗位意识。根据习近平总书记在2020年11月24日全国劳动模范和先进工作者表彰大会上提出的"社会主义是干出来的""劳动最光荣"等要求，组织班级学生以模拟直播间的形式，开展了"中国梦，劳动情"的主题教育，并邀请学生家长进入直播间观看、互动、分享、提出宝贵的感想与建议，形成有效的家班联动。除与家长面对面交流外，笔者还借助微信与家长进行线上沟通，利用腾讯会议，召开家长会，进行多种形式的交流，形成家班共育的良性互动。

由于笔者是云南班班主任，因此在活动中，注重将学生在家乡参加的种茶、种花劳动与企业的劳动结合起来，从日常生活劳动、服务性劳动和生产劳动三个层面逐层分析劳动的价值，让学生从现场品茶、赏花的过程中感悟劳动的美，并引导学生回顾、思考家庭生活中父母的辛勤劳作，使其深刻认识劳动的价值；再以全国劳模的事迹加以引导，启发学生思考如何一步步成为合格的、优秀的岗位劳动者。学生纷纷表示：参与系列主题班会，自己对劳动更加认可，态度更积极。

二、引导家长培养学生劳动意识，明确准劳动者身份

参加工学交替的学生有双重身份，他们既是在校学生，亦是企业员工。两个

角色集于一身，往往会产生心理冲突，有的学生仅以"学生"身份对待工学交替，对企业安排的工作岗位有意见；有的学生则仅以"员工"身份对待工学交替，对工作时间和劳动报酬斤斤计较。因此，引导学生摆正心态，认识到自己是准职业人、准劳动者，是班集体教育以及家班沟通中的重要内容。

笔者通过定期下企业和日常微信沟通，注重关心学生工作中的辛苦，倾听他们的"委屈和抱怨"，帮助他们调整认知，强大内心，认识到自己是准劳动者。同时，定期与家长进行交流反馈，一方面观察学生在家庭中的变化，关注学生心理健康；另一方面，也引导家长宽慰、鼓励学生，让家长以身作则，对学生不怕吃苦、持之以恒的表现及时予以鼓励；针对学生怕苦、脱岗等实际问题，建议家长拍摄一些自己平时的劳动照片和视频，分享给学生，让学生知道父母每天在自己的岗位上辛勤劳动。学生在亲身经历了生产劳动后，加深对家长工作岗位和内容的理解，帮助学生树立对工学交替的正确认识，作为正式的岗位工人，走进社会生产领域，彰显自己的劳动价值；在家庭生活中，潜移默化地引导学生认识到物质财富和精神财富都源于全体劳动者的创造和积累，只有踏实的劳动才能收获成功，营造积极乐观、奋发向上的家庭氛围。

三、以榜样的力量形成示范效应，引导家长鼓励学生自信心

在工学交替期间，作为班主任的我与企业负责人、学生家长保持密切沟通，形成三方共育的稳定局面，保证三方信息的透明、流通，及时解决学生工作中和生活中面临的困难和出现的问题；注重挖掘企业优秀员工的榜样示范作用，让学生多向自己的带教师傅、班长和其他优秀员工学习，鼓励学生多看、多问、多学，告诉他们企业前辈和带教师傅能够取得今天的成就与吃苦耐劳、踏实进取密不可分，要以他们为榜样，在企业中诚实劳动，用自己的双手和智慧实现劳有所得、劳有所获。

同时，笔者定期与学生主管领导沟通，了解学生在岗位的表现，并拍摄视频，在班级微信群中分享，在劳动主题教育课上播放，让学生听到企业对自己的评价和期待；鼓励家长经常在班级群里发语音，或者分享各行各业的劳动模范事迹，学生在群里与自己的家长互动，班级群里逐渐热闹起来，家长提供的全国劳动模范张良的素材还成了班级劳动主题教育的典型案例；鼓励家长积极赞美自己的孩子，引导学生自信自强，更好地完成工学交替任务。

通过和企业劳动榜样近距离接触、面对面交谈，学生更加理解劳动者、认同劳动者和尊重劳动者，有助于学生学习优秀劳动者身上的劳动品质。

四、开展劳动成果展示，联合家庭激发学生兴趣

针对学生的具体工作内容，设计"生产实践任务卡"，将月任务拆解成周任务，将周任务分解成日任务，通过打卡的形式对学生每天的劳动成果进行督促和评价。同时，引导家长将日常家务也设计成"任务卡"的形式，家班共育，使学生在家庭中也能够量化劳动成果，时刻具有劳动意识。每周组织学生进行劳动成果的展示，并要求学生进行自评和互评，总结成果，反思不足。学生纷纷表示："看到自己每天、每周的生产劳动成果，终于摆脱了从前对家长衣来伸手饭来张口的依赖，颇有成就感，每天都相互比着看谁完成的任务多，在企业的生产劳动竟也颇有趣味性。尤其在得到父母的肯定、老师的嘉奖后，自己感到无比的光荣。"通过分拆任务打卡和劳动成果展示，学生的劳动兴趣更浓厚。在具体进行生产劳动时，通过动手实践和辛勤付出，亦更加珍惜劳动成果。而在家庭层面，笔者利用每周下企业的机会，拍摄学生在企业的工作照片和视频，及时与家长分享，让家长更加了解学生的生产劳动环境和生产劳动任务，看见学生认真工作的照片和视频，家长表示：知道孩子在干什么，我们心里踏实。孩子碰到困难在所难免，吃苦耐劳，坚强的意志品质是一辈子的财富。以实际成果，改变家长对于孩子溺爱的态度，家班目标一致，教育自然事半功倍。

工学交替中，以学生为本，整合学校、企业、家庭各项资源，重视劳动认知，夯实劳动教育内涵，激发热爱劳动的情感，"学校—家长—企业—学生"形成了良性互动，家长学生成功完成角色转型，角色认可度和自我满意度有了很大提高；企业、家长高度认可学生岗位表现，学生进步令人欣慰；家班共育平台有了进一步完善。总之，工学交替的生产劳动教育让学生、家长和教师紧密关联，把以往劳动教育中的单一灌输变成学生亲身体验、亲自参与的生产实践。学生在生产劳动过程中，感受到了劳动的光荣和快乐，拓宽了理论联系实际的思维方式，提升了解决问题的能力，锻炼了坚强的意志品质。同时，家班协力，赋予包括家务劳动在内的劳动教育新鲜的活力，开拓了学生的视野，实现"教、学、做"的有机统一，增强了学生对劳动观念的认同感和使命感，树立正确的劳动观，班级劳动教育取得了积极的成效。

特别的"家庭作业"

中华职业学校　蒋　玮

习近平总书记在全国教育大会上强调，要在学生中弘扬劳动精神，教育引导学生崇尚劳动、尊重劳动，懂得劳动最光荣、劳动最崇高、劳动最伟大、劳动最美丽的道理。劳动教育是培养学生成才的重要教育形式，更是当下中等职业学校教育的重要组成部分。在立德树人理念的指导下，笔者以班级、家庭和社区等组成的合力下开展"家庭作业"劳动教育载体的实践探索，从校史文化、校园文化活动、专业技能学习实践和社区联动等方面，培养学生的劳动习惯、劳动能力和劳动素养，弘扬新时代劳动精神，感悟劳动价值和劳动美。

一、特别"家庭作业"的特别思路

我校是中国职业教育先驱黄炎培先生创办的专门从事职业教育并以"职业"冠名的学校。黄炎培职教思想博大精深，是我校的文化之魂、立校之本。黄炎培先生的伟大之处不仅在于重视职业技能教育，更重视人的教育、德的教育。他既强调个人谋生，又重视服务社会；既强调职业技能训练，又重视职业道德教育；既强调一技之长，又重视全面发展。"双手万能，手脑并用"是黄炎培先生为学校奠定的最基本的教学原则。

这一特别思路还来源于家长的实际需求，家长特别想要了解专业、学生的思想变化，想要走进学生内心，并主动要求参与各项活动。职业教育本质上就是一种劳动教育，劳动教育不仅是学校的责任，也是家庭的责任。因此劳动教育可以算是一份特别的家庭作业。笔者所带班级为本校2018级中餐烹饪与营养膳食班，学生文化课成绩薄弱，专业技能进步缓慢，家长希望学生学好专业技能，在家能帮助父母分担家务劳动。在实际教学中，劳动教育作为一份特别的家庭作业，要克服一般家庭作业存在的缺乏针对性、实践性、创新性的问题，因此，要通过家班联动机制，使家长更好地参与到"家庭作业"的实施中来，家校同心合力。

二、特别"家庭作业"的实施路径

家班联动机制。以培养学生的劳动态度价值观和劳动技能、劳动习惯为主线,挖掘家长的迫切需求,邀请家长分享经验,创设平台,分享成果。开展家长共同参与学生学习实践的系列"劳动教育"主题活动,形成家校合力育人的劳动教育氛围、乐与他人分享的学习情境。

发挥家庭在劳动教育中的基础作用。首先,劳动是每个家庭成员的责任和义务,因此我响应家长的呼吁,积极创设条件,发挥家庭在劳动教育的基础作用。父母可以和孩子共同来做回家作业,共享劳动成果。其次,生活就是劳动。因此,家庭要创造劳动条件,将回家作业融入生活。

直面时代要求。特别"家庭作业"把劳动教育纳入人才培养全过程,贯通家庭、学校、社会各方面,教育引导学生树立以辛勤劳动为荣、以好逸恶劳为耻的劳动观。劳动教育的意义植根于劳动的意义,是对生命价值的全面激发、拓展与提升。通过劳动活动,锻炼学生意志,提升学生积极应对问题的能力,凸显人格培养的意义。

三、特别"家庭作业"的教育实践

走进校园。一年级新生开学阶段,家长听说有"校史馆",也特别想参观了解百年名校。他们与学生在家一同观看"本校校史"视频介绍,了解学校的职教理念、校歌、校徽等内涵。学生在视频学习后,书写学习心得,交流分享。老师帮助家长和学生树立正确的劳动观念,正确认识劳动创造价值、创造美好生活的道理。

体现烹饪专业传承文化的"授帽仪式"。每年"世界厨师日",学生穿着统一整洁的烹饪制服,接受烹饪界大师为他们授帽,感受和传承劳模精神,领悟职业的神圣与肩负的责任。通过"腾讯课堂"平台,家长主动参与及分享活动场景。

以班级为单位,开展自主创新创业的模拟活动。家长参与传授家乡美食制作技艺;学生结合专业,在专业教师和家长的帮助和指导下,撰写创业企划书,提高商业思维与团队协调能力。所得款项捐入学校的爱心基金,以自己的劳动帮助他人,用实际行动实践爱、传递爱、感悟爱。

走进文化。融入企业文化。建立一个积极向上、与专业行业相结合、有利于劳动教育氛围的班级生态,也是特别的"家庭作业"。我通过引入上海知名五星级酒店的文化理念和员工守则等内容,营造劳动光荣、尊重劳动、热爱劳动的氛

围。通过家长共同张贴中华名点和菜肴、学生优秀作品照片展、"中国梦与我的职业梦想"板块，制定行动方案等，传承中华传统文化，激发学生劳动兴趣。计划实施的动态量化情况，阶段性结果的评价公示，通过"晓黑板"发布在家长群，让家长参与学生的成长，激励学生实现自身理想。

传承"非遗文化"。学校引入"非遗文化"以及劳模、烹饪大师、优秀毕业生进课堂，通过讲座分享、技能展示、直播课堂等形式培育高尚的劳动精神，帮助学生深刻理解劳模精神、工匠精神和科学家精神的丰富内涵，养成艰苦奋斗、创新实干、敬业奉献的劳动精神。全国劳动模范翁建华、大国工匠严慧琴、"南翔小笼"非遗传承人游玉敏、京菜烹饪大师胡丽妹等都曾先后进入课堂。

创造"家乡的味道"。家长提出，学生家务做得太少，希望班主任布置"家庭作业"，让学生在家里制作菜肴。班级按月召开"家乡的味道"主题活动，每位学生在规定时间内，在家长的陪伴和配合下完成一道家乡菜肴或点心的制作，邀请烹饪专业教师、家长现场点评并将作品上传云平台；邀请家长以点带面分享"家庭作业"成功经验，讨论"家庭教育困惑"，带动其他家长帮助学生更好地实践"家庭作业"；"家长开放日"让家长走进校园，感受学校办学理念和校园文化，通过主题班会、技能竞赛、学生创新作品汇报展等形式，检验学生的实践成果、中西融汇、创新菜肴的能力。

走进家庭、社区、企业。新时代的劳动观教育，应针对学生劳动观、劳动价值观中的问题，构建新的劳动教育路径，推进劳动教育和德育、美育、情感教育等的融合并走进社区和企业。

与亲朋好友分享劳动成果。家长希望学生积极展示学习成果。我们就鼓励学生居家制作菜肴，为家长分担家务，分享学习成果。周末，家长带学生逛上海城隍庙、古镇老街等，品尝上海美食，探寻中华传统饮食文化。邀请亲友前来家里分享美味，学生展示烹饪手艺，感受劳动创造生活的意义。家长反馈，他们收到了来自亲友的大量好评，学生增强了专业学习信心。

为社区送爱心。结合社区实际情况，家长主动联系社区、居委、单位等，陪伴学生参与社区义卖活动、为孤老送餐送点心等志愿服务，鼓励学生将自己亲手制作的美食分享给邻里，体会助人、奉献爱的快乐，培养他们乐于奉献的精神，也通过社区联动，培养学生的社会责任感。

跨入企业"工学交替"。坚持"知行合一""工学结合"的理念，让学生到上海五星级酒店金茂君悦、柏悦酒店等进行工学交替活动，帮助学生开阔眼界，提升技能，了解行业，增强职业荣誉感，培育精益求精、爱岗敬业的工匠精神，立志成为扎根生产和服务一线的高素质技术技能型人才。

抗击新冠肺炎疫情期间，开展线上"战疫"主题家长会和主题班会，加强疫情下的家庭教育和劳动教育工作等。在此背景下，云端家校联动共建开启了新的逻辑思维，也带来了劳动教育"家庭作业"常态化工作的意外延伸，激活了学生的创作智慧和劳动智慧，如"我的美食日记"。疫情期间学生居家线上学习，不像在学校可以当场实践操作。但学生可以将每一节课的菜谱记录下来，做成自己的"美食日记"，居家实践，制作视频，上传平台，延续专业技能的学习，培养居家劳动好习惯。

家班联动机制下的特别"家庭作业"，改善了学生和家长的劳动观念，学生积极主动地完成家庭作业；通过全方位开展劳动教育，学生学会分担家务劳动，通过走进校园、企业、社区等，感受职业人的快乐，增强职业归属感，感受志愿服务的价值与劳动的意义。

采风沪上，厚植家国情怀

上海财经大学附属北郊高级中学　崔　璀

上海是世界瞩目的国际大都市，是中国的"速度"。上海的城市发展史就是中国近现代史的缩影，改革开放以来上海更发生了翻天覆地的变化，正是祖国的繁荣昌盛造就了上海的日新月异。但是通过问卷星、家长会、家访等形式的调查，我们遗憾地发现，孩子们包括家长，对上海这座英雄的城市的了解，以及由此形成的"家国情怀"，并不令人满意。一是了解的浅表化，二是心理上的距离感。基于以上问题，笔者立足主体实践、资源整合、过程评价等视角，构建了教师、学生、家长三方共同参与的"采风沪上"德育实践活动。

一、实践原则

家班共识。针对家国情怀在学生群体存在的普遍问题，我们进行了问卷调查。结果显示，学生对走出校园的实践活动展现出极大的兴趣，家长也对能够综合培养研究能力的采风活动很感兴趣。综合学生和家长的需求及语文第四单元的主题要求"当代文化参与"，我们将本次"家国情怀教育"主题定为"采风沪上"，并决定以家班共育的形式深化教育实施，提升育人品质。但也碰到部分家长和学生的担忧，对此我们进行了沟通、婉劝和承诺，对于学生，我们传达了父母的殷切期待，也说明了本次活动的鲜活性非比寻常。最终，三方达成共识，一同参与活动。

家班共策。达成共识之后，我与家长一同开始策划、构建活动。策划过程中，我们共同遵循主体性原则、资源整合原则与过程性评价、多元评价原则。

主体性原则。学生是活动的主要参与者，家长与教师都是主导者。活动以阅读、实地走访、调查、展示为主，强调学生的实践性与参与性，让学生在实践中与社会产生情感互动，获得真切的体验。同时，内化提升活动中获得的多方面能力，包括阅读能力、调查能力、思维能力、表达能力等。

资源整合原则。在充分利用教材的基础上，我们还开发了课外拓展阅读资

源，包括新旧建筑，街道社区，以及当地居民等等。家长本身也是宝贵的资源，他们丰厚的社会经验也将为孩子们在阅读、考察研究、展示活动中提供良好的方向。

过程性评价原则。活动在每个阶段均有评价反馈：亲子阅读阶段利用线上课堂资源，召开"悦读上海"分享会；访谈设计阶段，则在班级开放日展示优秀的模拟访谈视频；实地走访调查阶段，以总结汇报环节结尾，由教师、家长与学生共同为作品打分。全过程评价标准多样，强调个性的生成，以加强家长与学生的获得感和积极性。

二、实践过程

由教师、家长、学生共同参与的"采风沪上"德育实践活动，过程如下：

亲子阅读。在活动准备阶段，我提供书单和材料，家长与孩子一起阅读有关上海乡土风俗的材料，包括但不限于上海文化书籍、地方风俗史、上海城市发展的纪录片、上海老地图、上海老照片、老新闻等。意图是提供不同梯度、不同侧重的阅读材料、参考文献，初步唤起家长和学生对于沪上采风的兴趣和了解，也为后续调查培育一定的理论基础。

亲子阅读后，家长与孩子讨论对于上海的文化记忆，抚今追昔，唤起两代人"生于斯长于斯"的同与异，相互比较，孩子和家长共同写下自己的回忆。确定几个备选方案后，学生将讨论结果与我商讨，确定寻访的重点。意图是增强和唤起亲子间对于家乡记忆的感性认知，加深家园情怀的同时，结合学校教育，实现家班共育，确立研究重点。

两项活动完成之后，我在班中布置"悦读上海"分享会。利用线上课堂资源，邀请家长和学生一同参与。在线上，家长和学生一起交流分享好句摘录、悦读体验、对于两代人文化记忆的追溯。

活动过程中，我发现不少亮点：分享会中，家长们对于上海的文化记忆有多种角度，有些家长是浦东人，对浦东的改革开放三十年有真实的体验，有些家长是新上海人，分享了自己看到上海日新月异的巨大变化，有的家长小时候住在石库门、筒子楼，他们深情回忆自己童年时代的生活记忆，这些真实、饱满又丰富的内容令学生受益匪浅。我们发现，很多学生的话题经与家长认真讨论，来自生活，切口不大，又与时代紧密结合。

实地寻访。学生根据自选讨论主题的共通性分组，讨论活动方案，同时，邀请有建筑领域背景的家长来班开设讲座，绘制历史建筑记录表或寻访地段对比

表，补充深化学生对于建筑知识的了解，增强活动专业性。我们还提供访谈大纲，学生通过亲子对话，与家庭成员模拟访谈，自行设计具体问题，制作访谈记录详表。我再对模拟访谈的视频进行指导点评。在班级开放日，对家长展示优秀模拟访谈视频。各小组利用课余时间实地走访活动地点，亲身寻访有关人物，完成两张表格，了解上海的物质风貌与精神风貌。

在指导亲子模拟访谈的过程中，我发现家长和学生有了前期活动的基础，问题设计的方向性已经比较准确，只是在难易度、问题链的铺设上还需结合主题与预设目标做调整。家长们非常有社交谈话经验，一经点拨就能理顺问题链，使模拟访谈的推进大大提升，为"采风沪上"活动的开展打下坚实基础。

展示与评价。每小组以文字＋PPT的形式，梳理汇报自己在"采风沪上"环节的收获，总结汇报的内容包括：亲子读书环节印象深刻的篇章、图片分享；亲子对话时两代人经历的迥异与深刻的回忆；访谈问题的设计意图；本组活动的成果展示；活动带来的整体收获；研究后对于上海城市建设的畅想等等。

展示环节邀请家长共同参与，一同为孩子们的作品打分评价，并请家长代表发表感言。活动完成以后，收集家长、学生、老师所有过程性照片，展示在教室里，供家长、老师、学生共同观看"采风沪上摄影展"，记录活动以来的点点滴滴。过程中，展示环节的设计注重多目标、重亲子、有顺序，有助于指导学生回顾整个"采风沪上"过程，强化家班共育策略，并且要求学生能够结合研究、调查，充分发挥主观能动性。

三、活动成效

在历时两个月的"采风沪上"活动中，学生对家乡之美有了更生动、深切的了解。真实的行走就是一场赏美的历程：读历史、看建筑、观人物、写感悟……打破了时空的壁垒，真实地走进上海，感受到家乡的大美。本次活动之后，学生对上海有了新的认识：它不仅是繁华、便捷的居住地，更是与每一个市民血脉相连的家园。活动之后，班级学生的随笔周记上不再仅仅是享受生活的痕迹，更有对城市文明与命运的思考。

但是"采风沪上"活动体验设计有一定梯度，随着活动环节的推进，展示环节中的畅想部分需综合考量学生已有的生活经验、分析素材的能力与创新能力，有相当的难度。如何有节、有效地实施家班共育，是下一个要思考的问题。

基于家班共育的高中劳动教育长作业设计构想

上海市向明中学　顾月云

如何让家校学会合作，有效助推劳动教育？本文基于家班共育的出发点，试着以高中学段的学生身心发展特点为基础，设计出针对个体差异、家庭差异的个性化的劳动教育长作业。"长作业"概念，借鉴上海师范大学夏惠贤教授的定义，也就是类似于西方项目学习的课程设计，与"短作业"相对，需要学生花费更多时间完成，且作业的设计更多地考虑学生的学习与生活实际，以增强作业解决实际问题的有效性，并注重在过程中培养学生的学习兴趣。

一、劳动教育联结家庭私人场域与班级公共场域的可行性分析

家庭是我们个人生活的私人场域，而班级则是青少年学生学习的公共场域，两者之间泾渭分明，这也是家校合作往往很难深入开展的根本原因所在。我们很难要求别人对我们不加保留地展现自己的私生活，正如我们也希望保护自己的隐私一样。同样的，我们也很难将公共场域的规则和标准强加到别人家庭中来。然而，社会性是人更重要的属性。今天在校的学生，已经用从家庭走到学校的方式开始了自己的公共生活；而未来，学生们又将进一步从校园走向社会，用公共参与的方式成为社会人，成为未来社会的公民。因而，如果能在尊重家庭生活隐私的前提下，寻找到以家庭为代表的私人场域和以班级为代表的公共场域的联结点，这对推进家校合作、进一步帮助学生在未来适应社会都将具有重大意义。因此，家庭劳动教育可以是联结家庭私人场域与班级公共场域的重要纽带。

马克思主义认为，人的全面发展需要通过劳动教育去完成；人的本质是一切社会关系的总和，"每个人为另一个人服务，目的是为自己服务"。而马卡连科则认为，"劳动不仅是一个经济范畴，也是一个道德范畴。自觉地开展劳动是考察一个人良好道德品质的主要标志"，他明确将劳动教育的作用提高到有助于道德品质的培养。陶行知先生更是提出了"生活即教育""做是核心"等观点，在他看来，教育蕴含在生活的所有劳动中，劳动教育与生活教育具有高度一致性。由此

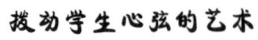

可见，劳动教育自身的重要性，是可以被用来推进家校合作的前提。这也为我们进行劳动教育长作业的设计提供了重要的理论依据。

我们的调查也证明，大多数家长是欢迎也需要学校介入进行家庭劳动教育的。但是，由于家庭的私人场域属性，学校和班主任不宜过多地介入学生的家庭生活，这就需要将家庭劳动教育的实施权、监控权乃至评价权都尽可能地交到家长和学生本人手中，这就要求学校和班主任在家庭劳动教育的设计上，花费更大的心思。

二、家校合作不同模式对劳动教育长作业设计的启发

本文劳动教育的长作业设计是以美国霍普金斯大学的 Epstein, JL 教授提出的家校合作 6 种模型为基础的，提供了如下启发：

（一）养育（Parenting）：鼓励家长为学生提供"教育化"的家庭环境，以促进学生的成长与发展，增进家长和教师相互之间的信任。

（二）沟通（Communicating）：不同于目前我国家校沟通中多采取的所谓"问题取向"的教师联系家长，也就是学生在校表现出了各种问题后教师才找家长"告状"，这里的沟通更偏重于以相互之间促进了解为目的，是一种增进信任与理解的沟通。

（三）家长志愿者（Volunteering）：发动家长志愿者，来学校或者班级协助工作。

（四）在家学习（Learning at Home）：指家长参与学生的学习生活。目前国内的家长在家陪读是一种在家学习，而家庭劳动教育的开展也同样需要家长在家共同学习。

（五）参与决策（Decision Making）：原本指家长为学校的发展提出各项建设性意见并参与学校各项计划、方针和政策的决策过程。由于本次长作业的设计是立足在班级层面的，所以这里指家长对班级管理决策的参与。

（六）社区协作（Collaborating with the Community）：指整合整个社区的力量和资源来促进家校合作，提升家庭、学校和社区三者之间的关系。

三、基于家班共育高中劳动教育长作业的设计构想

根据《关于全面加强新时代大中小学劳动教育的意见》要求，本文进行如下设计：

（一）关于长作业目标分层设计

A 层目标：对应普通高中目标，更多地采用家校合作模式中的社区协作

模式。

B层目标：对应初中目标，更多地采用沟通、社区协作模式。

C层目标：对应小学中高年级目标，更多地采用养育、沟通、社区协作模式。

D层目标：对应小学低年级目标，更多地采用养育和沟通的模式。

围绕上述作业目标体系，班主任请家长自己来制定家庭劳动教育的长期目标，比如以"做饭"为例进行有针对性的设计：

1. 学会电饭煲做饭，并学会做一菜一汤。（对应D层、C层目标）
2. 在会基本烹饪方法之后，多学几道"拿手菜"。（对应D层、C层目标）
3. 为核心家庭成员做一顿饭。（对应C、B层目标）
4. 每周为家人做一顿饭。（对应C、B层目标）
5. 节假日为家族里的长辈、亲戚做一顿饭。（对应B层目标）
6. 为社区里的老人做饭（或点心），向社会奉献爱心。（对应A层目标）

与此同时，如果同学们能够将新兴技术应用到劳动长作业的完成中，也是值得肯定的。哪怕只是教会老人们使用手机或者电脑，甚至只是简单地教会老人使用微信朋友圈功能，也是值得赞许的劳动成果。

（二）关于长作业的实施与评价

班主任或许很难让一位本来只是想让自己什么都不会做的孩子把"为社区里的老人做饭或者做点心"乃至为老人们服务作为家庭劳动教育的目标。但如果学生能拾级而上，这个过程，就是责任感和高尚道德得以发展的过程，也是家人得到来自孩子的爱与关怀的过程，有助于学生学会感恩。一旦学生能做到休息日为长辈、亲戚做一顿饭，那为社区里的老人奉献爱心的举措，也就更能得到家长的支持了。这项长作业得以长期开展的一个重要前提，是需要让家长感受到来自孩子的成长、懂事的喜悦，也就是，需要在这个层面让家庭中的成员受惠。这一点对建设和谐的家庭氛围，乃至日后帮助孩子走上社会，培养良好的人际相处能力，都是有帮助的。

在学生完成了家庭劳动教育长作业的各阶段任务后，班主任可以鼓励家长及时利用网络社交平台，比如微信朋友圈等，对学生完成的家庭劳动作业进行发表和鼓励。这也是一种形式灵活的作业评价方式。老师可以通过点赞与写评论的方式，进一步肯定同学的努力，从而形成良好的家校互动。

这份长作业逐步完成的过程，既是培养孩子们劳动能力与劳动意识的过程，也是增进家长与老师之间了解与信任的过程，更有利于老师进一步熟悉学生的基本情况。

而随着家校合作的深入，这项长作业的终极目标，甚至阶段性的目标，都可以随时调整。我们不需要拒绝或者害怕这样的变化，恰恰相反，许多时候，这就是家校合作在进一步加强的表征。哪怕一开始的合作只是流于表面，甚至在许多方面的认识存在偏差也不要紧，在合作中学习合作，这个过程本身就值得赞许。

为了学生全方位的成长，学校和家庭，老师和家长，这四者的立场原本就是高度一致的，合作得越好，越有利于共同目标的实现。劳动教育长作业的设计还只是雏形，还需要在实践中对长作业的类型、阶段性任务与评价以及劳动教育和学生成长的其他维度指标相关联，包括与学业成就高低的关联等进行进一步细化设计、分析与统计。相信随着了解和信任的增进，老师和家长会越来越容易达成共识，协同配合、合力共育的效应也会发挥得越来越好，劳动教育会取得更好的实效性。

家班共育下基于"服务性学习"的高中生班级劳动教育实践策略

上海市大同中学 陈天琦

国务院《关于全面加强新时代大中小学劳动教育的意见》指出:"普通高中要注重围绕丰富职业体验,开展服务性劳动、参加生产劳动,使学生熟练掌握一定劳动技能,理解劳动创造价值,具有劳动自立意识和主动服务他人、服务社会的情怀。"可见,对于高中生来说,劳动教育不应该拘泥于简单的教室劳动或家务劳动,而应该更广泛地与社会服务相联系,其中最重要的纽带就是"家庭"。因此,联结"班级—家庭—社区",以"家班共育"推动服务性劳动教育,已成为当下高中生劳动教育的重要方向之一。但是,家班共育下的劳动教育如何开展,仍然是困扰不少一线班主任的难题。本文将尝试从家班共育的要求出发,吸收、借鉴"服务性学习"(Service Learning)理念,重点探讨高中生班级服务性劳动教育的具体实践策略。

一、理论与启发

(一)服务性学习

"服务性学习"理念是一种"以学生为主体、自愿参与、无偿服务,将社会服务与学习相结合,旨在促进实践能力和社会责任"的学习方式。"服务性学习"是将社会服务和学习结合在一起,用不同形式的劳动无偿满足某项社会需要,并从中习得知识或能力,具有学习性、体验性、实践性、志愿性等特点。"服务性学习"理念与当下劳动教育中的"服务性劳动"要求有着紧密的联系,同时也可以给予开展"服务性劳动"教育新的启发,符合当下"家班共育"的新思路。在大力倡导对中学生开展"服务性劳动"教育的当口,以家庭为依托,家班共育,在社区开展有目的、有计划的服务性学习,让中小学生不拘泥于简单的家庭或社区劳动,或将成为劳动教育的新思路。

(二)"服务性学习"与服务性劳动的契合点

服务性。"服务性学习"与"服务性劳动"都重视其"服务"的特性,在与"服务"相关的体验性、实践性、志愿性等方面,两者具有高度的契合度。在服务性劳动中,学生的社区服务活动需要脚踏实地地进行,在实践过程中体验不同劳动服务的特点。而在"服务性学习"中,学生可以通过社区服务的实践来强化对于知识技能的体验,从而转化为知识经验。可见,"服务性学习"和服务性劳动教育的主体都是学生活动,都强调亲身参与、全程经历、动手操作。因此,在开展基于社区"服务性学习"的劳动教育实践时,家班需要重点设计劳动活动的环节,强调"真体验""真实践",体现"奉献、友爱、互助、进步"的志愿精神。

学习性。"服务性学习"的另一个重要特性是其"学习性"。"服务性学习"中的"学习"所涵盖的范围很广,既可以包括基础学科知识、专业技能知识的学习,也可以包括拓展性、研究性的学习,还可以包括社交礼仪、社会公德等公共知识的学习。在"服务性学习"的过程中,学生需要将自己的专业技能知识、公共知识或者研究性学习的内容等有针对性地与社区服务活动相结合,来处理某一方面的社区问题,再从中反过来提升相关方面的知识或技能,实现"学习"的目的。

总之,我们将"服务性学习"理念融入劳动教育,能够使学生的社区服务劳动更有指向性,充分发挥家班共育的作用,为切实针对社区"真问题"而劳动。

二、策略与实施

在家班共育的要求下,将"服务性学习"理念落实到劳动教育实践中,该如何具体开展高中生服务劳动教育,总结其可推广的策略与实施途径,从而培养学生服务他人、服务社会的情怀呢?下面笔者以任教班级为例,总结在家班共育的要求下基于社区"服务性学习"理念开展班级服务性劳动教育的具体策略及其实施。

(一)联结"班级—家庭—社区",建立伙伴关系

每个家庭所在的社区是学生开展服务劳动的重要场所。"服务性学习"理念首先强调"促进与社区的沟通和互动,鼓励伙伴关系和协作",即提倡学校与社区的合作互惠,班级与家庭的合作共育。

基于"服务性学习"理念开展劳动教育,首先要强调"家庭"在社区服务性劳动教育中的纽带作用。具体来说,以家班合作为依托,设计班级"服务性劳动项目申报书",出具班级统一的"社区合作邀请函",让学生带回家庭所在社区。邀请家长担当学生在社区劳动中的"辅助指导员"角色,引导孩子寻找社区中存

在的问题，协助孩子开展社区调研，制订劳动计划。在此基础上，学生可以以单个或多个家庭为单位，对家庭所在社区进行有针对性的服务劳动，实现服务性劳动教育的"家班共育"。

在对服务性劳动的评价层面，也需要联结"班级—家庭—社区"三方面，设计一张包括学生个人自评、班级互评、家长评价、社区评价等四个维度在内的服务性劳动评价表，评价学生在服务态度、劳动过程、服务效果等方面的综合表现。同时，重点提升"家长辅导员"评语在整个劳动服务活动中的作用，为"家班共育"的家庭教育提供真实情境，让家长真正参与到劳动教育的"家班共育"中。

（二）开展劳动调研，立足社区"真问题"

一般说来，"服务性学习"要求充分满足社区的需求，"通过多种途径获知社区的实际需求，确立将要进行的社区服务主题、项目、合作对象以及场所并进行实地考察等"，并认为"学生的服务应该满足社区以下四个方面的需要，即教育需要、健康需要、环境需要和公共安全需要"。因此，要使劳动不流于形式，就要在劳动教育的过程中引导学生关注社区所存在的"真问题"。其中，最适合高中生了解社区需求的就是开展劳动调研。

劳动调研是基于"服务性学习"理念开展劳动教育的重要环节。劳动调研的主要内容可以包括前期需求调研和问题现状调研，由班主任和家长"辅导员"共同引导学生完成。笔者所在某高中高二（1）班共有学生34名，在本学期分组开展基于"服务性学习"理念的社区劳动。根据班级同学的家庭分布，每组选择一个小组长和一个家长志愿者担任"带队辅导员"。在问题现状调研中，学生需要深入社区，针对选题开展服务劳动，并在此过程中确定发挥研究性学习的能力，根据选题设计具体的调研问题，深入探究社区该问题形成的原因、问题的现状、居民的意见等。根据调研结果，学生可以进一步结合亲身劳动感受，制订几条具体的建议措施，从而让服务性劳动变得更有目的性和针对性。

（三）活用"家班联合"主题班会，反思劳动收获

根据完整的定义，"服务性学习"理念还倡导"为学生或参加者提供有组织的时间，让他们反思服务经验"，所以对于服务性劳动也是一样，只有通过不断地反思，才能更好地进行下一次劳动。而主题班会就是反思劳动经验与收获的最佳平台。因此，在家班共育下基于"服务性学习"理念开展班级劳动教育，还需要活用"家班联合"的主题班会，通过灵活设计系列化的主题班会，从服务性劳动选题的确定，到劳动调研结果的分享与劳动计划的制订，再到最后劳动收获

的交流与反思，分阶段总结，为学生的服务劳动提供交流、分享、反思的舞台。

同时，充分发挥"家庭""家长"的作用，组织同小组学生以家庭为单位开展社区劳动"家庭沙龙"，总结在整个劳动过程中的收获和想法，并且邀请在"家庭沙龙"中表现比较突出的家长志愿者参与班会的互动，在班会分享家长视角对于孩子在服务性劳动过程中的成长与收获。这样的沙龙交流，发挥了家庭教育的作用，拉近了学生与家长、家长与家长的距离，让学生对社区服务劳动有更深刻的认知和收获。

在家班共育的要求下，将"服务性劳动"理念融入高中生班级劳动教育，有其独特的优势与新意，能够使服务性劳动教育更有计划性和针对性，能够使"家班共育"落到实处，以家庭联结班级与社区，充分发挥了家庭教育的作用，并能让学生在反思中更深入地体会服务性劳动的意义。当然，在策略尝试的道路上也同样面对着一些问题，需要后续实践的不断总结与完善。

聚焦家班合作视角，开展农村高中生志愿服务

上海市崇明区城桥中学　李妮旎

志愿服务的组织与开展，需要教师、家长的共同参与。家长在参与志愿服务的过程中，能真实观察到孩子在服务中暴露的劳动品质和服务意识的不足，主动意识到自身观念的片面性。同时，家长也能直观感受到志愿服务岗位对孩子成长的重要性。赢得家长支持，是探索家班合作下的劳动育人模式的基础。

一、依托家委会，形成家班合作共同体

家委会是家校沟通中的重要一环，发挥沟通、服务、管理、协调的作用。在此作用基础上，志愿服务中同样可以发挥家委会作用，将班级成长的共同愿景融入参与志愿服务实践中。

转变家长认知。家长对劳动教育，特别是对志愿服务的理解多停留在个人了解和主观理解层面，对有关劳动教育的政策等不清楚，认知也不统一，部分家长对志愿服务不支持。因此首先要引导家长转变观念。班主任要充分发挥引领作用，联合家委会开展一系列活动，通过家长会、家长学校、家校共议、家访等形式，逐渐纠正家长认知偏差，为建设家班合作共同体统一思想认识。

凝聚家长力量。家长不应该是志愿服务的旁观者，更是志愿服务的参与者与协助者。家长的职业、特长、阅历等都可以成为开展家班共育志愿服务的适切资源。在组建家委会前，班主任可通过问卷形式仔细了解家长们的个人信息，做好统计，将有志愿服务经历或有志愿服务热情的家长纳入家委会，形成家长资源，助力班级学生志愿服务。如范同学的妈妈是社区医生，了解相关情况后，班主任可鼓励相关家长们主动加入家委会。

明确家委职能。结合班级志愿服务的需求明确家长分工，合力创设参与志愿服务的机会。如有丰富志愿服务经验的家长可以提出建议，协助班主任提前制订系列性志愿服务合作计划；专业知识比较精湛的家长还可担任导师，开展志愿服务前期的家长示范和志愿服务中后期的指导工作。个人时间安排比较灵活

的家长可以担任志愿服务的现场观察员，关注学生开展志愿服务的亮点，发现不足，并留存照片、视频等影像资料。

二、汇聚家长资源，丰富家校合作形式

树立家长榜样，传递志愿精神。生活是最好的教材，社会是最好的课堂，家长是最好的榜样。通过调查我们了解到，不少家长虽然在乡下居住，但是也参加过志愿服务。如在 2020 年的新冠肺炎疫情期间，有的家长加入了村委会的志愿服务，在村口做进出人员记录，测村民体温等。还有的家长一直热心参与村里的垃圾分类公益活动，这些都为学生志愿服务树立了榜样。班主任可以鼓励学生收集家长在平凡岗位上的服务细节，并在班内分享交流。在交流中让学生关注身边人的志愿服务事迹，挖掘家长言行中所阐释的志愿服务精神——奉献、友爱、互助、进步，树立正确的劳动观。

开设家长微课堂，开展岗位培训。不同的家长因工作在不同的岗位，有不同的生活阅历，掌握不同的劳动专业知识。在家长自愿参与的基础上，开设系列微课堂，将部分家长请进教室，介绍自己工作岗位的相关专业知识，有益于开阔学生的知识面，优化志愿服务的品质。如秦同学的爸爸是一名西沙湿地的工作人员，他向同学们介绍了一天的工作情况和西沙湿地的特点。经过他的系统讲解，学生们对西沙湿地的生态有了更清楚的感知。在担任科技馆讲解员时，能专业地为游客讲解相关主题内容，提高了志愿服务的质量。有的学生对一些志愿服务的岗位并不了解，实践机会不多，缺乏足够的服务技能。班主任可根据学生参与志愿服务的类型和学生整体欠缺的劳动技能，邀请家长开设志愿服务技能微课堂，进行岗前指导。沈同学的妈妈在窗口岗位工作，在学生参加博物馆等场馆志愿服务前，家委会邀请她从个人言行、着装等方面为学生作专项讲座，帮助学生树立积极、健康的个人形象，以及在志愿服务中主动和游客沟通，展开接待或讲解工作，满足游客需求。班主任可针对学生思想现状设计关于劳动教育的调查问卷，了解学生对劳动内涵的理解程度。通过整理问卷数据，选择有代表性问题，由家长和学生共同准备，定期利用班会课开展劳动系列微讲堂。通过探讨，引导学生融入真实的社会情境，把服务他人、服务社会与实现个人价值有机结合起来。

推行家长导师制，完善志愿服务品质。在志愿服务中，某些场馆服务所需志愿者人数不多，这就造成学生分批参与同一个场馆的志愿服务。不同批次的学生在志愿服务中会出现共性和个性的问题。推行家长导师制，可以让一名家长

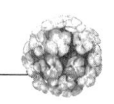

定点关注一个场馆的志愿服务，对同一个志愿服务岗位上的学生全程关心。家长导师可关注学生是否具备服务态度、服务意识、社会责任感等方面的劳动品质和相关岗位服务技能。在志愿服务后加强沟通和总结，对不同批次中同一服务岗位的学生志愿服务效果做纵向点评，对同一批次不同岗位的学生做横向评价，挖掘服务过程中学生的闪光点，互相学习，共同进步。

试行志愿随行者，记录学生成长点滴。随着智能手机等电子产品的普及，手机充当了相机、摄影机的功能，为家长与学校提供了互动分享的载体，拉近了彼此的距离。可鼓励家长根据自己的作息时间，选择一次志愿服务的全程随行。在陪同学生志愿服务过程中，关注学生践行志愿服务的亮点与不足，还可以担任学生志愿服务的记录者，留下学生参与志愿服务的影像资料，发现其所体现的劳动美。家长和学生既是劳动美丽瞬间的创造者，也是志愿服务的共同参与者。如在"争当创城美容师"志愿服务中，班级学生利用美术专业特长，参加了社区的墙绘服务。学生以图画的形式将所学美术技能融入家乡创城建设中，以无穷的热情完成了此次系列志愿服务，更培养学生的社会责任感。家长可以通过拍照或录像记录学生从选材、打形、绘制、上色等全过程。通过学生后期的辅助剪辑加工，制作成一份短视频，记录学生在志愿服务中的成长点滴。

家班合作视角下的农村高中生志愿服务，是对家庭、学校、社会合力育人的尝试和探索，取得了积极的效果：首先，家班合作下的志愿服务中，家长也是作为志愿者参与家班合作，这与学生的志愿服务融合，拉近了家长观察记录学生志愿服务的距离。家委会通过共同计划、谈论等深入参与激发了家长间的劳动观念碰撞。在重新审视志愿服务的过程中，提升了家长对志愿服务的再认知。其次，家长资源和志愿服务结合，丰富了学生的劳动体验，激发了学生参与志愿服务的兴趣。志愿服务不再是一种负担，而是充满了互动。学生们开始关注身边平凡岗位上的劳动者，近距离欣赏身边的志愿者，领悟奉献、友爱、互助、进步的志愿服务精神，优化了学生参与志愿服务的品质。最后，在家班合作视角下的志愿服务中，家长们的亲身参与提供了与孩子平等交流、共同体验的机会，以身体力行代替单一说教，以合作参与融洽亲子关系，拓宽了家长与孩子的沟通模式。

升旗仪式上，让我们唱响国歌吧

华东师范大学第一附属中学　周　馨

目前，对高中生开展爱国主义教育，主要还是依靠学校顶层设计，以班集体为单位，开展各种各类爱国主义主题教育活动。家班共育开展爱国主义教育方面的意识尚不成熟，相关实践几乎空白，值得尝试。

一、遵循原则

家班共育理念下的爱国主义教育主题班会的探索与实践，以学校班级为主体、家庭为基础，遵循家班同频共振、聚合共育的原则，在主题情境中，问题引领，关注活动体验，触发高中生真实爱国感受，引导和完善高中生正确的价值观和世界观，培养高中生形成深厚的爱国主义情怀。

家班共育开展爱国主义主题教育班会，不是给家长增负、给家长布置作业，主动参与到爱国主义主题班会中的家长，不再是被动的配合者、旁观者，家长不仅是学校活动的参与者，更是共同的把舵者。家班共育，家长和学校班级"共谋、共策、共享、共育"，用聚合的力量，将爱国情感厚植于新时代少年们的心中。

开展家班共育理念下的爱国主义主题班会，起到双赢的效果。一方面家长责任意识得到提高，更主动地培养孩子爱国素养，学校班级为家庭爱国主义教育提供滋养、营造氛围；另一方面，学校班级借此收集、树立和推广开展爱国主义家风建设的典型事例，发现并整合家庭资源，延展并丰富课堂外的爱国主义主题教育情境，形成"知行合一"的校内外浸润式体验可操作路径。

家班共育理念下的爱国主义教育主题班会准备过程中，家班共谋，见微知著，捕捉并聚焦高中生成长中的爱国主义主题相关认知困惑、行为问题、普遍性现象，确定具体班会专题。在确定主题班会方案时，注重从情感认同、价值辨析和实践体验三个维度，家班共策，设计推进并实现教育目标；在开展主题班会和校外延展主题班会时，家班共享，共同倡导，以浸润式、渗透式的潜隐性教育手

段实现爱国主义主题家班共育。在主题班会结束之后，家班"共享"经验得失、"共育"固化爱国主义主题班会教育成果。

二、实施关键

"创设主题情境、整合家庭资源"是具体实施家班共育理念下的爱国主义主题班会的两个关键点。

"创设主题情境"为第一个关键点。"突出思想内涵，强化思想引领，做到润物无声，把基本要求和具体实际结合起来，把全面覆盖和突出重点结合起来，注重落细落小落实、日常经常平常，强化教育引导"。"爱国主义主题情境"可以是整节主题班会课，也可以是主题班会课上的某个环节，还可以是课后拓展的某个实践活动。这些情境的共同特点是：主题鲜明，有爱国主义教育意义，和学生生活或社会热点息息相关，由学生感兴趣或引发学生关注和思考的、能激发学生爱国情怀的事件构成，以小见大，能走进学生，符合高中生认知特点和辨析能力，引起学生共鸣，厚植爱国情怀于心。

"整合家庭资源"为第二个关键点。家长资源包含两种资源：家长的教育资源和社会资源。家长的专业知识、人生阅历、个人修养和资源网络，决定了家长资源的丰富和多元。家班共育即整合家长资源，邀请家长共同参与学校班级主题教育活动的不同环节，可以是家长分享在具体情境中爱国情怀的感悟，可以是老师家长学生从不同视角进行情境探讨，也可以是家长联系，带领学生走出课堂，走向爱国主义主题参观等情境体验和实践。家班共育理念下的爱国主义主题班会，强调充分利用家长的教育资源，"共享"爱国情感，在主题班会和课后拓展时"共策、共谋"实践体验。

三、实际效果

基于《新时代爱国主义教育实施纲要》要求，本文以"升旗仪式上，让我们唱响国歌吧！"爱国主义教育主题班会为例证，说明家班共育理念下爱国主义主题教育班会之实效。

"升国旗，唱国歌"是学校进行爱国主义教育的重要仪式，也是让学生感受爱国情怀很好的方式。但却有不少高中生在升旗仪式上不愿唱国歌，或者不愿大声唱国歌。笔者所带的班级也存在这样的现象。基于此，笔者设计了一节爱国主义教育主题班会，通过导入具体情境：升旗仪式上，同学们因静默或低唱国歌而被批评，以引发学生共同感受。接着创设不同的情境：新中国成立 70 周年天安门升旗万人高唱国歌、中国驻外大使馆大使吴钟华和偏远小山村村民吴茂坤坚持每日升国旗唱国歌、综艺节目《国家宝藏》第二季于海、和张国立谈国歌和他们难忘的故事，在不同情境代入中，通过问题（"升旗仪式上，我们为什么要唱国歌？为什么要唱响国歌？如何唱响国歌？"）带领学生开展情境讨论、问题思索、体验感悟、分享交流，使学生理解国歌所承载的历史意义、唱响国歌的价值。

以家班共育推进升旗仪式唱响国歌的主题班会。在策划准备阶段通过班级家委会头脑风暴，了解是否有家长曾有过高唱国歌的经历；接着邀请相关家长在主题班会现场或通过视频，分享具体情境和背后的情感；在课后拓展中，家庭共看国家宝藏第二季张若昀重现聂耳传奇一生或电影《国歌》，并开展观片分享，微信群交流感受；还邀请家长共同参观爱国主义主题馆"国歌馆"，在参观过程中，请家长中的党员先锋代表作参观讲解和长辈寄语。

不同具体情境的创设和家长们的参与，让这堂红色主题班会在理性思考、感性分享和具体实践三个维度上，更加真实、充实，富有情境感染力。爱国是需要被感动的，是在具体情境的浸润中增强对国家的自豪感、归属感、责任感。家班共育让爱国情怀在两代人心中流动，得以传承和继写！

家班共育理念下的爱国主义主题班会，积极响应了《新时代爱国主义教育实施纲要》和《上海市家庭教育指导纲要》精神。实践证明，在高中阶段非常有必要以小见大，整合资源开展爱国主义主题班会，夯实新时代学生们心中的爱国情怀，加强他们的责任感和使命感。通过创设具体情境，爱国主义主题教育具体化、贴近学生感受，引起学生的共鸣；通过家班共育，爱国主义主题教育更真实和丰富，教育效果更显著并得到固化。家班共育理念下的爱国主义主题班会在具体实施时，需要班主任不断学习，认真研读和准确把握相关政策和文件；需要班主任打破原有工作习惯和边界，主动构建互动、互助的家班关系。

微探究：家班共育爱国主义精神的新途径

上海市复旦中学　高　欣

微探究是一种教学策略和学习方式，本文所指的微探究，是指选择切入点小的微任务，以微探究为载体，思考如何将育人的宏大叙事转变为微观叙事，以探索研究的方式达到最优的育人方式。以"微探究"为载体，开展家班共育爱国主义精神活动，更有利于爱国主义教育落细落小落实，突破爱国主义教育时空的局限性，通过家庭参与形成合力。

一、家班共设计

宣传指导、引领方向。与家庭教育相比，学校教育更系统、更具规划性，在每个时间节点都会有相关的教育内容和任务。因此，笔者为落实"充分发挥学校在家庭教育中的重要作用"的要求，在班级家长会、家长学校中明确学期爱国主义教育的内容要求，并进行相关的内容培训。

共商共议，确定话题。"话题"是探究的起点。精选探究内容、提炼探究问题，以问题串联情境探究，确认育人目标渗透于探究活动中，透过现象抓本质，探出爱国主义事件背后的深远意义。笔者与班级家委会共同商议，通过文献学习和影像资料的检索，提炼核心问题，串起党史故事，结合理论文献，指引学生在铭记历史中传承红色基因、感悟爱国主义精神。微探究正是以问题为导向，学生已有的认知水平和情感态度为基础的育人探究活动。

二、家班共行动

课堂与"客厅"同步进行。中学生不喜说教方式，更喜思辨互动。在微探究中培育思辨思维和爱国主义情怀，引导学生主动探究，传递给学生更多探究问题的方法和理性爱国的情怀。思辨探究活动中，班主任根据班级学情、家长反馈设计探究活动，供学生共同研讨，学生在一个个微问题的解决中探讨一个个微思辨、得出一个个微观点，从而激发学生的探究热情和情感共鸣，在情境探究、问题思辨中触发高层次思维。

在课堂中，班主任创设讨论平台，促使学生在思考讨论、辨析理解中逐步提升情感认识，通过自主探究掌握社会事件的本质，引导学生站在更高的角度思考更多有价值的问题。信息多元化带来的价值观念和思想碰撞，对处在价值观念形成关键阶段的中学生具有较大影响，会使中学生对国家的政治认同，对个人奋斗目标的价值认同产生不同效应。例如对"爱国≠唯我独尊""爱国≠民族主义""爱国就是爱自己的国，他国与我无关？"，以及对别有用心的叛国行为、集体无意识的"伪爱国"行为等非理性爱国行为的探讨思辨，更有利于激发学生深层次感悟，理解在法制和规范内理性表达爱国情感是政治社会文明进步的重要体现，爱国更应"美美与共"，将知识传授型转变为多元层次的育人过程。

当学生看到电视中手摇"蒲扇"很好奇时，家长从过去的纳凉讲到现在的消暑，从过去的"汤婆子"讲到地暖，也是一次对改革开放史的讲解；春节临近，当学生不理解家长对"春晚"的期待时，家长讲述过去的电视节目、精神生活的匮乏，这无疑又是一次生动的对文化发展史的讲述……这种自然而然的家庭教育方式更符合家庭教育的特点和实际，更具有实效性。

线下线上相互补充。学生社会实践受国内外疫情影响有所限制，以微探究的班级微化形式就显得更加必要和迫切。笔者线下线上多种方式，充分调动起每位家长的参与热情，共同营造积极向上、具有爱国情怀的班集体。

一是组建宣传小组，挖掘红色天地。抓住班级文化彰显平台，在班级宣传板报栏目分组分工，按学生兴趣特点和"四史"历史跨度成立多支宣传小组，在家长的参与下绘制红色地图、篆刻红色印章、摆放各组为祖国母亲制作的蛋糕等形式，提高家庭教育的参与度，直观彰显着班级红色文化。二是流动班级日志，留下情感痕迹。对中学生而言，爱国不是轰轰烈烈，更是日常的细水长流，充分挖掘学生的自我教育意识。以班歌、班服、班级口号等班级文化特色，构建一套"四维象限"的班级公约，以课程学习、住宿生活、品德素养和雅行规范四个维度促学生自主、自立、自强和自律。推行班级日志，每日传阅记录生活成长点滴，在书写绘画中抒发学生所思所感。班主任和家长及时掌握思想动态，优化微探究，提高育人成效。三是创设各类平台，碰撞爱国火花。通过邀请家长参与班会、集体活动等多维度向学生进行思想教育和爱国主义熏陶，推进每月系列微活动，如琴棋书画，在音乐中书写汉字，在古文中重温经典，在时政中提高觉悟，使学生多感官得到熏陶，达到文化的共鸣共情。四是精心设计系列家班共育的线上课堂活动。新冠肺炎疫情中，笔者的班级进行了以"新时代青年说"为主题的

"旗帜论坛"微演讲，学生与家长共同撰写讲稿，激发爱国热情，在"疫"境中成长提升爱国奋斗的使命感，展现新时代中学生的责任与担当。以新媒体方式打造爱国主义教育的传播高地，及时反馈学生情况和思想动态，形成常态反馈互动机制，有效地改变家班共育爱国主义的真空状态。厘清家长、班级、教师、社会等不同教育因子的边界，在理念引领和机制保障下，形成持久的教育合力，实现学生、家长和班主任间的和谐"共振"，构建出新时代背景下家班共同体新路径。

三、家班共成长

微探究找到了家班共育的有效载体。爱国主义教育需要通过各种途径来帮助学生了解祖国的过去、现在和未来。以微探究架构起家长参与的有效载体，在以小见大、寓理于情中深层次提升家班合作，家长不再是单纯地听命和服务学校，充分发挥了他们的主体性、主动性。利用各种渠道进行广泛宣传，借助微媒介，以"微表达"加强对爱国主义精神内容的宣传和推送，扩大爱国主义教育的辐射面，充分发挥"微媒体"技术在中学生爱国奋斗精神培育中的作用，让家长意识到家庭教育的重要性，承担起主体责任，增强爱国主义教育的内生动力。

微探究提升了家庭教育的有效性。爱国主义教育是情、行、知三者之间互相协调发展的过程。中学生正处于道德发展的可塑和模仿阶段，家长的示范会影响学生的表现和行为，对学生的道德认知和爱国情感会产生潜移默化的影响。"行"是爱国主义品质形成的标志，需要加强在家庭教育中落地。在学校开展的聚焦"上海相册：70年70个瞬间"活动中，笔者要求在家庭中营造追寻红色记忆，缅怀革命先烈的红色氛围，享受上海高速发展的同时追寻红色记忆。

微探究使亲子关系更融洽。微探究能搭建起高中生与家长之间的沟通桥梁，不仅是活动参与，更能提高学生和家长的思维参与、情感参与、价值判断参与度，使彼此在掌握教育内容的同时获得体验感悟，提升学生探究思辨能力，增强育人效果。

"双线共融"模式在劳动教育中的实践研究

上海市嘉定区安亭高级中学 刘晓雯

新冠肺炎疫情期间,学生居家学习、生活,在时间管理、生活自理、游戏自控等方面暴露出许多问题。然而,这些问题并没有因为复学而消失。后疫情时代,如果能持续进行"线上+线下"的教育活动,是否会产生更大的效益?如何让"线上+线下"活动不仅是简单的加法,而是乘法?如何在新模式中挖掘学生新的生长点,更有益于他们的长远发展?我对后疫情时代班级建设有了新思考。

"双线共生"新体系,可以应用到班级建设和管理上。班主任应该利用好线上资源,深入挖掘各类软件的功能加强对学生的劳动教育。以"钉钉"为例,在线填表功能,能够帮助教师了解学生的劳动观念;在线课堂功能,可以让家长一同参与到劳动教育主题班会课中;打卡功能,可以有效帮助学生养成劳动习惯;班级圈功能,为学生的劳动成果提供了展示、交流、评价的平台等。因此后疫情时代下"双线共融"的育人模式,在劳动教育中应该是可行的。

但"双线教育"绝不是"线上+线下"的简单加法。线上教学时期,大多数情况是"先线下,再线上"或"先线上,再线下"。后新冠疫情时代的"双线共融"应当具有更明显的"共时性",即不仅要"共存",更要"共融"。线上活动和线下教育互为影响,交错共生。每一方的改变,都将牵动、影响另一方,也会带来另一线的成长和发展。这就需要班主任精心设计各种活动,做到双线交叉,引发互动,促进线上与线下的融合,让我们的学校教育和家庭教育能够互进、互融。

一、实践应用

疫情期间线下教育转为线上教育,各种软件相继诞生,"钉钉"也展现了它的优势。在后疫情时代,我们应该继续用好这些功能,让"钉钉"成为劳动教育的帮手。以下是"双线共融"模式在劳动教育中的应用。

"双线共融"找到劳动教育靶向问题。"钉钉"有一个强大的智能填表功能,在疫情期间帮助班主任收集各种信息,不仅如此,它还能够完成简单的问卷调

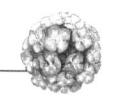

查，只需把问题输入进去，给学生相应的选项，学生填写之后便会形成相应的数据图，易操作。结合线上问卷，线下同时进行个别访谈，初步了解学生在家的劳动情况。为了弄清楚学生们在择业观、劳动观方面的真实想法，我对AT高中高一（1）班全体学生家长开展了"钉钉"在线问卷调查，发现有一半的家长表示，学生平时很少做家务，并且有个别家长表示学生只要学习好，别的都不需要干。由于受到家长观念的影响，学生们的择业观和劳动观也表现得比较功利。通过开展线上调查，及线下访谈，我们找到学生对普通劳动岗位缺乏职业认同感，并有轻视普通劳动岗位的靶向问题，这让线下的劳动教育目标更明晰，也为之后的工作指明了方向，为此，我们开展了"劳动依旧光荣"主题班会课，将线上调查融入线下的班会课，帮助学生树立正确的劳动观念。

"双线共融"树立正确劳动观念。根据在线填表以及线下访谈的结果，针对学生普遍存在的劳动观念问题，我们召开了主题班会"劳动依旧光荣"，教学目标是：学生体验简单的劳动过程，增强学生的劳动意识；让学生深入分析劳动的价值，树立正确的劳动观念；通过发现疫情期间典型的劳动者，学生感受到了劳动的价值，树立职业规划意识，形成终身劳动观。通过"钉钉"网络直播，家长也能在线观看我们的劳动教育主题班会。班会课的辐射面也变广了，打破了空间的局限性，如果没有时间看直播的，也可以回看。家长能够直观地看到孩子在课堂上的表现，大幅度提高家校协同开展劳动教育的效果。学生知道家长与自己一同参与其中，对学生也有积极的影响。

"双线共融"强化日常劳动行为。"钉钉"打卡功能可根据班主任的需求，发布不同的打卡任务，如：每日叠被子、每日早餐、每日运动等，让线上任务转换为线下行为，在家长的指导和帮助下，有效改善学生缺乏时间规划的问题，帮助学生养成良好的家务劳动习惯，懂得尊重他人劳动成果。有的家长向我反馈，孩子每天从起床到睡觉被子从来不叠，更别说做家务了，除了学习以外其他事情都不管。2021年受疫情影响，高一新生的军训都是在学校内进行，没有了内务的检查。因此，为了让孩子们巩固劳动习惯，我结合高一新生军训内务要求，发布了每日叠被子打卡任务，家长反馈起初都不太能够叠好，但在爸爸妈妈，甚至爷爷奶奶的指导下，经过一周的打卡，孩子们不仅每天都能把被子叠好，房间也变得更整洁了。用好"钉钉"打卡功能，让孩子们的劳动行为常态化。从线上发布的打卡任务作为驱动，家长和学生根据打卡任务，在家完成线下的劳动任务，符合"双线共融"模式的共存、共时、共融的特性，能够有效强化学生的劳动行为，进而逐步养成劳动习惯。

"双线共融"同绘职业蓝图。定期在"钉钉"班级群内分享各类劳模事迹以及生涯规划案例，结合"钉钉"家校本中发布职业规划任务，让学生进行职业规划梳理。从选择加三科目到大学的专业填报，最终以思维导图的形式上传到家校本，根据所选择的专业，找到需要具备的劳动素养。这么做不仅让学生知道未来想做什么，更让学生知道现在需要做些什么，同时有利于班主任了解每一个学生的生涯规划情况，有助于开展线下的个性化辅导。

"双线共融"展示家校劳动成果。在"钉钉"中有一个班级圈功能，班主任们可以根据自己的需求创建不同的话题，家长和学生根据话题，可以晒照片或视频，同伴之间也可以相互点赞和评论，通过这个功能可以让学生展示居家劳动的成果，拉近同伴之间的距离，从而主动参与班级劳动，让班级更有温度，学生更有归属感。不仅如此，班主任也可以定期在班级圈内晒学生在校的情况，如年级组篮球赛、教育心得、军训风采、艺术实践活动等。让家长们第一时间了解孩子在学校的情况，亲子之间能多一点话题。"钉钉"班级圈功能，不仅能为学生提供展示劳动成果的平台，老师也可以晒学生在校的劳动情况，家校之间保持信息的畅通，"双线共融"营造良好的劳动育人氛围。

二、成效与反思

通过一学期的"双线共融"育人模式的实践，学生和家长们都能够积极参与活动。家长反馈，比起刚复学，孩子正在悄悄发生改变，如劳动意识逐渐增强，劳动技能明显提升；尊重他人劳动成果，亲子关系更为融洽。另外，学生主动参与班级建设，形成岗位担当意识；逐渐树立起职业规划观念，为将来成为一名光荣的劳动者而更加努力学习。

后新冠肺炎疫情时代提醒着班主任们，唯有变才是不变的真理，作为德育工作者，要将线下育人和线上育人有机融合，追求共存、共时、共融的新境界，让学生全方位感受劳动的价值，明确劳动是创作美好生活的基础。

家班共育下的"小喇叭"团队

上海市张堰中学 张 欢

为了把爱国主义教育落实到位，笔者创建了家班共育模式下的"小喇叭"团队。"小喇叭"的创建，避免了走形式、低效、无法具象化等问题，创新了爱国主义教育的形式，发挥了家长的育人作用，增强了亲子关系，从爱家到爱国，增强了爱国主义教育的效果。

一、"小喇叭"团队的创建实施方案

（一）"小喇叭"团队的主要功能

"小喇叭"主要功能是宣传红色精神，培养爱国主义情怀。"小喇叭"团队由教师、学生以及家长共同组成和管理，主要负责收集红色素材，以小报为载体，宣讲红色素材，从而达到培养学生爱国主义情怀的目的。"小喇叭"团队的主体为学生和家长，与仅仅以学生为主体的团队相比，家长的参与可以让宣讲这种传统的形式加入新鲜血液，学生通过和家长的沟通交流，可以让学生从侧面真实地体会到曾经的苦难，感受到国家的发展带来的福利，家长的指导可以帮助学生更加深入理解自己所宣讲的红色素材，使得爱国主义情怀能够真正深入学生内心。

（二）"小喇叭"团队的组成

"小喇叭"团队主要分为指导组、评委组、制作组、技术组以及宣传组。指导组由班主任担任组长，2位教师以及2位家长负责组织协调以及指导管理。评委组由5位常任学生评委（其中一位学生担任组长）、1位非常任家长、1位教师评委组成，对宣讲学生制作的小报、宣讲的效果进行评分，筛选优秀的作品。制作组由固定的学生担任组长，以及流动成员（轮到宣讲的学生和家长）组成，组长负责协调通知并加以适当协调以确保"小喇叭"宣讲活动得以顺利进行，流动成员负责收集红色素材，制作小报，并进行宣讲。技术组由有艺术类和技术类特长的学生和家长担任（其中一位学生担任组长），帮忙制作组美化电子小报，为宣传组提供技术支持。宣传组由2位学生和1位家长担任（其中一位学生担任组

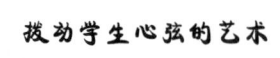

长），负责对优秀的作品进行宣传，扩大"小喇叭"团队的影响力和辐射范围，提升爱国主义情怀的培养效果。

（三）"小喇叭"团队的功能

首先，团队核心成员的组建。班主任牵头，招募家长及教师组建指导组，明确"小喇叭"团队实施细则，同时根据能力以自荐为主，教师推荐为辅，竞选各个小组的组长。各个小组的组长根据班级学生的能力，完成各个小组学生成员的组建，同时班主任牵头，以自愿原则完成家长成员的组建。

各个小组的组建之后，指导组以一个礼拜两人次的原则分配好每一个班级成员宣讲的时间，给予班级成员足够的准备时间，同时指导和帮助制作组流动成员在收集、制作以及宣讲过程所面对的问题。制作组流动成员在明确自己的宣讲时间后，和家长一起在规定时间之前完成收集、制作以及准备宣讲材料的工作。评委组确定每个礼拜宣讲的时间，对本周两位同学的宣讲材料进行打分，筛选优秀作品。宣传组对评委组所筛选出来的作品进行编辑，进行线上线下的宣传。技术组为宣传组提供技术支持。

（四）"小喇叭"团队的工作

"小喇叭"团队的工作就是宣讲红色素材，红色素材可以是诵读红色家书、讲述革命先辈们的可歌可泣的爱国故事、分享最近体现中国国际地位的新闻、体现中国进步的大事件等，任何有爱国主义教育意义的材料，都可以是宣讲的对象。但"小喇叭"团队不仅仅是红色素材的复述者，而且要求学生在宣讲的过程中，分享自己对红色素材的真实感悟。为了能够扩大"小喇叭"团队的影响力，提升爱国主义教育的辐射范围，需要学生将红色素材和自己的真情实感制作成纸质或者电子小报。在宣讲完成后，将小报粘贴在班级的"红墙"上，在"红墙"上展示近4周的时间。

宣传组负责将每周宣讲的材料制作成电子宣传材料，在班级的电子板牌上展示成果，扩大"小喇叭"团队的影响力，提升辐射范围，同时也可以让学生有自豪感，能够更认真地对待宣讲任务，激发学生热情，引发学生对红色素材的认真思考，由传统的被动接收到主动内化。宣传组还可以将成果发在朋友圈，让学生和家长进行转发。在每一个学期期末，将所有成果汇总成册，发给学生和家长。

二、"小喇叭"团队的特色和成效

（一）学生的自主管理

"小喇叭"团队是在班主任牵头下，主要以自愿原则组建各个小组，团队的

管理由学生负责，班主任负责和家长的联系沟通，以及在学生管理出现问题后，给予一定的帮助。这样的管理模式，不仅可以锻炼学生的管理能力，也可以避免传统的说教式爱国主义教育，更能引起学生的兴趣，将被动学习转为主动学习。

（二）家班共育

"小喇叭"团队的主要工作是宣讲红色素材，这种形式的爱国主义教育很容易走上形式化的道路，学生会把宣讲当成是任务，完成即可，无法体现真感情，爱国主义教育也会浮于表面，无法走入学生的内心。

为了让"小喇叭"团队不走向形式主义，家长的加入就显得尤为重要。

家长的加入可以让红色素材多样化。学生宣讲的红色素材是非常重要的，虽然是高中生了，但是孩子的眼界和认知毕竟是有限的，所收集的红色素材类型可能会比较单一、重复。单一类型的红色素材的宣讲，会让倾听的学生产生疲倦感，达不到教育的真正目的。家长可以根据自己的经历和认知，为学生提供很多本地的红色素材，比如：参加抗美援朝、抗美援越的老兵真实的故事，金山区的解放史，金山区共产党员的故事等。这样的红色素材是学校里学不到的，是真真切切发生在自己身边的，更容易引起学生的兴趣。

家长的加入可以让学生的感悟更加深刻。现在学生生活普遍安逸，没有吃过时代的苦，虽然也看到祖国的繁荣强盛，但是感受却不深。尤其是现在媒体异常发达，容易受到不良思想的蛊惑，产生崇洋媚外等不良想法。在和家长对红色素材的讨论过程中，了解红色素材的背景，借家长之口，可以让学生了解以前中国的苦，以及现在美好生活的来之不易，通过对比，让学生真切地感受到中国共产党的伟大，更容易引出学生内心的真实情感，将爱国主义内化为自身深层次的需求。同时家长和孩子共同制作小报，也可以培养亲子感情，爱国的基础是爱家，在华夏儿女的信念中，"国"与"家"是密不可分的。爱国如爱家，爱国胜于爱家。如果连家都不爱，又谈何爱国呢？

（三）"小喇叭"团队的成效

爱国主义是很难量化的，但是可以通过很多侧面体现出"小喇叭"团队的成效。

1. 学生的演讲水平提升了，更敢于在大众面前表达自己。

2. 学生对于材料的分析能力提高了，能从不同的角度去分析材料，也有自己的真实情感。

3. 学生的叛逆现象有所减少，更愿意和家长进行沟通交流，也更愿意为家庭做自己力所能及的事情。

精准扶贫背景下家班共育爱国主义精神

上海市材料工程学校 俞 峰

根据《教育部办公厅关于印发〈职业教育东西协作行动计划滇西实施方案（2017—2020年）〉的通知》，本市中等职业学校对云南省丽江市、保山市、楚雄彝族自治州、西双版纳傣族自治州建档立卡"两后生"（未升学的应往届初、高中毕业生），实施对口单独培养和分段培养兜底式招生工作。

2017年至2020年，学校共招收滇西学生近200人。笔者借助爱国主义教育契机，以2020材料2班为试点，搭建家班育人云平台，开展"热爱祖国 心系家乡"为主题的系列活动，激发学生技能强国、回乡反哺的意识。

一、学情分析

云南学生刚到上海后普遍存在文化基础薄弱、生活差异大等问题，如何让他们尽快适应环境、激发专业学习兴趣、树立返乡报国的志愿是班主任亟须解决的问题。笔者发现云南学生主要存在以下几方面问题：

（一）对来沪求学机遇认识不足，对扶贫政策感知浅显

滇西学生普遍存在性格内敛、学习基础薄弱的问题，加上因为自己是云南扶贫特困学生的原因，内心些许自卑感。背井离乡来到上海求学后，父母亲人无法每天都陪伴在身旁，当遇到学习与生活上的相关问题后，班主任往往无法第一时间与家长进行面对面的交流和心与心的沟通。学生到校之后感受到的是生活上的不适与环境的陌生，他们并未认为来沪学习是自我成长发展的机遇，在与上海学生相处上，存在语言沟通不畅、生活方式不能适应等问题；对身为国家教育帮扶政策受益者的认知不强，对国家、学校等相关人员的感激之情相对较弱，积极主动求学的精神相对缺乏。

（二）对在沪所学专业认同不强、技能强国意识匮乏

国家2015年提出了精准扶贫政策后，一大批怀揣着梦想的孩子有机会走出大山来到一线发达城市求学就业。在我校招收的建筑与工程材料专业的云南学生中，绝大多数学生对行业认知片面，对于建筑与工程材料专业更是知之甚少。

很少有同学在选择这个专业前了解该专业，更谈不上热爱。学生片面地认为建筑工人就是建筑工地上的民工，建筑业存在工作环境恶劣、劳动者文化素养较低、未来发展制约性较大等负面评价，建筑业基础性操作工人被歧视，无法得到别人的尊重与自我价值的实现。

（三）对离沪未来规划认知不清、回乡反哺观念淡漠

来沪学生求学三年之后，留沪发展的人相对较少，多数学生存在仅是寄留三年的应付心态，认为三年之后仍要返乡，与家乡的留守同龄人并无差别，回到家乡后依然无法实现自己的抱负，甚至有的学生在中途回乡之后就选择自我放弃。并且在对比沪滇差距之后，内心更多的是无力与无奈，认为自己能够改变人生可能性是极其渺茫的，缺乏回乡建设的信心，对于未来发展较为迷茫，同时对自己能够创设的社会价值也缺乏足够的信心。

二、教育策略

笔者根据初步掌握的情况，从学生实际出发，开展精准扶贫背景下家班共育爱国主义的探索与实践，尝试以下策略，对这些学生进行爱国主义教育。

（一）同心同向，加深政策认识，激发学生感恩爱国之情

为了加深学生对于扶贫政策的认识并激发他们的感恩爱国之情，笔者邀请家长在云端讲述"这些年家乡的变化"，从最直观的家乡变化解读扶贫政策，传播精准扶贫好声音，让学生全面了解国家、学校资助政策的同时，知恩感恩，立志励学。

每周一次的云端连线，是滇西学生和家长们最为期盼的活动，在架起家校互通的同时，促进了家校互动。在云端，家长讲述家乡的变化，学生分享学习收获，家长讲述滇西学生来沪求学相关甄别政策，所有来自云南大山的孩子，都是通过前期群众评议、入户调查、公示公告、抽查检验、信息录入等重重程序后才有机会到上海求学，每一位能到大城市接受教育的孩子都是幸运儿；学生们聆听父母的殷切希望和嘱托，立志在上海学有所成，有朝一日将所学的知识和本领带回家乡，将自己的家乡建设得更美更富饶，以此激发学生感恩国家的扶贫政策之心，和学习热情。

（二）家校互通，提升专业认同，树立学生技能报国之志

2021年是我校参与沪滇职教联盟教育扶贫的第四个年头，首批2017届建筑材料专业毕业生目前已全部踏上社会，进入对口的企业，开启了他们的职业生涯。以此为契机，每月一次的云南优秀毕业生空中宣讲会，是专为滇西学生准备

的"大手牵小手"活动,每一次连线邀请家长一起参与,由优秀毕业生为学弟学妹们讲述他们在沪求学、求职历程。小彭同学最初学习建筑业并不是他的本意,对这个专业没什么好印象,但是彭爸爸就是一名水泥工人,他希望小彭能在上海学到更好更前沿的专业知识和技能。在校学习期间,他鼓励儿子参加全国职业院校建材类专业学生技能大赛,鼓励儿子不畏困难、迎难而上。经过指导教师与家长共同耐心的辅导和小彭同学认真努力的训练,他最终荣获了全国建材类职业院校水泥物理性能检测项目比赛三等奖,如今小彭同学已回到楚雄成了云南永仁建筑建材有限责任公司检测部专业骨干。通过优秀毕业生鲜活的求学实例,同学们感受到沪滇精准扶贫政策给予云南大山里的孩子享受上海优质教育资源、求学就业的珍贵机会,激发学好科学文化知识、练好专业技能的信心和决心。

(三)沪滇共育,明晰自我规划,强化学生返乡建设之心

滇西学生来沪接受教育的目的是为了帮助家乡摆脱贫困,而不是摆脱贫困的家乡。为了让滇西学生们种好一棵棵"职业理想树",笔者组织全班开展了一次云南毕业生就业跟踪调研活动,调研数据显示2017届云南毕业生,现留在上海进入企业工作的学生12名,回到云南老家的学生11名,通过在上海学习专业文化知识所打下的基础和自己的刻苦钻研与努力考入高等学府建筑类专业继续深造的学生1人,3位学生回到家乡后,凭借中职毕业文凭以及在上海学习过程中所得到的建筑类职业技能证书,都顺利进入云南当地的建筑类企业,有的同学甚至成了家中唯一非依靠务农而获取经济来源的"第一人"。巧合的是在调研过程中发现,这三名学生中有两位居然和自己的父亲同在一家建筑企业。因此笔者组建了"建筑人家长讲师团",邀请这两对父子参与线上云互通,通过"建筑人家长讲堂"为还在上海学习的云南学生讲述了他们一起工作的经历。"讲师"们通过讲述他们自己的职业故事,分享他们对于工作和生活的感悟,给予学生以心灵的滋养。

通过讲述"这些年家乡的变化"中一幅幅美丽画卷,笔者发动学生制作了一张张教育扶贫政策宣传海报,从中看到了他们对精准扶贫深入人心的理解,也表达了对祖国深深的热爱与感恩之情。聆听了线上学长学姐们所分享的异地求学励志故事后,在线下通过班会课上的"我与建筑专业的美丽邂逅"演讲会,感受到同学们对专业有了深刻的认识与归属感。通过云南毕业生跟踪调查数据分析,以及一个个励志的求职故事,看到教室背后张贴的那一张张滇西学生未来中国梦的人生规划,笔者有了民族团结、共同富裕、祖国强大的深刻感触。

家班共育背景下开展专业志愿服务的路径探析

上海商业会计学校　罗孟君

笔者担任中职学校会计专业中专班班主任,发现班级学生专业认同感较低,是影响学生参与专业志愿活动的主要因素;同时,家长对专业志愿服务的不认同,直接影响了学生的活动参与度。如何解决这个瓶颈问题?笔者基于劳动教育在培养专业核心素养中的重要作用,结合本校劳动教育现状,围绕选题开展了实践探索。

基于学生认知水平的发展状况,笔者将劳动教育分为三个阶段,即第一阶段(萌芽期),主题词是"认知",通过问卷调查"认知"学生和家长对待志愿服务活动的态度,进而设计主题班会活动;家长和学生通过班会和家长会重新"认知"志愿者服务。第二阶段(发展期),主题词为"感悟",班主任搭建志愿服务平台,家长作为"后勤保障军",共同助力学生走进辅读学校亲身感受志愿者服务,收获成长。第三阶段(成熟期)主题词为"践行",班主任、学生、家长感悟志愿服务成果,共同持续推进系列志愿服务活动。

表1　家班共育背景下开展专业志愿服务设计思路

发展阶段	主题词	教师行为	家庭行为	学生成长
萌芽期	认知	组织"先遣队"重构学生的认知	在老师指导下深化认知	在"家—班"合力下深化认知
发展期	感悟	搭建志愿服务平台	后勤保障	亲身体验,深切感悟
成熟期	践行	引导积极参与、主动参与	积极引导、全力支持	主动参与、积极参与

在决定志愿服务活动具体实施场景时,笔者选择了上海市浦东新区辅读学校作为志愿服务活动开展地。该校是一所对智力残疾儿童青少年实施九年义务教育与康复训练以及初级职业技术培训的特殊教育学校,且与我校共建党团实践活动基地,这既有利于教师设计、把控志愿服务活动流程,也有利于激发学生

参与志愿服务活动的热情。

一、萌芽期

组织"家班志愿服务先遣队"营造氛围。笔者在有意愿参加志愿服务的同学中，挑选了5位学生及2位家长，组成"先遣小分队"，与学校的学生代表志愿队前往辅读学校参加志愿者服务活动。为后续"小部分"带动"大部分"打下基础。

及时反馈服务成果调起学生的积极性。"先遣小分队"的"凯旋"带回了丰硕的志愿服务成果。笔者组织了一场主题为"以志愿为名，寻劳动之美"的班会，请学生分享活动收获及感受。

该阶段中，班主任前期负责收集、研究调研数据及资料；后期负责利用班会课搭建家班交流平台，让家长感受到学生参与活动的收获和热情。"先遣小分队"中的家长负责总结感悟收获，并动员其他家长积极加入。学生负责制定志愿者服务活动的具体项目细节。最后，班主任、学生、家长三方面形成合力，为接下来全班走进辅读学校奠定了良好的基础。

二、发展期

家班携手共同走进辅读学校。以志愿者服务为主要内容的劳动教育，离不开学生及家长的支持。在精心策划准备后，全班同学走进辅读学校，用专业知识帮助该校学生认识货币、算盘等，在志愿者服务中施展专业技能。同时，通过参观辅读学校咖啡吧创业项目，感受辅读学生们自强不息、积极进取的劳动精神，体会劳动的价值和意义。

表2 专业志愿服务总体安排表

服务主题	服务目标	服务内容	服务形式
成员初相识	初步建立情感纽带，培养学生沟通能力	班级学生与辅读学校学生一对一结伴，相互认识，加深学生与辅读学校孩子的了解	自我介绍、分享交流
加深熟悉度	促进学生角色转变，增强责任意识，锻炼耐心、细致的品质和沟通能力	班级学生教辅读学校孩子认识货币、算盘等，将所学专业知识运用到实际生活中	分组教学、分项辅导
能力培训及比拼	激发班级学生投入活动的积极性，提升活动过程带来的成就感，增强自主行动力的效能感	与辅读学校孩子一起组成战队团，同学之间互相比拼学习成果，互相提高	合作提升、共同完成任务

（续表）

服务主题	服务目标	服务内容	服务形式
走进银行	培养学生沟通、理解能力、责任意识和细致、耐心的品质	两校学生走进中国工商银行网点，我校学生带领自己的小伙伴学会如何在银行里取号、排队、如何在工作人员的帮助下办理业务	手拉手，一对一负责制
总结	养成团队合作意识及责任意识	分组讨论参与活动后，自己对专业的认知，讨论志愿服务的价值与意义	发言、讨论

家委会全方位参与共同推进。志愿服务策划书由班委和家委会代表精心制定，家委会还提供了诸如药品、饮用水、指示牌等保障物资。活动充分发挥学生的主体性，也提升了班级学生整体自主运作能力。学生通过志愿活动，感受到了劳动的快乐和意义，提升了对专业的认知，为培养专业核心素养打下基础。同时，活动的成功开展也鼓励了学生和家长策划、参与更多样，更大范围的志愿服务，形成联动效应和持续效应。

开展系列主题活动引导全面成长。志愿服务积极性需要激励和保护，因此，笔者通过优化志愿者的激励机制，进一步巩固此次活动的成果，激发学生附属内驱力。笔者举办了"我的志愿服务小故事"主题征文活动，向学生和家长征文，并选取优秀作品，在家校平台上共享，鼓励学生向我校公众号投稿。另外，在班干部的组织下，学生还自发地在班级设置了志愿服务温馨角，将此次活动的相关照片挂在班级内。

在此阶段，班主任提供平台，助力学生志愿服务，并在活动结束后开展"征文"等主题活动；学生亲身参与志愿者服务活动，并通过征文等形式分享自己的活动体验；家长为此次活动提供后勤保障，三方一起，巩固活动成果。

三、成熟期

前期的志愿者服务活动虽已结束，但是班级学生的志愿者之旅才刚刚开始，学生不仅延续了志愿服务精神，而且以更饱满的态度投入新学期的专业课学习中。整个班级的风气也更为积极向上。班级组成一支志愿服务小队，队长由班干部担任，小队不仅定期走进辅读学校，还接待了回访我校的辅读孩子，带着辅读孩子参观校园珠算文化基地、职教源等。在"职业体验日""职教周""百团大

战"等社会实践活动中,都能看到这支班级志愿小分队成员的身影。由于工作出色,小分队队长后期担任了社会实践部部长。

专业志愿服务取得了预期的成效:有效提升了学生和家长的专业认同度;推动了学生的专业学习兴趣;优化了班级文化和氛围;激发了家长参与学校教育的主动性。将一次志愿者服务活动延伸为一个系列,并与家长合力,形成一种劳动文化,不仅为学生提供了劳动实践的具体途径,也提升了学生对于劳动价值的认识,对于劳动的正向态度,以及对劳动者、劳动过程、劳动成果的尊重,更有利于培养学生奉献、友爱、互助、进步的核心素养和品质,从而实现自身的全面发展,完成培育社会主义建设者和接班人的时代目标。

心服务　新未来

上海市信息管理学校　陈国娟

2020年3月，教育部发布《关于全面加强新时代大中小学劳动教育的意见》，其中涉及家庭在劳动教育中的地位以及劳动教育的重要意义。经过调研发现，我校航空地面服务专业的教育效果也有待提高。试问，家班共育"双管齐下"教育模式能否帮助我们解决一些问题与困惑？

一、航空服务专业的培养目标以及学生现状

我校LX校区以航空服务专业为主，其中航空地面服务中高职专业是培养熟悉国内国际旅客运输业务、熟练掌握国内国际旅客运输专业知识及操作技能、具备一定的民航旅客运输以及航空地面服务相关操作能力、能从事各航空公司以及机场集团等单位的航空地面服务工作的高素质技能型人才。航空地面服务是一项以人为本的职业，工作核心是"服务"，服务对象是旅客，旅客满意度是衡量服务人员工作优劣的重要标准。

培养目标很高，但是航空地面服务专业学生的现状却难以令人满意。主要表现为：

专业认知水平低，缺乏职业认同感。我校在针对2020级航空地面服务中高职新生进行"航空专业了解度问卷调研"的72份有效问卷中得出，52.78%的学生表示航空地面服务非首选专业，56.94%的学生非自主选择此专业。相当一部分学生表示，选择本专业的原因是中考分数低导致无法进入高中的无奈选择。由此可见，本专业生源对于成为一名航空地面服务人员的意愿并不强烈，对本专业的所学内容以及就业前景和方向缺乏了解，职业认同感相对较低。

自我中心意识强，欠缺服务精神。目前我校学生为00后，通过入学问卷调查和日常观察可知，学生的自我意识强，思维方式以及行为习惯常常以个人为中心。过于强烈的"以自我为中心"的意识有可能会导致学生将利己和利他对立起来，既不利于职业素养的形成，也不利于学生个人的成长与全面发展。也就是

说，学生缺乏基本的服务意识，这是目前面临的一个较为普遍的问题。

学生自我要求低，忽视服务质量。中职学校因受生源限制，录取的学生部分存在学习基础薄弱、学习习惯以及行为习惯有偏差的问题。在日常学习中，学生会出现学习兴趣不浓、自信心不强、自我低规范等现象，从而导致劳动与服务的观念淡漠，忽视服务质量的问题。

二、家班共育下"心服务"劳动教育的实施

以上问题会影响学生在校期间的专业学习效果以及职后日常服务的表现。因此，帮助学生意识到服务是本专业的核心，促进学生形成职业认同、树立服务意识、关注服务质量，从"心"出发，用"心"服务。探索校本化、有针对性的"心服务"劳动教育，以"初心""用心""细心""爱心""决心"为教育内容，帮助学生领悟并践行工作的核心精神——让旅客满意。从具体的实施方面来看，"心服务"不仅是班级日常教育需解决的问题，更需要家庭教育的配合与帮助，积极发挥家长与家庭的力量，通过构建双向互动、通力协作的家班共育模式，推动本专业学生"心服务"的劳动教育，促进学生从"心服务"中获得劳动意识的转变以及服务质量的提升。

"心服务"之本——"初心"。干一行爱一行是一个人对自己从事职业最基本的尊重，是培养"心服务"最基本的要求。让学生了解航空地面服务工作内容，形成职业认同，确立旅客满意标准，培养自身服务意识，是我们"初心"教育的体现。了解专业内容是实现职业认同的第一步，可以利用入学教育，让家长参与其中，与学生一起了解专业，让家长和学生对于航空地面服务专业形成初印象。接下来，建议家长利用课余时间和孩子共同观看航空题材的影视作品，充分帮助孩子了解航空地面服务的日常。我们还利用班会课，邀请同学家长（东航在职地面服务人员）分享工作中的点点滴滴，让学生直观地了解和认识到航空地面服务的工作内容。

"心服务"之基——"用心"。"用心"是"心服务"中最基础的部分，它体现在每一个航空地面服务专业的学生在学习工作中严谨的态度和对服务技能的反复打磨之中，以高度的责任心为旅客提供优质有效的服务。目前学生主要通过专业课的学习，初步掌握这些基本技能，然后借助实训操练、班级比拼、"星光"技能大赛等平台提升服务技能。在日常班级教育中，我们会从细节检查入手，帮助学生养成严谨细致、爱岗敬业的劳动态度。家长也应积极响应并同步学校的学习内容，通过肯定和鼓励孩子在服务技能上的点滴进步，给予其精神上的激

励，调动其学习与练习的积极性。

"心服务"之质——"细心"。"细心"是每个航空地面服务人员的基本素质。细心观察每位旅客，从他们的言谈举止中敏锐地察觉到不同旅客的困难和需求，及时提供周到、有针对性的服务，学会从被动服务变为主动服务，甚至提供一些"超常服务"。这需要服务人员的"细心"，在服务过程中观察、感悟客人的需求，从而提供恰到好处的服务。"细心"的培育不可能一蹴而就，需要在日常教育中逐步推进，除了在校期间的专业学习和技能训练，还需要家长在日常家庭教育中对孩子进行潜移默化的言传身教，让孩子养成细心观察的习惯，树立细心服务的意识。

"心服务"之核——"爱心"。"爱心"是一个人对待生活，对待周围事物的态度表现。航空地面服务人员应当具有同理心，学会站在旅客角度体会旅客心情，了解旅客需求，用真心微笑和贴心服务，让旅客感受到宾至如归的温暖；还要学会换位思考，"想旅客之所想，急旅客之所急"。家长是孩子的第一任老师，这一点在"爱心"教育上尤为明显。家长的积极倾听、换位思考等都会成为培养孩子"爱心"的积极影响。除此之外，我们在日常班级教育中借助专业心理课、主题班会、志愿者服务等方式落实"爱心"教育。每次志愿服务的经验交流，也可以促进学生找到问题并改进，为下一次更好地完成志愿服务提供支持。如此循环往复，学生在一次次的志愿者服务中，培养并践行了"爱心"。

"心服务"之久——"决心"。"决心"是一种坚定不移的意志，一种勇于承担的态度。航空地面服务人员应当在日常工作中认真对待并完成每一项工作，视服务为事业，旅客满意度为生命，持之以恒。面对重大疫情、灾害等危机时，他们也能坚守岗位，勇于承担，主动奉献。针对"决心"教育，我们利用校企合作资源进行进博会机场志愿者服务（机场顶岗实训）等活动，让学生在真实机场工作环境中感悟航空地面服务的本质。班主任、专业老师、带教老师的岗前培训，让学生可以从容面对工作内容；家长全方位的后勤保障，让学生可以全力以赴投入工作；学生、家长、班主任的及时交流沟通，让学生不再被坏情绪困扰。家班通力合作，让学生在沉浸式的职业体验中身临其境并感悟"决心"。

三、教育成效

"心服务"劳动教育以热爱劳动为基础，以辛勤劳动为根本，以诚实劳动为核心，以服务旅客为宗旨。通过家班共育的方式，学生从对航空地面服务专业知识一无所知到如数家珍，从对航空地面服务职业的不了解到认同并以准航空地

面服务人自居，从服务意识薄弱到以高服务质量为追求；家长从教育的旁观者变为教育的合伙人，以学习伙伴、学习榜样等方式全程参与到"心服务"教育中，和孩子共同成长一起进步，同时也拉近了亲子关系。家班全程合作的"心服务"教育，帮助学生学会了用心认知、用心体验和用心服务，让他们在志愿者服务、顶岗实习等活动中表现出"以人为本，倾心服务"的良好服务意识和水平，获得了用人单位和被服务者的肯定。

  作为航空地面服务专业的班主任，在做好学校专业劳动教育的基础上，我们也在不断寻求家庭教育的支持，进行家班共育，探索"心服务"劳动教育，在班级教育和家庭教育共同指导和支持下，从"心"出发，树立正确的服务意识，提高服务质量，在未来岗位上弘扬服务精神，促进自身"崇德"与"精技"双品质的形成。

"加减乘除",打造爱国主义教育"动力引擎"

上海市城市科技学校 姚雪锋

2020年9月,笔者新接了一个汽车整车与零配件营销专业的班级。基于同专业前三届学生的育人实践经验探索、以学生为主体地位的理念,对学情进行精准评估,结合专业人才培养方案,与全班同学通过讨论确定班级的建设方向为"小鲁班工坊"。鲁班具有敬业爱民诚心重义、坚韧不拔求真务实、科技创新不断进取等精神,在规划设计班级方案活动中,将爱国主义教育贯穿始终,并通过家班协同共育的模式,将爱国主义教育入心、化形。以所带班级为例,谈谈做法和思考。

一、亲子沙龙做"加法",增强核心"驱动力"

亲子沙龙是拉近父母与子女情感的有效方式,为了提升爱国主义教育效果,在家班共育的道路上,班主任发挥着极其重要的作用,班主任要积极组织并鼓励家长和学生开展各类亲子沙龙互动活动。

共读红色经典。家长会上,与家长一起研讨学习型家庭建设的方案,通过家长群推荐相关书籍、樊登读书会听书等形式,强调良好学习氛围及家风建设的重要性。在我的组织下,"小鲁班工坊"每学期开展一次"红色经典永流传"的诗歌朗诵会,有学生参加,有老师参与,有家长参加及观摩。通过红色经典阅读,"红色记忆"深入学生和家长心底。阅读活动开展后,家长们纷纷带领孩子前往图书馆、书店精心挑选经典著作。不定期地举行家长与学生齐参与的读书交流活动,积极鼓励同学之间互相换书,增加红色经典阅读量,提高书本的利用率,在学生的心里埋下爱国的种子。

同游红色基地。中国有许多红色教育基地,这些教育基地能够激发起学生的爱国情怀。疫情过后,家长带领孩子一起去红色教育基地,牢记历史,重温历史,帮助孩子树立爱国理想。在"小鲁班工坊"班级建设方案中,学校每学年组织一次亲子同游,红色基地里的历史图片、影像资料、文献史料、蜡像等,将深

深感染着每个人。

二、线上班会做"减法",减轻家长"负载力"

2020年初的新冠肺炎疫情在"云端"重塑了班会形态。作为班主任,在疫情期间,与学生一起在线上开展"云班会""云活动"等班级活动,凝聚了班集体,提升了同学们的爱国信念。

善用网络,广泛宣传。在疫情初期,通过微信推文等形式向家长及孩子广泛宣传如何进行自我防护等知识。疫情中期,我积极运用手机客户端、教学平台、学习网站等传播平台,向学生和家长推送爱国歌曲和爱国影片,让孩子及家长在空余时间演唱或者观看,并告知学生,在疫情期间,在家学习,也是爱国的一种方式。此外,疫情期间,同学们还下载了学习强国App,每天打卡学习时事,养成每晚看新闻联播的习惯,同时对最美逆行者、志愿者等抗疫一线英雄在网络上开展生动活泼的爱国主义教育学习。

线上班会,共谱华章。在疫情背景下,家长与孩子接触的时间比平时长,家长有时候会觉得孩子一直玩手机,很多家长看到孩子就会觉得他不学习,班主任通过各种活动,让孩子在家里"动"起来。在班内征集支援武汉的原创歌曲,组织学生和家长积极参与,经过动员和努力,从无人问津、慢慢回应到积极发声,到最后完成一支由我们班师生、家长共同参与制作,班级学生演唱的歌颂疫情中逆行者歌曲《风雨后的希望》,该歌曲在网易云音乐、QQ音乐上点击量很高。

三、家长讲坛做"乘法",形成整体"牵引力"

"小鲁班工坊"班级建设方案中,围绕"红色"主题,每学期开展一次"家长讲坛",建立家长讲坛申报表,选择具有纪念意义的特殊时间,抓住传统节日的重要契机,邀请家长走进班级,开展形式多样的纪念、庆祝活动,通过班级讲坛等活泼多样的形式展示出来,以榜样的力量激励学生、鼓舞学生,让学生近距离地接触生活、亲近生活,获得更多的课外知识,拓宽视野,养成良好的品德。本学期邀请了曾在档案馆工作的某学生爷爷给班级同学讲"四史",同学们聆听着爷爷讲上海的改革开放史,在周记里纷纷表示学到了很多。

四、微信推文做"除法",消除亲子"摩擦力"

创建班级微信公众号"小鲁班工坊"。建班之初,班级就开通了班级微信公众号——"小鲁班工坊",并成立公众号编辑团队,学生可发布学习成果;教师可

推送学习资源；家长可留言点赞转发，记录学生成长过程，展现班级建设风采，使学生、教师、家长成为班群的观察者、参与者、记录者，结成"生命成长共同体"，达成共同成长、共同进步目的。"小鲁班工坊"微信公众号推文除了月月有主题之外，还会展示班级的各项活动、重大节日等，让家长看到孩子的动态，一学期班级学生累计撰写推文34篇。

爱国主义教育系列推文。在爱国为主题的教育月中，家长们主动参与其中，从"我和国旗合个影"活动到"升旗仪式"，从"红五月歌会"到"一二·九文艺汇演"，从"亲子经典诵读"活动到"国防教育军训"活动，从参观"博物馆"到"曙光志愿者活动"等等，通过微信推文的形式，将活动转发家长群，并进行总结、宣传，达到入心、化行的目的。

家班共育爱国教育取得了显著的成效，学生时政参与度明显提升，入团积极性显著提高，爱国主义读物和歌曲的阅读率、传唱度大幅上升，"小鲁班工坊"的学生们更好地了解了国情民情，进一步强化了学生们的责任担当，形成了良好的世界观、价值观、人生观。

"三勤"促成长　共筑家校情

上海工商信息学校　辛　薇

当代中职生虽然历经了中招的失落，但依然渴望被关注被尊重，在发展的过程中，家庭教育的重要性日益凸显，家班共育开展的效果如何，成为中职校德育工作的重点和难点，而劳动教育以其独有的功效，成为家班共育的重要载体。作者通过"三勤精神"的渗透来开展班级劳动教育工作，并以"三勤精神"为核心共筑班级家长学校，指导帮助家长一起探究和解决孩子成长过程中的问题。

一、直面发展危机，重视劳动教育

勤劳向来是中华民族的美德，作为培养复合型人才和技能型人才的中职校更应该加强劳动教育，培养学生树立正确的劳动价值观，弘扬"劳动光荣、技能宝贵、创造伟大"的时代新风。

家庭，是落实劳动教育的主阵地，对学生劳动习惯的培养与劳动价值观的熏陶，不能仅靠学校，必须走家班共育之路。而学校，也是落实劳动教育的关键。教师探索行之有效的家庭劳动教育指导方式和策略，力求以青藤学校文化引领，共促家校价值融通，保持教育目标的一致性和时空的互补性，形成以学校劳动教育为主体、以家庭劳动教育为基础、以社会劳动教育为依托的教育格局，发挥教育的整体效应，实现家校同频共振，促进学生的劳动发展，培养具有工匠精神的一代青年。

二、建立家长学校，共谋发展规划

家长学校的责任是对家长作为学员的管理和服务，实现家长的家庭教育理念转变，提升家长的科学育儿能力，构筑"家校合一"的教育网络。在劳动教育方面，通过家长学校的运行，让学生理解大国工匠，践行工匠精神。

要如何让学生理解并践行工匠精神呢？需要一定的载体并且容易理解并执行。班主任根据多年的带班经验，从劳动教育中提炼出"三勤"精神，即勤思、

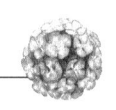

勤学和勤做，勤思——勤于思考，勇于创新；勤学——不断学习，与时俱进；勤做——勤于实践，精益求精。

"三勤"精神落实在班级建设规划中，同时也落实在家班共育的过程中，建立班级家长学校有助于更有针对性地开展家庭教育指导。多年来，在班级开展劳动教育过程中，形成了以学校教育为主体、以家庭教育为基础的教育格局，以"三勤"精神为核心，班级家长学校为载体，充分发挥教育的整体效应，实现家班同频共振，促进孩子的全面发展，成就孩子的出彩人生。

家长学校共同制订班级劳动教育三年规划。

表1　班级劳动教育三年规划

年级	主题		活动形式	家长学校
一年级 初学勤， 爱劳动	家长：重识劳动教育		线上家长推荐	统一家校合力方向，促进价值共融
	班级：劳动最光荣		主题班会	
	学生：我给爸妈做顿饭		亲子活动	
二年级 心向勤， 同劳动	家长：走出家庭教育误区		讲座	指导家庭教育方式和策略
	班级：寻找身边的"三勤"精神		主题班会	
	学生：我向爸妈学手艺		亲子活动	
三年级 志坚勤， 谋劳动	家长：参与孩子职业规划		团体辅导	把握孩子转型关键期，针对就业指导开展劳动教育
	班级：制作亲子盆栽		主题班会	
	学生：我的职业规划		制订职业规划	

家长学校发挥家委会沟通桥梁作用。共筑班级家长学校，成立一支高效的家委会队伍是关键。班级通过自荐和推荐成立班级家委会，推选关心孩子成长、热心班级事务、组织协调能力强的家长作为家委会委员。在家校共育中，把家长当作能动的合作者，调动每一位家长的积极性，争取和每位家长都取得良好的沟通，达到实现高质量家校共育。充分发挥家委会的桥梁和建设作用，协助班主任组织家长开展各类线上线下活动，并对劳动教育提出意见和合理化建议。家委会是家长学校中的关键力量，对家长学校的推进起重要作用。

三、赋能家长学校，落实互动平台

班主任和家长一起，开拓家班互动的多种渠道，发挥班级家长学校在家班劳动教育中的作用，为家长学校的短效与长效机制注入活力。

线上新媒体。通过微信群、晓黑板等资源，打破时间和空间的限制，让所有家长都能参与家长学校劳动教育的每次交流沟通，统一思想，价值共融。学习视频"劳动是一切幸福的源泉"，班主任、家长和学生在群内展开讨论和交流，畅谈心得体会，初步达成共识"劳动教育从为家庭做一件小事开始"。

线下面对面。通过家长会、家委会、家长座谈会等方式深入交流劳动教育的形式和预期效果。在家长和班主任的指导下，每个学生制订家务劳动计划，开展每周一次的"我给爸妈做顿饭"活动，有记录有反馈有点评。在家委会成员的示范引领下，带动每个家庭都兴致勃勃地参与其中。

主题班会共探讨。家、校、生三方共议"新时代劳动教育再讨论"，新时代赋予劳动教育新的任务，除了传统的辛勤劳动还要提高学习技能和发明创新能力。启迪学生学好专业，在专业学生中落实落细劳动教育。开设"三勤"精神系列主题班会课"勤对未来——人工智能来了""辛勤二十年——劳模事迹""黑发要知勤学早——身边的学习榜样""不负辛勤——父亲的足迹""恪勤在朝夕——你我点滴做起"等，使"三勤"精神真正内化于学生的心中，继而理解工匠精神。

温馨教室晒点滴。引导学生和家长把劳动教育过程中的劳动场面、精彩瞬间用照片或视频的形式记录下来，学生撰写劳动感悟、亲子活动乐趣、班会课感悟等，班级举办温馨教室布置活动，以每一次主题班会的内容为载体，布置相关的内容，充分发挥学生和家长的创意，同时也展示和分享劳动带来的愉悦和收获。

家长资源共分享。我班的家委会主任所在企业有一位全国劳模，在家委会的组织下，班级学生走进企业实地参观学习，近距离领略劳模风采，学习劳模精神，让学生真切地体会到劳动能创造财富，劳动能创造未来。另外，开展家长进课堂活动，陶同学的家长是一位立足岗位、攻难克艰的技术能手，金同学的家长是一位兢兢业业、甘于奉献的医生，李同学的家长是一位敢担当、善管理的优秀科长。

四、推进家长学校，丰富共育活动

不断丰富家长学校的内容和形式，建设符合班级实际、家长实情的家长学校系列活动和指导。每一次的指导和实践都有记录、有跟进、有反馈，提高了家长学校的常规性和规范性，提升了家校教育的时效性。

表2 家长学校系列活动和指导

类别	目标	主要内容
家长学校系列活动	共促价值融通，提升家校互动效果	参观劳模家长工厂活动；"亲子系列"活动；家庭劳动教育相关书籍推荐活动；"三勤精神"主题班会
家长学校系列指导	满足多元需求，提升家庭教育效能	面向全体家长：专家讲座、云端推送家庭教育信息；面向家委会成员、共性问题家长：小型讲座、案例分享、沙龙讨论等；面向个性问题家长：一对一咨询，家访，一人一档家庭教育个案

在"三勤精神"主题活动中，班主任邀请家长一起参与设计。"三勤精神"主题活动分三个阶段，一是开展寻找全国劳模的活动，他们身上的劳模精神和工匠精神深深感染着学生和家长。二是开展"三勤精神"主题班会，以快递员窦某某为典型事例，围绕"三个问题""三个宝盒"启发学生在学习和生活中要做到勤做、勤学、勤思。三是开展学劳模从身边小事做起。在亲子活动"我向爸妈学手艺"中，同学们跟父母学习烧菜，学做糕点、饮品甚至理发等，内容丰富、形式多样。

五、夯实"三勤"精神，实现家班共振

生活即教育，实践出真知。学校与家庭齐心协力，目标一致，同时发挥班级家长学校的独特优势，通过多种渠道各类活动夯实"三勤"精神，培养学生的劳动热情、劳动观念、劳动技能和劳动习惯，实现家班同频共振。

亲历灵活多样的劳动实践以及配套实施激励评价机制，学生纷纷说体会到了劳动的价值。学生们每次积极布置教室，在每学期的"温馨教室"评比中，都能获一二等奖的好成绩；全班学生长期参与到各种校内外志愿者活动中，如校志愿者、青浦博物馆讲解员、17号线志愿者、疫情期间的志愿者等。更令人惊喜的是，我班学生今年9月刚刚升入大专不久，班级内就有三人组成一支代表队参加"全国大学生创业能力大赛"，并且获得了一等奖。

"长三角"获奖论文

小学

运用"抗疫"素材激活爱国主义系列主题班会课的实践

上海市浦东新区新时代小学　邓曲萍

在抗击新冠肺炎疫情过程中形成的"抗疫精神"是爱国主义在新时代的传承和发展,"抗疫"素材在系列主题班会课中的运用,有利于激活班级的爱国主义教育。

一、收集"抗疫"素材,凝聚学生向心力

通过搜集素材,激发了参与主题班会课的热情,充分提高了教育的自主性。

(一)搜集、选择素材,注重兴趣激发

活动能不能对学生产生积极的、正面的影响,能不能转变学生的态度,取决于素材的选择。只有来自学生真实生活的素材,才最能引起学生的兴趣,最能激发学生的积极思考,也就对学生最有教育价值。

在班级中开展学生活动,指导学生搜集来自学生真实生活的"抗疫"素材。学生将自己及家人疫情期间的生活、身边的"抗疫"人物,用照片、录像、文字等方式记录下来,将网络搜集到的图片、视频、新闻等资料保存下来。通过活动,学生们搜集了大量的"抗疫"素材,同时也激发他们对主题班会课浓厚的兴趣。

(二)整理分类,注重操作运用

搜集了大量的"抗疫"素材后,需要进行整理和分类,才能将其运用到爱国主义系列主题班会课中。

在整理素材时,班主任要从学生的生理心理特点出发,充分考虑学生的认知规律和成长规律,剔除那些违反学生天性,不利于学生成长的素材。整理完素材以后,为了操作运用的便捷性,还需要对素材进行分类。按照视频、音频、文字、图片、故事等进行分类,建立丰富的"抗疫"素材资源库。

(三)加工提炼,注重教育价值

好的班会课素材需要班主任将原始的资料进行加工提炼,完成由素材到内

容的华丽转身。为了能够在有限的班会课里将搜集的"抗疫"素材发挥最大的效用就必须进行素材的加工提炼，剔除不宜于学生的，留下需要的。再根据班级和学生的实际情况，对这些素材进行加工、改新，为主题班会课所用。从"抗疫"素材到能为主题班会课所用的内容，需要运用到整合素材的"三大法宝"——剪、合、串。

由长到短，剪一剪的目的是为了将能够体现素材主题的精华部分提取出来，提高素材的利用效率；将过于分散以及单独呈现时不能完整地表达主题内容的素材化零为整合一合，有利于激起学生的思维火花，让爱国的情感体验更进一步；将分类整理过的素材通过一条主线串联起来，是将素材主题化、系列化的重要过程，通过串联，素材有了一条明晰的主线，将内容一一呈现就是一堂好的主题班会课。

对于班主任来说，对学生进行爱国主义教育不是通过一节主题班会课就能达成的目标，是一个系统工程，需要长期地、持续地、常态化地教育。同样，"抗疫"素材的多样性和丰富性，也为班级开展爱国主义系列主题班会课提供了广阔的空间。对"抗疫"素材资源库内的资源进行整合提炼，并结合习近平总书记提出的伟大"抗疫"精神内涵和国务院印发的《新时代爱国主义教育实施纲要》文件，确定了班级"抗疫"系列爱国主义教育主题。

二、活用"抗疫"素材，提升教育感染力

把经过加工的素材用到课堂，通过调动视觉、听觉，产生心理共鸣，身临其境演绎营造教育氛围，让学生在浸润中感受爱国的力量。

（一）看"抗疫"视频，入情入境

"抗疫"视频素材类型多，涉及内容广，能够通过调动视觉感官，让学生深刻体会主题的内涵、感受爱国的情感。学生在观看视频的同时获得知识以及情感上的认同，从而提高教学效果，同时学生的主体作用也能得到充分地发挥。作为小学生，"舍生忘死"的"抗疫"精神对他们来说很难理解，但当视频中身患"渐冻症"的金银潭医院院长张定宇拖着一瘸一拐的脚步走在医院病区的画面出现时，给予了学生感官上的冲击，让学生能够深刻地感受这个逆行的背影勾勒出的中国人民不被困难压倒的顽强意志。

（二）听"抗疫"歌曲，以音动心

心理学研究显示，一定距离内的各种外在刺激中，声音最能引起人们的注意。疫情发生后，党中央果断关闭离汉离鄂通道，不惜按下经济社会运行发展

"暂停键",体现了巨大的政治勇气和果敢的历史担当,领导人民全力以赴抗击病魔,诠释了生命至上的内涵,集中体现中国共产党人以人民为中心的价值追求。《等风雨经过》是一首"抗疫"公益歌曲,歌词"等风雨经过,等我们相见,你微笑仰望着天,我们一起种下心愿,等花开等它实现"体现了政府和人民"抗疫"必胜的决心和信心。旋律响起,爱国情感直入学生心扉。

（三）讲"抗疫"故事,以事动情

伟大"抗疫精神"之所以伟大,因为它是战风斗雨凝结而成的,是从无数人攻坚克难的故事中沉淀而来的。"抗疫"故事运用于相应的爱国主义系列主题班会课教学中,能让学生更加深刻地领悟教育主题的内涵。

每个故事,或者说每个类别的故事都蕴含着不同的内涵。"抗疫"过程中普通人故事背后的内涵是：爱国是每个公民的本分；钟南山院士及其他主动请战驰援武汉的医疗专家和医护工作者的故事内涵是：让学生明白爱国是职业责任所在。要在主题班会课中以事动情,就要准确把握故事背后所要诠释的内涵,让学生能够深刻体会到主题所要诠释的爱国主义内容。

（四）演"抗疫"小品,以景动人

利用贴合学生实际生活的素材对学生进行教育是最容易被学生所接受的同时也能达到最佳效果的。来源于身边活生生的"抗疫"素材,能够给予学生最深刻和真实的爱国主义教育。但怎么用好这些素材也是非常有讲究的,小品的形式就是一个绝佳的演绎方法。利用学生们搜集素材时寻找到的身边"抗疫"英雄故事,改编成小品,请学生将故事在班会课上进行演绎。原本枯燥刻板的说教变成了身边活生生的人与事,以景动人,让学生们在情感上产生共鸣,使教育更具感染力和说服力,达到了育人无痕的效果。

三、感悟"抗疫"素材,加强道德内生力

在用好用活这些动人感人的"抗疫"素材的同时,打造主题教育的多维课堂,学生得到了成长,也加强了学生的情感体验,产生道德的内生力。

（一）促进价值观认同

全民亲历的社会环境使得每个学生都对这场疫情有了自己的认识和感悟。运用"抗疫"素材进行爱国主义系列主题班会课学习的过程中,爱国主义是具体形象的、鲜活的、生生不息的,促进了学生的价值观认同。学生认识到个人的力量微小,一个国家的繁荣昌盛要靠所有人的努力才能达成；只要立足本职工作,将自己的事情做好就是爱国；懂得了家国情怀就是爱国主义,家和国的关系是密

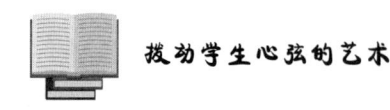

不可分的。

(二) 激发情感体验

情感体验是学生品德形成的关键环节。"抗疫"素材在主题班会课中的运用，充分挖掘了爱国主义教育的可用性资源，因时制宜地开展爱国主义教育活动，让爱国主义教育走出学校，走向社会，不再是空喊口号。通过学习，学生能够清楚认知生活中的爱国行为，爱国不再是空话套话，有了具象化的载体。只有具体的东西才会打动学生，具体化的爱国主义教育才是有效的。

(三) 转化行为习惯

德育要促进学生知、情、意、行诸因素和谐统一发展，要注意全面性。运用"抗疫"素材在班级进行爱国主义系列主题班会课学习的过程中，学生转化了爱国的行为习惯。以前学生认为爱国就是要舍弃自我或献出生命，爱国是虚幻的，摸不到够不着。现在，通过学习，学生能够认识到在每一个自己挑战的领域有所突破，就是最朴素的爱国主义"打开方式"。作为学生，争取在学业上有所进步就是爱国，这也推动了学生在现实生活中将爱国主义外化于行。

让小岗位成为劳动者成长的小世界

上海市杨浦区控江二村小学 石 磊

劳动教育是学校教育的一个重要方面。现在的小学班级建设中，大多数都有小岗位的设置，通过不同的岗位，培养学生的责任意识和主人翁的精神。但传统的小岗位建设存在一些不足，如：岗位设置的面不广，部分学生选择小岗位只是凭自己一时的兴趣，有的岗位没人认领；小岗位的重复性，一位同学可能整个小学阶段只从事一个他擅长的小岗位，缺乏其他劳动技能的锻炼和提升；小岗位的职责不够明确，到底这个岗位要做些什么，怎么做才能把岗位做好，不是很明确，因此造成对待岗位工作缺乏必要的责任心和持久性。那么，在班级中如何建好小岗位呢？

一、岗位设立——享自主权

班级的小岗位就是在班级里把一些需要做的工作整合分类，形成相对稳定的岗位工作。在设立班级小岗位之前，先通过班委会商议、学生问卷、小队会议等形式，根据班级的实际情况，让学生思考需要设立哪些小岗位。并通过小队活动、中队主题会等形式，由学生制定和完善小岗位的职责制度，充分做到"有规可依，有规必依"。

经过商议，班级的小岗位主要分为三大类："动手动脚"型，如：地面清洁管理员、桌椅整齐管理员、节能通风管理员等；"动脑动心"型，如：图书管理员、绿化养殖员、晨读管理员等；"综合引领"型，如：值日小班长、生活"小百科"、对外交流"小喇叭"等。

二、岗位竞聘——促主动性

自我推荐。学生根据自己的实际情况，选择自己喜欢的，或者擅长的小岗位进行竞聘，并且签下小岗位责任书。

相互比拼。有两个或者多个同学同时想要竞聘一个小岗位时，则可以采取

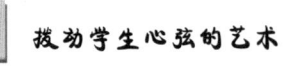

"技能比拼"的方式,由同学投票选出最为合适的人选。

家长举荐。小岗位制度制定后,组织家长一起参与评价。岗位竞聘初期,家长们可以根据孩子平时在家的劳动表现,推荐合适的小岗位工作。

三、岗位激励——还管理权

民主测评,匿名打分。定期开展小岗位民主测评,先由岗位责任人陈述最近工作得失,再通过互相评议,最后匿名打分,评选出"小岗位之星"。运用评价和分析,肯定其在岗位工作中的出色表现,增强了自信,提升了积极性。

自我小结,反思提升。填写自我评价的表格,反映工作中的亮点和不足。通过自我小结与反思,学生发现工作中的优缺点,确定未来的努力方向,也可以申请一位此岗位工作干得好的同学为"师父",自己成为小助理,不断学习观察,改进自己的工作。

家班合力,鼓励提高。有的小岗位工作和家庭的劳动技能息息相关,比如:扫地、拖地、擦桌子等。学生在这类岗位上工作一段时间后,请家长在家里观测孩子这方面的劳动意识和劳动技能,并打分,融入评价表中,作为加分项目。

四、岗位轮换——导工作法

(一)定期轮换,职责不同,轮岗周期不同

每日轮岗。"值日小班长"这个岗位非常特殊,每天都进行轮岗。由前一天表现最好,得奖章数最多的学生来担任这个小岗位。"值日小班长"需要统计班级同学的一日行规评价、在放学时举班牌……这一系列的激励,能提高学生对这个小岗位的渴求,从而努力争取。赢得此小岗位后,也会无比自豪,更认真负责地完成岗位工作。

每周轮岗。班级同学每周都会调换座位,相应的一些较简单、自我服务性的小岗位也一起调整。比如每个学生都有自己负责的一块"包干区",这一区域的地面是否干净、桌椅是否整齐,都是根据坐的位置,而相应地进行调整。

每月轮岗。班级的绿化养殖员、图书管理员等小岗位。因为综合性强,所以对于学生的能力要求较高,如果过于频繁地轮换,不利于学生能力的提升,也容易引起班级常规事务的紊乱。因此,轮换的频率不宜太频繁,一个月的时间相对稳定。

学期轮岗。经过一个学期的磨炼,学生已经对某个固定岗位的工作驾轻就熟了。这时,可以换一个岗位,让他学习一个新的劳动技能,那么五年的小学生活,学生通过长期的强化训练,就可以掌握许多的劳动技能。

特殊轮岗。有一些比较固定的小岗位需要较长的周期才会轮换,但有可能个别学生出现了消极懈怠的现象,失去了先前的热情和干劲。这时,就可以通过不定期的轮岗和换岗带来一些新鲜感,调动学生的积极性,从而保障小岗位工作的质量。

(二)"助理"提升

每个小岗位工作都有自己的特点,根据不同特点,小岗位的轮岗周期和方法也有差异。比如低年级的学生,他们年纪小、能力较弱,可以在同一个小岗位上,采取相互配合,一"主"一"助"的方式,即在同一个岗位上配备一个"小助理",协同岗位责任人共同完成岗位工作,"小助理"全程参与协助,到了下一个学期,原来的"小助理"也就完全了解此小岗位的工作流程,可以开始独立上岗啦!

(三)师徒结对

这种形式,又称"老"带"新"。就是之前负责小岗位的同学反过来成为新岗位同学的助手,重新学习新的岗位技能。这样岗位承担者做小老师帮助新上岗同学把握岗位职责,完成岗位工作,就使得岗位工作逐步转向一人多岗,一岗多人的形态,学生也能够普遍获得多方面锻炼的机会。

(四)创新交流

小岗位工作到了中高年级,许多学生已不满足在岗位上做一些基本的工作,纷纷对岗位进行了创新。学生的自主探究和创新意识得到了提高,逐渐将传统的劳动技能提升到创造劳动的高度,成为一名智慧的劳动者。例如:"垃圾分类管理员"不仅能够做好垃圾分类清理,而且一次性给垃圾桶套上10个垃圾袋,边缘再用夹子固定,这样垃圾袋既不易脱落,也不用一直频繁更换了。

五、效果与反思

小岗位提高劳动能力。孩子们从原来的"不会做、也没想过要做"到"我要做、我试着去做",再到"都做了且做好了"。通过这个过程,大部分学生逐渐掌握了一些劳动技能,有的同学甚至熟能生巧,某项劳动技能"高超"。虽然学生们的能力提升有快有慢、能力的提升有多有少,但整个过程孩子们都亲身体验,有了真切的感受,不同程度地获得了成长。

小岗位培养劳动意识。为学生创造劳动的机会,能够使学生体会为班级付出劳动的快乐,认识到劳动是光荣的,从劳动过程中获得幸福感,懂得每个人

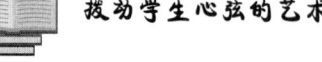

都应该为创造我们共同的学习环境出一份力，让劳动意识成为每个学生的自觉意愿。

小岗位增强感恩情感。学生在岗位工作中，切实地感受劳动者的辛劳，从而感恩他人的付出，珍惜他人的劳动成果。有利于增强独立意识，形成良好性格，提升感恩的情感。逐渐养成孝亲敬长的优良品德，形成良好的爱心意识，促使学生关系和谐，从而成为一个爱劳动、会劳动、尊重劳动的人。

小岗位提升班级凝聚力。小岗位的建设，以学生为中心，在充分尊重学生意愿的基础上，设立班级特色的岗位，让学生做自己喜欢做的事，是学生自我教育、自我管理的重要场所；充分满足了学生张扬个性、反思自我、追求自我创造和发展的特点，极大地激发和培养了学生的创造力和创新思维。在发展学生人格潜能的同时，增强自我教育、自我管理、自我服务的能力，体验成功的快乐，共同建设和维护良好的班风，增强班级凝聚力。

小岗位助力家校沟通。有些劳动学生的技能和意识之所以提高得快，是因为家长在家里也进行了相应的指导、强化和训练，有些劳动学生的热情之所以高涨，是因为家长在参与的评价过程中不断地鼓励……小岗位的活动有序开展，也促使家校沟通更顺畅、有品质。

实践证明，班级小岗位的建设，丰富了学生的角色体验、增强了学生的劳动意识、提升了学生的劳动能力。为学生成长搭建了平台，成了劳动者成长的小世界，为成为未来智慧而快乐的劳动者奠定了基础。

家班共育，构建小学生劳动价值观的实践探索

上海市闵行区七宝镇明强小学　杨　茜

2020年7月，教育部印发的《大中小学劳动教育指导纲要（试行）》明确指出：准确把握社会主义建设者和接班人的劳动精神面貌、劳动价值取向和劳动技能水平的培养要求，全面提高学生劳动素养，使学生树立正确的劳动观念，具有必备的劳动能力，培养积极的劳动精神，养成良好的劳动习惯和品质。而当下小学生劳动教育在实施过程中存在以下问题：第一，劳动教育多停留在认知、方法技术提升的层面，未从情感、态度、价值观层面深度推进。第二，教育活动呈点状、不系统，不能长程推进，未能渗透到学生学校学习、家庭生活、社会交往的方方面面。第三，学校学科学习、家庭亲子支持、社会力量的辅助未得到很好整合。

基于上述思考，我梳理了小学生在学校劳动、家庭劳动、社会劳动中所蕴含的独特育人价值，对小学生劳动教育进行了系统重建，力图从观念更新到实践转化，再到劳动价值观的形成，让劳动教育走向纵深处，具体推进经验如下。

一、线上线下劳动教育交互，构建正确劳动价值观

父母作为孩子的第一任老师，帮助家长树立正确的教育理念，取得家校在劳动教育观念上的一致性是当务之急。为此，我在班级中开设劳动教育的家长课程，引导家长转变观念，共同指导学生进行劳动实践，使家班教育努力达成共识。

（一）借助云端，政策解读，明劳动意义

我通过微信、钉钉等开设线上系列化的家长课程，解读国家对劳动教育的方针政策和重要文件，启发家长对劳动教育重要性的认识。

（二）依托微课，深入学习，知劳动方法

结合学校录制的微课堂，和家长一起线上观看、交流与讨论，学习劳动指导的方法；积极发挥班级家委会的作用，挖掘家长资源，开设家长专栏，分享成功

劳动教育经验，提高家长劳动教育的指导力。

（三）创设平台，倾听心声，晓学生需求

开展"爸爸妈妈，我想对你说""听听我的劳动小故事"等活动，架起学生与家长沟通的桥梁，让家长了解孩子对于劳动的真实想法，明白学生的成长需求，放手让孩子去实践，让孩子在劳动中获得快乐，在劳动中增强才干。

二、校内校外劳动教育交融，构建光荣劳动价值观

（一）榜样故事，激发劳动兴趣

听故事是小学生喜闻乐见的方式，也是最贴近小学生身心特点的一种育人方式。班级开展"劳模故事大会"，通过观看"大国工匠""大国重器"等相关影片和故事书，积累名人和普通人的劳动故事，营造"劳动最光荣"的教育氛围，激发学生对"劳动最光荣"的认同。依照榜样，学生反思在日常生活和学习中出现的劳动问题，通过身边小伙伴的劳动真实故事，激励他们向身边的榜样学习。慢慢地"人人要劳动""人人要会劳动""劳动创造美好生活"的思想在学生心底扎根。

（二）开辟沃土，学习劳动方法

一方天地，劳动有方法。作为学生从打扫教室卫生开始。我以班级的"四墙（队报墙、黑板墙、窗户墙、门墙）、三角（中队角、图书角、植物角）、二门、一地"为内容，通过岗位认领以及岗位职责的设定进行全班劳动的承包制。师生共同制订班级劳动公约，确定每日劳动常规，建立规范的班级卫生岗位责任制度和检查考核制度，做到人人有劳动岗位，事事有评价。

学校的劳动实践时间和内容是有限的，家庭成了孩子练习劳动技能的大本营。在家长的支持下，我和孩子们精心策划了"小鬼当家"任务单，每天饭后安排孩子20分钟的居家劳动时间，安排相应的居家劳动岗位，帮助学生能够运用在学校学习到的劳动技巧运用到居家生活中。就这样，劳动方法在班级和家庭中得到练习和巩固，劳动习惯逐渐养成。

一平方米农田（简称"一米农田"），劳动有快乐。学校开辟了"一米农田"，为学生农业劳动实践体验提供了空间，通过班会讨论，确定种植的菜种子，组建"种植小分队"，探究种植方法，轮流培育蔬菜，记录变化过程：从种植到灌溉，从发芽到长高，最后收获果实。

结合"一米农田"，开展"我和豆豆共成长"活动。给班级每位学生下发成长豆，学生们回家后亲手种植豆豆，将成长豆的生长变化过程记录下来。同学

间互相交流种植心得，在此过程中，学生们体会了劳动的乐趣，感受了劳动的艰辛。

"一平方米农田"超越了一平方米的范畴，成了学生们劳动与生活的课堂，是学生快乐实践、快乐成长的课堂，更是学生热爱劳动的体现。

一寸领地，劳动有毅力。班级开展了丰富多彩的以劳动为主题的社区、社会活动，同学们走出校园、家庭，走向社会大舞台。

寒暑假里，同学们跟着"爸妈去上班"，在父母"一寸领地"的岗位上，了解其工作内容，体会其忙碌与辛苦。有同学在体验日记中写道："原来看似简单的工作背后，却藏着不为人知的辛苦。希望我今后也能像他们一样，在岗位上不怕苦，不怕累，坚持做好每一项工作。"

利用周末和节假日，学生争做社区"垃圾分类"宣传员，向居民们宣传垃圾分类知识，引导居民正确认识生活垃圾分类。

在劳动实践的"一寸领地"上，学生的个人生活与校园生活和社会生活有机地结合起来，这不仅丰富了劳动体验，使学生更清晰地了解未来工作所需的劳动素养，也深入了对劳动价值的理解。

（三）搭建平台，展示学生风采

除了实践，还应注重评价。一个阶段的劳动实践后，我们会开展劳动知识和技能大比拼。"班级最美劳动者""居家劳动小能手"等评选活动提高了学生的劳动积极性，体验了劳动的乐趣，养成热爱劳动、坚持劳动的优秀品质。通过实践，同学们还发现了不少劳动的妙招，这些金点子，使劳动的汗水闪烁着智慧的光芒。

三、劳动丰收活动共享，构建幸福劳动价值观

开展丰富多彩的劳动教育课程和实践体验活动，为学生的发展提供源源不断的养分，也给生活带来了无穷的快乐。

（一）劳动"亮"生活

教室卫生的打扫，温馨教室的环境布置和创建成了学生进行劳动实践的抢手阵地，既动手又动脑，在这一过程中学生的劳动意识和劳动能力不断得到提升，班级小主人的意识和班级荣誉感逐渐递增。家里过节，成了孩子大展身手的好时机。扫地、擦窗，收拾床铺全程参与，遇到顽固污渍还能分享令家长都刮目相看的清洁妙招。

（二）劳动"靓"生活

劳动有技巧，实践出真知，创新显智慧。通过学校劳动课程的学习，同学们

时常分享着自己的劳动妙招,用劳动让生活变得更美好。有的同学用上了数学小知识把被子叠得又快又好;有的同学用盐和苏打粉来保存大蒜,让它3个月不发芽,这是在照顾"一平方米农田"的过程中学到的知识……在劳动中,孩子们的科学意识、创新意识、审美意识都在悄然萌芽。

(三)劳动"谅"生活

劳动的果实是香甜的,可劳动的过程是艰苦的。孩子们亲自参与了从耕种到收获再到烹制的整个过程,体会了食物的来之不易,感受了便利生活的背后需要许多人的辛苦付出。有的同学在作文中写道:"没想到餐桌上最平常的韭菜也需要经过如此辛苦的劳动,以前不爱吃韭菜的我也必须把它全吃光,不能浪费。"在劳动中,孩子们淌过汗、流过泪、溅过油,这些出力流汗、接受锻炼、磨炼意志的过程时刻引导着学生树立正确的劳动观念,学会体谅、尊重和热爱劳动人民,珍惜劳动成果,养成良好的消费习惯,杜绝浪费。

劳动教育是孩子全面发展的重要内容,德智体美劳相互融合,是孩子的成长之基。我们需要努力构建以学校为主导、家庭为基础、社区为依托的协同实施机制,三者形成共育合力,引导孩子动手实践、出力流汗,用双手成就美好未来,用正确的劳动价值观构筑美好世界。

基于家校合作的小学生劳动习惯养成研究

上海市实验小学　沈小婷

2020年3月20日,中共中央、国务院印发《关于全面加强新时代大中小学劳动教育的意见》(以下简称《意见》),强调劳动教育是中国特色社会主义教育制度的重要内容,提出"要把劳动教育纳入人才培养全过程,贯穿大中小学各学段,贯穿家庭、学校、社会各方面与德育、智育、体育、美育相融合,紧密结合经济社会发展变化和学生生活实际,积极探索具有中国特色的劳动教育模式,创新体制机制,注重教育实效,实现知行合一,促进学生形成正确的世界观、人生观、价值观"。其中,小学阶段的学生要注重基本劳动习惯养成。

一、小学生劳动教育中存在的问题

笔者是一名小学班主任,通过工作实践,发现小学生劳动教育主要存在以下三方面的问题:

一是劳动教育目标不明确,没有细化的劳动教育目标,导致劳动教育活动的开展没有明确导向性;二是劳动教育过程不扎实,家校双方虽然对劳动教育都有落实,但整体过程不明晰、不扎实;三是学生劳动习惯养成不明显,现阶段小学生普遍缺乏劳动习惯。缘于此,笔者开始探索基于"家校合作"的小学生劳动习惯养成研究。

二、"劳动习惯"的概念界定

要厘清"劳动习惯"这一概念,必须首先明晰"劳动"的基本内涵。《中国大百科全书》中是这样定义"劳动"的:"人类特有的基本的社会实践活动。人通过有目的的活动改造自然对象,并在这一活动中改造人自身的过程。劳动体现了人与自然、人与人两方面的统一。"心理学研究认为:习惯是人长期重复地进行某项活动而逐渐养成的一种经常的、不需要监督的行为或倾向。笔者认为,"劳动习惯"是指利用各种劳动工具,在长期重复作用于劳动对象的过程中,逐渐养

成某种不易改变的行为或倾向。

基于以上的认识,笔者认为,小学生劳动习惯包括劳动认知、劳动情感、劳动行为这三方面:知道劳动的意义与价值,懂得劳动最光荣,积极主动参与劳动实践。

三、小学生劳动习惯的养成机制

小学阶段是儿童劳动习惯养成的黄金时期。学校与家庭分别是儿童学习、生活资源的提供者,也是情感、精神层面的支持者,因此,家校合作才能够有效地助力小学生劳动习惯养成。

(一)对应《意见》标准,确立符合小学生年龄特点的劳动教育阶段目标

根据维果斯基的"最近发展区理论"可知,要想促进小学生的发展,劳动教育目标就应该既是小学生能力范围内的,又是在此基础上需要付出一定努力才能达成的。笔者任教的是三年级,根据《意见》中指出的"小学中高年级要注重围绕卫生、劳动习惯养成,让学生做好个人清洁卫生,主动分担家务,适当参加校内外公益劳动,学会与他人合作劳动,体会到劳动光荣"这一具体要求,结合学校的劳动教育课程,依据小学生年龄特点,确立了以下劳动教育阶段目标:自己的事情自己做、家里的事情帮着做、集体的事情抢着做、公益劳动积极做。

(二)体现儿童立场,开放时空,劳动习惯养成全时全程有效

发挥学校主导作用,设计符合儿童认知的班级劳动教育活动。《意见》中指出,学校要发挥在劳动教育中的主导作用,把握育人导向,遵循教育规律,设计出符合学生年龄特点与儿童认知的班级劳动教育活动,强化认知与实践体验,让学生在亲历劳动过程中养成良好的劳动习惯。

在班级中,设置多样的岗位,明确岗位职责与基本要求,细化劳动行为,学生可根据自己的特点来认领适合的岗位,尽量让每个学生都有劳动实践的机会,培养劳动习惯。

发挥家校教育合力,推进符合儿童成长需要的家庭劳动指导。小学生劳动习惯的养成与巩固,需要充分发挥家校教育合力,共同为学生成长助力。家庭是学生生活的主要场所,家长是学生养成良好劳动习惯的"第一任老师"。《意见》中指出,家庭劳动要在劳动教育中发挥基础作用,注重抓住衣食住行等日常生活中的劳动实践机会,鼓励孩子自觉参与、自己动手、随时随地、坚持不懈地进行劳动,掌握必要的家务劳动技能和生活技能,家长要通过日常生活的言传身教、潜移默化,推进孩子的劳动习惯养成。

在与家长进行沟通的基础上，笔者与家长共同设计了一份详细的《家庭劳动任务单》，如此一来，"劳动"对学生而言，不再是抽象的两个字，而是具体的实践活动。它不仅为学生后续的"劳动打卡"提供了明确内容，也促进了家长思想观念的改变，使其更加积极主动地配合学校的劳动教育。

（三）劳动打卡，评价激励，促进劳动习惯养成

劳动习惯的养成离不开劳动行为的巩固。利用线上平台便捷、直观的特点，开展趣味家庭劳动打卡活动，记录孩子每天的劳动情况。持之以恒的劳动行为是养成劳动习惯的有效路径之一。

什么是"劳动打卡"？在行为心理学中，人们认为一个人的新习惯或理念的形成并得以巩固至少需要21天，称之为"21天效应"。基于这一理论，笔者利用班级线上互动平台发布"每天和家长一起做家务"的亲子劳动打卡活动，动员家长教会孩子做简单的家务，每天用视频记录孩子学做家务的过程，坚持21天。对于在劳动打卡中表现良好的孩子，及时予以表扬、鼓励，学会劳动小本领的同学就优先来认领班级小岗位。

基于儿童立场的评价激励。在小学生中培养良好的劳动习惯，行之有效的方法之一就是进行活动激励评比。为了提高学生的劳动积极性，笔者还在班级的文化墙上布置了一棵"劳动快乐树"，学生每打一次家务卡，便贴上一朵写有他名字的小红花。每月一班队会小结，在劳动快乐树上拥有最多小红花的同学被评为班级"劳动小达人"。

我班的劳动打卡活动一直在持续进行中，笔者和家长们进行多次讨论，商定了孩子们劳动表现的评价标准：每劳动一次得到一枚积分，劳动态度积极主动得一枚积分、劳动结果良好再得一枚积分。孩子们为了争得宝贵的积分，都主动争取劳动机会，在劳动中大显身手。这样的评价标准在家校两方共同执行，每个月将孩子在家中班中所获得的劳动积分汇总计算一次，按积分总数评出每月的"劳动小模范"。学期末得到积分总数最多的小朋友当选"劳动小模范"。评价激励行动，使孩子们的劳动热情高涨。榜样的作用是无穷的，越来越多的孩子体会到成功的喜悦，感受到劳动的光荣与快乐，进而巩固了劳动习惯的养成。

四、小学生劳动习惯养成研究的路径总结

（一）"听看"先导

强化在"接受"中"识得"。对小学生而言，生动形象的教育、"模仿"是基本行为方式。在劳动习惯养成过程中，笔者不仅注重劳动教育活动的设计，更强调

教师和家长的言传身教、共同配合。

（二）"践行"跟进

强调在发挥学生主动性、保证学生主体地位前提下的"体验性习得"，在基于家校合作的小学生劳动习惯养成研究中，充分发挥学校的主导作用、家庭的基础作用，通过家校合作，让家庭成为培养孩子劳动习惯的实践场所，让父母成为孩子的指导老师，让学生在家中继续完善自我服务性的劳动，循序渐进，养成劳动习惯。

（三）"思情"共生

"思情"共生是在初步具有相关意识与能力基础上的思想与行为的再提高，促进行为成为习惯。在本研究中，"思情"共生就是通过多种方式强化学生对劳动的认知，激发学生的劳动情感，从而促进劳动习惯的养成。

（四）"评鉴"留白

教育与评价如影随形，评价与鉴定，是行为习惯的导向机制，体现了对儿童成长的尊重与期待。在本研究中，通过"劳动打卡"评价激励，孩子一方面展示了自己的劳动成果，获得了成果的喜悦，另一方面更将"劳动最光荣"这一朴素的情感内化于心，从而更加巩固劳动习惯的养成。

初

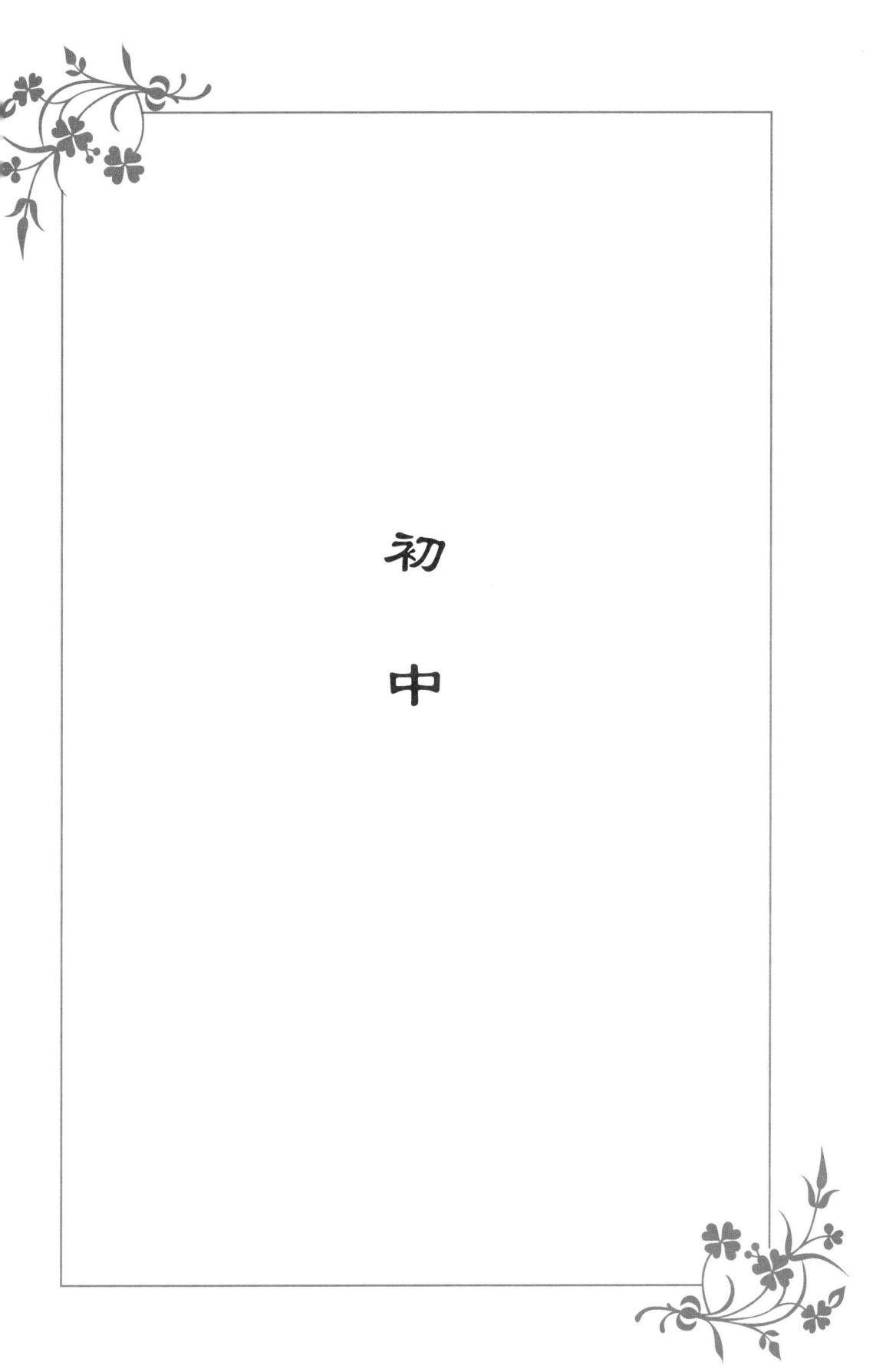

中

劳动教育班本课程的开发与实践

上海市松江区第六中学　陆佳也

随着生活水平的提高,"劳动"似乎逐渐淡出了人们的视线,社会上"孩子不肯做,家长不让做"的情况日益加剧。劳动几乎成了一种"贴标"行为——只是为了完成学校布置的劳动任务而进行的摆拍作秀,这样的行为背后折射出的其实就是劳动意识的淡薄。因此,我设计了"我骄傲,我是小主人"的劳动教育系列活动,旨在培养学生养成自主劳动的意识,提高学生劳动的能力,养成热爱劳动的好习惯。

一、问卷调查,梳理班级劳动教育存在的问题

为了更客观翔实地了解本班学生和家长对"劳动教育"的态度,我对这两大群体做了有针对性的调查问卷。基于调查结果,本班在开展劳动教育中,学生层面的关键问题是:劳动意识淡薄,甚至轻视劳动。我们需要引导学生认识劳动的重要性,培养其"劳动最光荣、劳动最崇高、劳动最伟大、劳动最美丽"的主人翁意识。家长层面的关键问题是:心有余而力不足,需要得到老师专业的指导和帮助。同时此次调查更让我意识到家长可以成为"小主人"计划的有力推动者。

二、原因分析,确立劳动教育的目标和内容

基于本班调查结果,我以《大中小学劳动教育指导纲要》为指导思想,以学生劳动主人翁意识的培养为核心目标;以家庭、学校、社区的"三维联动"为活动平台;以"技能学习——亲历实践——分享交流——榜样激励"为活动形式,以此构建"我骄傲,我是小主人"劳动教育班本课程。

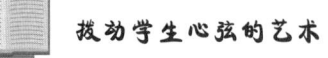

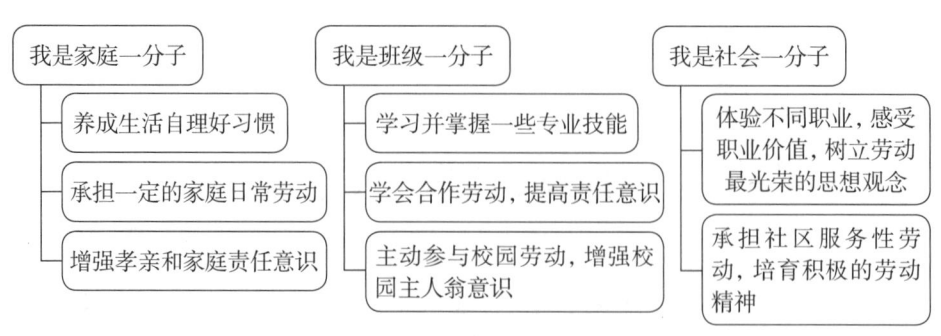

```
我是家庭一分子              我是班级一分子              我是社会一分子
  │                           │                           │
  ├─ 养成生活自理好习惯        ├─ 学习并掌握一些专业技能    ├─ 体验不同职业,感受
  │                           │                           │  职业价值,树立劳动
  ├─ 承担一定的家庭日常劳动    ├─ 学会合作劳动,提高责任意识 │  最光荣的思想观念
  │                           │                           │
  └─ 增强孝亲和家庭责任意识    └─ 主动参与校园劳动,增强校   └─ 承担社区服务性劳
                                 园主人翁意识                动,培育积极的劳动
                                                            精神
```

图1 基于"三维联动"的劳动教育班本课程

三、依据目标,开展劳动教育系列活动

"三维联动"平台能够更好地让学生的劳动主人翁意识得到层级性的提高,由己及人,从"小我"到"大我",从家庭中小我劳动意识的主动性,到校园集体中劳动合作的自觉性,再到社会生活中"我为社会做贡献"的志愿精神,正是"三维联动"能达到的最优效果。

(一)我是家庭一分子,家务劳动主动做

家庭是孩子的第一所学校,父母是孩子的第一任老师,劳动教育的起点是家庭。在家庭劳动教育中,旨在指导学生通过亲子间的"教与学",主动参与日常家务劳动,学会承担一定的家庭劳动任务,在提高劳动能力、养成劳动习惯的过程中,树立"我是家庭一分子,家务劳动主动做"的主人翁意识。

亲子劳动学一学——"日常家务我参与"。每日劳动侧重的是学生劳动技能的习得,家长在此过程中是策划者、指导者。在这个活动中,家长需要有目的地将一项日常家务的劳动作为一种劳动技能的学习,手把手教孩子如何运用劳动工具,怎样让劳动的效率更高,如:拖把怎样洗净,拖地的姿势如何,拖地时怎样最合理高效。将孩子学习的过程用小视频的形式进行保存,记录孩子在学习家务劳动中的点滴,激发孩子劳动的积极性。

孩子在每日劳动过程中,不仅获得劳动技能,养成生活自理好习惯,而且能够体会家长劳动的辛苦,增进亲子间的关系。

家务技能晒一晒——"我的书桌我做主"。每周技能侧重的是学生劳动能力的提升,家长更多的是观察者、辅导者。以收纳整理为例:家长故意将书桌弄乱,让孩子开始整理,家长计时,最终以"完美书桌照"定格,父母在照片反面对孩子的书桌整理,从整理时间、整理顺序、整洁程度进行量化打分。

在此过程中,孩子能够清晰地看到自己每次劳动的进步,激发参与劳动的积极

性。同时,更让他们意识到自己也是家庭的一员,也应该承担起家庭成员的责任。

家庭厨艺秀一秀——"我是小小厨师"。每月美厨侧重学生劳动成果的展示,家长在这个活动中是一个享受者、协助者。在这个活动中,孩子要为自己的家人做至少一道美味菜肴,必须完成从买菜、洗菜、烧菜、上菜的完整过程,由家长将做菜过程拍成照片或视频,录制感言体会等,最后上传到班级"中华小当家"的相册中进行分享交流。

在每月厨艺秀的过程中,学生通过实践体验,更体会到家务劳动的不易、父母的艰辛,增强家庭责任意识,厚植中华民族的传统孝道。

(二)我是班级一分子,校园劳动自觉做

学校是劳动教育的实施主体。著名教育家陶行知先生认为,学校教育应该是"教学做合一"。教师应当将劳动教育渗透到学校教育教学的每一个环节,引导学生"学中做,做中学",帮助学生树立"我是班级一分子,校园劳动自觉做"的主人翁意识。

专业技能学着做——学做小菜农。本项活动依托学校各类校本课程展开,诸如"小菜农""小果农""扎染""泥塑"等。学生自主选择感兴趣的劳动项目,班主任协助专业老师指导学生学习劳动专业技能,享受劳动过程,感受劳动带来的成就感,体会劳动意义,收获劳动价值。

班级劳动合作做——岗位合作责任制。在班级劳动中,以"岗位合作责任制"展开劳动教育,做到一人一岗,分工合作,将班级日常的个人劳动转变为小组合作的团体劳动模式,在互相督促中主动提高劳动效率,增强劳动的责任意识,感受合作劳动给个人和团队带来的意义。

校园劳动自觉做——校园保洁岗。作为一名中学生,应该积极参与校园卫生保洁绿化和美化,维护校园包干区域的整洁,承担一定的劳动职责,激发劳动使命感和荣誉感。

(三)我是社会一分子,社会劳动志愿做

"社会要发挥在劳动教育中的支持作用。""劳动是人类社会赖以存在和发展的基础,劳动创造了人,劳动推动了人类社会的发展。"因此,班主任要积极组织开展校外劳动,充分利用社会资源,营造"奉献、友爱、互助、进步"的氛围,帮助学生树立"我是社会一分子,社会劳动志愿做"的意识。

体验职业的美——"我是小小讲解员"。让劳动走出校园,走向社会,感受更真实的职业劳动。教师可以挖掘社会资源,指导学生参与各种职业体验,体会劳动带来的荣誉感,形成初步的职业生涯规划意识。如我班开展的"我是小小讲解员"活动，学生走进了天文台、地震台、气象馆等场所，作义务讲解员。在为参观者介绍相关知识的过程中，深刻领悟职业特点，感受劳动意义。

劳动精神我宣扬——"我是小小摄影师"。组织学生参加公益宣传活动，让学生在活动中领会"幸福是奋斗出来的"的内涵，弘扬中华民族吃苦耐劳、敬业奉献的劳动精神。如我班开展的"我是小小摄影师"活动，用镜头记录劳动者之美。以发现劳动美的方式传递劳动最美丽、劳动最光荣、劳动最伟大的思想。

四、搭建平台，丰富劳动教育评价方式

"有效运用教育评价，能够激发和维持学生的内在动力，调动他们的内部潜力，提高学生的积极性和创造性，从而达到教育管理的目的。"然而，在实际操作中，因为劳动的特殊性难以对其进行量化评价，往往变成模式化的"打卡"行为。因此，本班在实践探索中，通过展开班级"五月"劳动节、劳动故事分享会、活动微信推文等评价活动，丰富评价方式，提升评价实效性，夯实劳动教育的成果。

在本班的劳动教育实施中，以家庭、学校、社会"三维联动"为平台，通过开展系列活动，形成了"我骄傲，我是小主人"班本课程，将劳动教育渗透到班级生活的方方面面，一定程度上培养了学生的劳动主人翁意识，提升了学生的劳动技能，养成了良好的劳动习惯和品质。然而任何教育都不是一蹴而就的，在活动开展过程中，的确也存在一些理想目标和现实问题的矛盾，促使我有更进一步的思考。

让"开放微课堂"成为推进班级劳动教育的助推器

民办上海上外静安外国语中学 胡彩霞

2020年7月,教育部组织研究制定了《大中小学劳动教育指导纲要(试行)》。这一文件强化了学校在推进劳动教育工作中的指导责任和要求,为学校、教师系统,科学地开展该项工作提供了行动指南。

开学初,笔者以本班学生和家长为对象进行了问卷调研。

学生问卷调研结果显示:72%的学生能正确认识劳动教育的价值与意义,但只有7%的学生经常帮助父母做家务,56%的学生在有回报的前提下才去做家务,67%的学生还是非常期待学校开展丰富多彩的劳动教育课程和活动的。这些数据反映出:(一)学生劳动意识淡薄、劳动主动性不够强;(二)对劳动意义和价值的认知不够清晰。问及原因时,学生则普遍认为这些都是因为他们学习压力大,任务紧,劳动时间和机会少造成的。

家长问卷调研结果显示:75%的家长混淆了劳动和劳动教育的概念;54%的家长认为,孩子在学校做值日生已经够了,况且学习任务重,回家也没有时间让他们进行劳动;20%的家长则认为,根本没有必要让孩子进行劳动,做家务是大人的事情,孩子只要好好学习就行了。只有17%的家长会告知孩子必须承担一定的家务劳动。这些结果所揭示的问题:(一)家长对劳动教育的概念认知不够清晰,甚至有误解;(二)家长重知识学习,轻劳动教育,对劳动在学生成长中的价值认知不够全面;(三)家长认为教育都是学校的责任,忽略了自身的教育地位和重要性。

为改善这一现状,笔者通过开展"开放微课堂",引导学生走近劳动、认识劳动、体验劳动、爱上劳动,进而懂得劳动最光荣、劳动最崇高、劳动最伟大、劳动最美丽的道理;引导家长树立科学的劳动教育观念,努力培养孩子的劳动意识与劳动技能。

笔者认为,"微课堂"是以学生和家长的兴趣与需求作为出发点,其特点就是关注"小现象、小故事、小策略"。"开放微课堂"旨在联合家长、社会的力量,

家校合作、社会资源共享，打通课上课下、校内校外的空间壁垒，同时借助信息技术手段，在更为开放的空间下共同服务孩子成长。

一、联合家长力量，奠定"开放微课堂"创建基础

家庭是劳动教育最基本、最真实、最便利的实践基地，培养学生的劳动意识、劳动技能，离不开家长的支持和主动作为。

以"理"服人。借助家长会，设计系列微讲座"为孩子的幸福人生奠基"，指导家长对劳动教育内涵和价值的科学认知，提高家长对劳动教育"教育性和实践性"的认识。

以"情"动人。以"寻找家中劳动美"为主题征集劳动小故事，要求孩子、家长用善于发现美的眼睛去寻找家庭成员劳动的瞬间，并阐述美的原因，以故事的形式，激发对生活的感恩之心。

以"行"育人。学校组织家长参与"让孩子走进家务劳动"一系列课程，把家务任务具体化，激发孩子的参与感与家庭责任感，培养孩子独立和吃苦耐劳的品质。

家庭劳动不仅给孩子锻炼的机会、实现自我价值的体现，更培养了孩子的独立性、良好的秩序感、有条理的生活习惯，还促进了亲子互动，缓解了家长焦虑。

二、发挥文化建设，突出"开放微课堂"的教育价值

（一）班级中，做到三个"一"——我是小主人

每人一个小岗位。班级分为纪律岗位、学习岗位、生活岗位、组织岗位四大类，还有值日和大扫除安排执勤人员与检查监督人员，确保班级"人人有事做，事事有人做"。

每月一张任务单/家务单。根据孩子意愿和选择，每天打卡"家务劳动十分钟"，上传至班级圈，在群体共享与监督中，营造积极向上的劳动氛围。

每月一次小评比。每月开展值日生劳动小竞赛、家务劳动小竞赛，评选出"劳动小达人"，激发学生的劳动热情。

（二）家庭中，做到三个"一"——我要发现美

每月一次家庭会。每月，家长要在家庭中和学生正式交流一次，表扬孩子做得好的地方，谈谈各自眼中所发现的"劳动之美"，再指出不足之处，反思各自得失，以民主商量的形式制订下个月的计划及改进措施。

每月一次劳动作业。家长可以指导孩子做一道暖心菜，种一棵小植物，和孩

子一起出门倒垃圾……

每月一分"仪式感"。家长和孩子之间可以通过各种节日、生日等纪念日，互赠对方亲手制作的礼物或福袋，促进亲子关系和谐发展。

三、依托活动开展，突出"开放微课堂"的实践价值

课外实践活动是学校劳动精神教育的重要环节，要紧紧围绕课外实践活动的特点，引导学生有针对性地践履劳动精神的丰富内涵。科学设计课外劳动项目，采取灵活多样形式，激发学生劳动的内在需求和创造力。

（一）成立"志愿者服务队"

如果说学生在日常的自我服务中可以养成劳动习惯，那么，学生在服务他人、无私奉献中能够体会劳动的光荣、崇高、伟大与美丽。

"爱心义卖、捐物服务队"——日积小善，终成大爱。在活动中，志愿者们手绘海报，动员全班一起为青海西宁、新疆喀什等地捐赠九成新的图书、文具以及衣物；出售亲手制作的物品，所获收益全部捐献给爱心机构和社会公益事业。这些都汇聚着学生的劳动智慧之光和奉献爱心之美。

"雕塑公园服务队"——爱护环境，从我做起。每一学期，服务队的志愿者们去公园里捡拾垃圾，为来往的游客用中英文介绍雕塑，感受付出劳动后的满足与愉悦。

"少儿图书馆服务队"——书香为伴，共觅同行。每年的寒暑假，志愿者们忙碌在区少儿图书馆，通过精心挑选绘本、撰写教案、创设互动游戏、制作课件、购买奖品等，学会团结协作，也收获了劳动成果的喜悦。

"敬老院服务队"——一份关爱，一份责任。每年的重阳节和新年前夕，志愿者们会亲手制作糕点，自制卡片、书签、剪纸、书画和对联等，给老人们带去欢笑和祝福。

（二）研制《青春纪念册》

劳动教育目标的落实应具有操作性和可持续性，《青春纪念册》中的"生活大爆炸"板块就注重培养学生的劳动习惯和意识，引导学生系统学习掌握必要的劳动技能。

"农家乐，乡村情"——在体验中成长。让学生们去一次乡村，体验一次真正的农村生活，感受田园美景，让他们更加懂得珍惜粮食，不负"粮"心，自觉做到"光盘行动"，从而树立正确的劳动价值观，培养勤俭节约的优良品质。

"我是动手小达人"——在操作中体悟。学生根据自己的兴趣爱好培养有价

值的劳动技能，可以在烘焙、编织、维修这三个项目中任选其一或其二，家长可以在一旁辅助教授，也可让孩子自行查阅书籍，浏览网络等相关资料，培养他们的生活实用技能，加强动手能力。

"我和'Ta'的故事"——在分享中共鸣。学生们可以每天、每周或不定期地记录照顾小动物或植物的经历并与大家分享其中的"酸甜苦辣"，增强他们的责任心与劳动意识。

四、依托平台展示，共享"开放微课堂"的教育成果

劳动成果的积累和分享有助于让学生在可视、可听的环境中自我激励、互相学习、共促共进。

充分利用微信、钉钉等社交软件。笔者结合学校开展的各项活动，给学生拍摄照片或视频上传至家长群或微信朋友圈，学校公众号等，让家长看到孩子对劳动的兴趣和热爱，积极参与，挥洒充满劳动智慧的汗水，并在自己劳动的过程中获得满足感和成就感。

组织班级宣讲团。结合《青春纪念册》中的主题，向班级同学分享自己的劳动故事，给其他学生不同的启悟。

中华民族的伟大复兴需要各种各样的劳动者，让劳动最光荣、劳动最崇高、劳动最伟大、劳动最美丽的意识根植于孩子们心灵、熔铸进孩子们血液。

基于家班优势互补的劳动教育路径初探

上海市江宁学校　梅晨华

劳动教育具有独特的育人价值。随着社会的创新发展，我们在劳动教育上也必须更新观念、丰富内容、改进形式、拓宽途径，整合家庭、学校等多方力量，使学校劳动教育规范化，家庭劳动教育多样化，形成协同育人的格局。

一、目前劳动教育的问题

劳动本是光荣的事，然而近年来，人们越来越少地提倡劳动，许多学生劳动意识淡薄，不珍惜劳动成果、不想也不会劳动。

造成此种现象的原因有很多，从学校的角度看，主要存在以下问题：（一）由于核心素养在学校劳动教育中渗透不足，教学容易趋于功利化，而非从培养学生劳动观念、能力出发，教育往往流于形式，和学生的实际生活以及能力培养需求脱节；（二）受制于学校空间、时间、基础设施等客观因素，学校的劳动教育内容相对比较单一，无法给予学生更多体验式教育；（三）大课堂式的教学虽然有利于完成统一的教学课程，但比较难以有个性化、针对性强的教育，难以激发学生的创造性劳动。

从家庭的角度看，劳动教育的问题有诸如：（一）家长容易出现对于劳动教育认识上的偏差，不知道重视劳动对孩子品质培养上的重要性；（二）有心而无力，即便有的家长希望培养孩子的劳动能力，但很多时候，家长会自然而然地呈现出"不放心"或"不舍得"，一看孩子动起手来不利索，就又会把事情包办下来，到头来孩子只是在看而没有亲手做；（三）家长的教育也容易出现随意性、不系统、没有循序渐进的安排，今天想到了就教，而下一次又不知是何时。

因此，如何改善学校与家庭各自存在的不足，同时发挥好学校与家庭各自在劳动教育方面的优势，形成互补来弥补以上的不足，是我们值得思考的，如此也能更好地顺应新时代的劳动教育发展需求。

二、班级与家庭的劳动教育优势分析

（一）班级劳动教育的优势

1. 班级教学可以向全体学生进行教学活动，并且学校有固定的课程，有助于保证学生定时、定量接受劳动教育；

2. 学校的劳动课程安排往往更为科学、合理，老师会系统地安排课程进度，甚至有与之相关的教材。如此可以保证学生学习活动循序渐进，也可以使学生获得更系统的知识、技能；

3. 班级教育模式能充分发挥老师的主导作用，如主题班会的形式，更适合为学生灌输劳动教育理念；

4. 学生在班集体中学习，学生彼此之间由于共同目的和共同活动集结在一起，也可以互相观摩、启发、切磋劳动技艺，学生可与教师及同学进行多向交流，互相影响，从而达到互助共进的效果。

（二）家庭劳动教育的优势

1. 家庭教育更能体现个体化、个性化、多样化，家长可以根据孩子不同的认知、能力、接受程度甚至兴趣等，有针对性地开展劳动教育，孩子也会从中学习各种不同的"新技能""新知识"；

2. 家庭的劳动教育更偏向实践化、生活化，孩子能有更多的实践机会，从亲身体验中感知劳动的重要、不易，也能从中体会到劳动的乐趣以及增强基本生活能力；

3. 学校的教育尽管能保证一定的课时，然而学校往往一周只有一到两节这样的课程，而家庭能给予孩子更多的劳动机会，家长可以与孩子约定每周固定的劳动量，例如每天一起洗碗、每周一起打扫房间、自己的被子自己叠等。

（三）家班优势互补，共同发挥教育功能

班级和家庭由于各自特点、优势不同，也决定了各自在劳动教育的作用上不尽相同，班级在劳动教育中主要起的是主导作用，通过主题化、系列化的课程与活动，开展集体教育，着重引导学生形成正确的劳动观念。家庭在劳动教育中起的则是基础作用，通过衣食住行等日常生活中的实践机会，开展个体劳动教育，着重让学生在实践中培养劳动意识和习惯。

因此，开展家班合作的劳动教育，能充分发挥家庭和班级在劳动教育中的特点，形成优势互补，有助于劳动教育覆盖学生成长的全过程，通过理论结合实践，使教育的形式更丰富、效果更佳。

三、家班优势互补，实践劳动育人

任何教育都是综合作用所产生的结果。我们通过班级教育改变学生的劳动认知、端正其劳动观念，再利用家庭教育，把劳动理念延伸落实到日常劳动和服务性劳动中，最后再次回到班级教育中，借助同伴教育的力量，通过交流、分享感悟劳动教育的内涵，提升劳动素养与品质。下面就以"一日小鬼当家"活动为例，开展利用家班优势互补的劳动教育实践初探。

引导学生意识到劳动的重要性和必要性是解决问题的根本，因此我利用班会课组织学生开展"学生是否还需要劳动"的辩论。通过课上的交流讨论，大部分学生最终认同劳动是必要的生活技能，尤其是有寄宿或出国留学打算的，独立生活的技能是必需的。通过辩论，我也了解到一部分学生虽有劳动的意愿，但无奈父母认为学习才是最主要的任务，从不让他们参与劳动，因而缺乏劳动经验和技能。

个别家长"唯智育独大"的观念与想法，势必也会潜移默化地影响学生，只有改变家长的理念，争取家长的支持才能优化劳动协同育人的效果。对此，我通过联系班级家委会成员，表明想法，争取到家委会的支持。家委会成员们积极组织起家长沙龙，邀请几位在劳动教育上颇有成果的家长来分享自己的理念与心得。他们的榜样引领作用促使几位溺爱学生、劳动观念不强的家长认同了大家的想法，意识到劳育与智育并不冲突。在家委会的倡导下，家长们之后又就如何利用好家庭劳动育人的时间、空间优势，进行劳动教育展开讨论，让学生识别常见食材、体验买菜、学习做菜的"一日小鬼当家"活动项目因此而出炉。

"一日小鬼当家"活动要求学生为全家设计一份食谱，用50元买菜基金为一家三口准备一顿饭的食材，并学习烧菜，家长在活动过程中可提供适当协助，并记录下这一过程，给学生的表现进行打分与评价。

活动中，学生们上网查食材、学着分辨各种食材、向父母请教挑菜小妙招、去菜场接地气地比价还价……买菜的过程让学生们体验到劳动的乐趣，更是提升了他们对劳动的积极性和兴趣。接下来，学生们向父母取经学习如何烧菜，并尝试从洗、切、蒸、炒到装盘上桌，独立完成一道菜肴的烹饪。整个过程忙得不亦乐乎。

事后，学生们感想颇多，回到班内即开起分享大会，展示交流自己的劳动成果。有的学生光买荤菜就把钱花完了；有的学生买的不够三口人吃；还有菜品搭配不合理等诸多问题。学生们也意识到买菜并不比平时的学习轻松，这不只是体力活，需要考虑方方面面！不过，也有部分生活经验丰富的学生能做到精打细算、买到价廉物美的菜，并且搭配合理，最后呈现了近乎完美的菜单：红烧鲈鱼、油焖茄子、清炒米苋、螃蟹豆腐汤。

除了感受到生活不易之外，学生们也认识到原来劳动不仅是洗碗拖地，劳动存在于我们生活的方方面面，只要靠自己的智慧与双手解决问题、自立自强、服务他人，就是劳动！家长也不再是教条式的教育，而是更多地陪伴与帮助，父母与孩子的关系也更加亲近。通过这样的活动，学生们逐渐变得愿意劳动、会劳动、也懂得珍惜他人的劳动成果，而许多家长则表示希望以后多些类似充满创意的"作业"。

劳动教育永不会过时，它理应是学生人生教育的重要一环。而基于家班优势互补下的劳动教育，弥补了以往家班育人"单兵作战"的局限性，增加了学生的劳动知识，提升了学生的劳动价值感和劳动教育实效。

线上劳动教育：缘起、实践与反思

上海市长桥中学　戴婷玉

德育需要时空，实践性的劳动教育更是如此。但囿于班级教育的时空和家长"重智轻劳"的误区，班级劳动教育的实效性往往不尽如人意。特别是新冠肺炎疫情发生，进一步压缩了原本有限的劳动教育时空。鉴于此，笔者尝试在线上开发教育时空，设计了属于"服务性劳动"范畴的"云义卖"活动，并结合实践和思考，与同行们分享活动带来的一些启示。

一、缘起：劳动教育的"时空之困"

劳动教育必须是在实践中展开的，这决定了劳动教育对于时间和空间的需求性。可现实中的劳动教育却受到了时间、空间等来自多方面的挑战。

何来"时间"。上海初中生在校的碎片化时间几乎都围绕学业奔波，无暇也无心关注其他事宜。在家期间能开展劳动教育的时间也不多。

何来"空间"。目前，劳动教育大多在学校、家庭两个场域中开展，但也存在着问题，如学校按岗轮流分配值日导致很久才轮一次劳动，初中阶段职业体验次数少，家庭劳动教育难以检测实际成效等，都让劳动教育在学校和家庭中的成效被打了折扣。除此之外，似乎能够进行劳动教育的地方就不多了。

何以"认同"。不少家长重智轻劳，学生本身也不愿劳动，觉得劳动很苦，对于劳动消极怠工。甚至，有的班主任依旧把劳动作为惩罚手段之一等。对劳动的不认同、不重视，导致劳动教育被边缘化、漠视化，日常开展举步维艰。

二、实践：线上劳动教育的"开拓之路"

劳动教育的特质就是需要时间和空间的，现状却不容乐观。如何在现有平台的基础上打破时空的限制，成了笔者研究的方向。

（一）以"云铺垫"激发劳动热情

"云问卷"：挖掘学生喜爱的劳动形式。为了解学生的想法，笔者进行了"云

问卷"在线调查。问卷结果显示：学生普遍不太喜爱传统劳动，他们喜欢的活动是有趣的，时尚的，可参与的。学生票选出的最喜欢的学校活动是"义卖活动"。由于疫情期间线上平台的使用，让笔者想到了"线上直播义卖"，来借此打破劳动教育的时空局限，也迎合了学生对于活动"时尚"的定位。由此，"云义卖"活动逐渐初见雏形。

"云班会"：激发学生内心的劳动意愿。笔者在周末利用线上平台开了直播义卖预热的班级会议。笔者向学生们介绍了此次活动的流程，大致分工和活动目的。笔者提出要竞聘上岗，学生纷纷跃跃欲试，都在讨论区催促尽快开始正式活动，愿意在劳动岗位上尽职尽责。

（二）以"云义卖"锻炼必备的劳动能力

"云组织"：增长学生的劳动知识。"云义卖"组织架构主要分为领导组、宣发组、物品管理组、文案撰写组、直播组、快递组。每个部门由两位班委和若干组员组成，学生自由报名，竞聘上岗，最终确定岗位名单和各部门职责。讨论岗位技能时，也增长了学生的劳动知识，对岗位内需要做的事有所了解和计划。

"云直播"：磨炼学生的劳动意志力。主播们为了更好地表现，提前学习，并进行了线上演练和多次练习，学生逐渐熟悉流程，配合趋于稳定。直播当天除工作人员，进入线上平台的听众们还有本班同学和家长、同年级看了海报慕名而来的其他同学等。主播三人轮换，场控同学轮流递送物品，想要的学生在讨论区留下自己的班级和姓名，有专人负责记录第一个义卖。3个小时的直播，所有的学生都坚持了下来，在自己的岗位上做好自己的本职工作，磨炼了劳动的意志力。

"云反思"：形成正确的劳动观念。作为班主任，为了提升劳动成效和价值感，让学生获得劳动愉悦感，形成正确的劳动观念，笔者提前安排了观察任务：每位直播组的成员都需要关注别人做了什么，在直播后交流自己看见的他人的付出。学生发现自己的劳动被他人看到，并且被尊重，欣喜之情是不言而喻的。当大家共同付出行动，完成一个项目，这种成就感也在交流中流露出来。

（三）以"云捐赠"养成良好的劳动习惯

最终，筹得的善款的70%捐赠给了学校结对的贫困山区的孩子们。为了能拓展劳动教育的时空和影响力，让之可以延伸，其余30%的善款笔者均分给了每一组，并安排了后续服务性劳动任务——取之于劳动，用之于劳动。这个任务需要每组寻找劳动者，用小组款项为他准备一份礼物，把过程记录下来上传班级群中，进行云分享。后续的延伸活动是检测学生劳动价值观是否形成的重要方式。如快递组体会到快递的不易，他们给快递员和外卖叔叔们买了5箱水，放在学校门卫室，送快递和外卖的人可以自取。

（四）以"云评价"培育积极的劳动精神

尊重所有的劳动者。"云义卖"活动结束后，笔者组织学生将反思上传至网端供大家分享交流。不少学生谈到，劳动是处处可为的，劳动付出是有价值的。有学生在活动前对体力劳动者存在一定的偏见。通过"云义卖"活动学生们发现，每一个岗位都有价值，缺一不可。不论是付出脑力还是体力，都是在为义卖付出劳动力，不分贵贱。在后续30%的善款去向问题上，不少小组关注了体力劳动者，这是一种在体验中才能获得的将心比心。提升对劳动者的尊重，在这场劳动教育过程中是弥足珍贵的。

珍惜彼此的劳动成果。"看见"是"云义卖"中笔者着重落实的点。文案撰写组定期征集"劳动"故事，写成新闻稿。学生们着重关注直播时他人的劳动，看见这是大家共同付出所得的美好果实，看见劳动本身的魅力和劳动者们的美丽。好的劳动教育，应该让学生感悟劳动的意义和价值，形成对自己、他人和社会的责任感和使命感，树立起正确的劳动价值观。

三、反思：对劳动教育的"知微见著"

"云义卖"活动只是一个引子，重要的是背后对劳动教育的启示。

树立劳动教育的意识。劳动教育的时空本就有限，班主任要有彰显劳动教育的意识，努力发现和开发生活中可用的德育时空。在"云义卖"活动中，劳动教育的时空局限看似困境，但在笔者对线上平台的合理利用下，成功拓展了劳动教育的时空，在"云时代"中寻找德育的"契合点"，让劳动教育在当下的时代有了更多的可能性，开发出更多可以实现劳动教育的价值的平台。

融合劳动教育的育人途径。劳动教育需要让学生学会一定的劳动知识和劳动技能，但作为"养子使作善"的教师，特别是以"建班育人"为己任的班主任，不论开展什么教育活动，班主任都必须以"育人"为最终目的，以提升学生道德成长为终极目标。《中小学德育工作指南》中指出：育人有六大途径，"云义卖"采用的是活动育人途径。笔者在思考，如果能够将活动育人与其他育人途径进行融合，优势互补，形成整体育人效果的提升，会更利于学生的成长。

德育不是客观知识的授受，而是一种基于学生主体的价值活动，是学生在于外在环境的互动中自己建构的，因此需要为学生提供广阔丰富的学习、体验、感悟和践行的平台。作为班主任，也应该把问题都当作教育的契机，不断拓展劳动教育的时空，让学生在创造性劳动中悄然成长。

以班级岗位为载体的劳动教育有效途径初探

上海市市八初级中学 卢懿蕾

在全社会重视劳动教育的今天，劳动教育的实施途径多种多样，家庭教育中的家务劳动、社会实践中的公益劳动等是劳动实践的表现，但都存在局限性，一些家长的劳动观念陈旧、重智力轻体力、社会公益劳动往往不能持久等原因都会制约劳动教育的有效落实。《中小学德育工作指南》指出"管理育人能促进每个学生的发展"，笔者想到了通过班级岗位建设这一载体将劳动教育常态化、规范化，在岗位建设中引导学生增强劳动意识，树立正确的劳动观念，养成良好的劳动习惯，掌握一定的劳动技能。

一、班级岗位的内涵和作用

（一）班级岗位的内涵

日常班级管理工作中，班级岗位是学校生活必不可少的组成部分，岗位劳动也是班级常规管理的重要抓手。它有别于传统的班委，班委是班级领导团队，有固定的职位和人数，而班级岗位则涉及班级生活的方方面面，增强了学生的服务意识，能够做到"人人有岗位，事事有人做"，让每个学生都成为班级管理的参与者。

（二）班级岗位的作用

必要性。岗位是班级管理中的螺丝钉，起着联结班级学生和各项工作的重大作用。它能提高学生积极参与班级管理的意识，最大范围地发挥学生的能力，是班级建设中不可缺少的组成部分，通过岗位劳动的设置让班级学生各司其职，充分发挥学生的主体作用。

日常性。有别于家庭劳动和社会劳动的不确定性、非常态性，班级岗位建设能够把劳动教育根植于学生的日常学习生活中，立足于当下生活。班级岗位的细致设置，为每个学生提供劳动服务的平台，每个岗位的工作都具有一定的持久性，学生一旦承担起某个岗位的工作就必须负责到底。

教育性。班级岗位的设置能给学生一个自我锻炼和发展的机会，每个劳动岗位都有工作职责和要求，学生通过在岗位劳动的实践学会发现问题、解决问题，这个过程时间相对较长，给了学生一个适应和调整的机会，学生能不断地在实践中反思成长，满足了学生的心理发展需要。

二、以班级岗位为载体的劳动教育实施过程

劳动教育要能"让学生动手实践、出力流汗，接受锻炼、磨炼意志"。班级岗位工作的设立能够激发学生的劳动意识，学生在岗位工作中能够真切地感受劳动的甜酸苦辣。

（一）岗位设置　明确劳动职责

在班级管理的过程中，笔者细化了班中的各项工作，做到"人人有岗位　事事有人做"。根据班级工作的需要增设了班级九大岗位，分别为：卫生员、心辅员、电教员、报修员、绿植管理员、网络管理员、膳食管理员、财产管理员、图书管理员。在岗位正式落实之前，引导学生从多方渠道了解每个岗位应具备的劳动职责，学生可以通过查找网络、小组讨论等形式了解每个岗位的工作要求，最终结合全班的智慧形成一份班级岗位工作须知并张贴在班级的宣传栏，了解不同岗位的需求。

（二）岗位聘任　激发劳动意愿

班级岗位的确定应当具有民主性、公平性以及自主性，这样才能最大限度地调动学生的参与性。最初的岗位竞选都由学生民主选岗，给予学生更多的自主权，每个学生根据自己的特长、爱好选择自己喜欢的岗位，笔者利用班会课组织学生开展岗位竞争述职，让每个学生说说自己竞选的理由和优势，再根据综合因素进行第一轮的岗位人员安排。学生自己争取来的劳动岗位，他们会更加珍惜。针对不同工作岗位明确轮换规律，这一举措对于一些暂时没有选到理想岗位的同学也是一次机会，可以有效地激发学生的上进心，也能让更多的同学体验不同岗位的劳动乐趣。

（三）岗位实践　培养劳动意志

班级岗位的落实使学生逐渐养成劳动的习惯，让每个学生在各种岗位中负责履职，培养他们对工作的责任心。劳动要用心用力才会有收获，当学生看到自己劳动的成果时，会感到精神上的满足。这种精神上的满足，会推动学生进一步喜爱劳动，进而逐渐养成自觉劳动的习惯。绿植管理员张同学在劳动日记中这样写道"每天到校的第一件事就是给班级的绿萝浇水，看着它们茁壮成长，我很

开心、很骄傲,这可都是我的劳动成果呢……"在岗位工作中,学生也能体验劳动的艰辛,每个看似简单的岗位工作的背后都是一份坚持和付出。

(四)岗位评价　感受劳动价值

岗位评价能够让学生学会更全面、客观地评价自己和他人的岗位工作。学生的自我评价,能让他们反思自己在班级岗位工作中的不足与收获,学生在经验交流中互相"取经",不断提升劳动技能。教师的评价、学生间的互评,通过关注每个学生在班级岗位工作中的表现,可以进一步发现学生在岗位工作中的亮点和不足,给予优秀的岗位劳动者一定的奖励,进而能够激发他们的劳动积极性和创造性。对于一些暂时在工作上存在不足的同学,给予他们一些肯定和支持,在岗位工作中给予他们一定的指导,这就有利于他们将岗位劳动工作做实、做细。在这种多元评价之下,学生能不断地反思成长,劳动能力也能得到不断提升。

三、班级岗位实践的成效

有效的劳动实践活动能让每个学生实现自我管理,小岗位,大责任,学生通过一段时间的工作岗位实践学会了自主管理,养成了良好的劳动品格。

(一)学生劳动热情高涨,热爱劳动愿意劳动

学生通过上岗前的培训明确了每个岗位的职责,他们在工作中各司其职,尽职尽责。也正是因为对岗位的热爱才能更好地将工作做好,第一轮已经竞选上理想岗位的林同学这样说道:"我用实力争取到了电教员的工作,我电脑技术娴熟能帮老师很多忙,班级的电脑技术活都放心地交给我吧,我一定会做好的……"班级的岗位工作有序地开展着,一轮又一轮的岗位轮岗让更多的学生体验了不同的劳动岗位,大大激发了学生的劳动积极性,班级形成了热爱劳动的氛围。

(二)学生劳动意志顽强,有责任心有担当

每天坚持将简单的工作做好做细,长久坚持下来同学们的责任意识明显增强,岗位无形中培养了学生的责任心。膳食管理员李同学在与笔者交流时说道"我以为膳食管理员的工作很简单,只要中午给同学们分餐、盛汤就可以了,但是每次盛汤都有同学会挑挑拣拣,嫌我动作慢,有时候想想真的很难过,真想不干了……好在我坚持下来了,现在我盛汤速度也快了……"朴实的话语中笔者看到了李同学的责任与担当。现在,教室里的财产有损坏,报修员会第一时间登记维修,书架上的书报被书刊员整理得整整齐齐,每天的学生个人卫生情况卫生员也总是及时地提醒……

（三）学生劳动能力提升，养成良好的劳动习惯

在实践中不断反思，让学生的劳动能力得到了提升，养成了良好的劳动习惯，他们在岗位中更能有创造性地劳动。班级的第一任图书管理员诸同学在分享工作心得和经验时，说了第一次捆扎整理图书的时候手忙脚乱，捆扎好的图书在运输的过程中都松散了，她开始思考如何能将书本捆得扎实且便于运输，反复实践后发现了书本必须按照大小收纳整齐后选择合适长度的绳子进行捆绑，捆绑的时候一定要扎紧，经过多次的操练后她熟练地掌握了这一技巧，每次捆包书籍总是又快又好，她的经验分享提高了班级图书管理员的劳动效率。看似微小的班级岗位却发挥着重要的作用，学生在不同岗位中得到锻炼成长。

新时代背景下的劳动教育任重道远，劳动教育永远都是青少年成长的必修课，学校、家庭、社会需要为学生创造更多的劳动机会，让他们能在劳动实践中体验乐趣与艰辛，在劳动感悟中得到人生价值观的升华，树立"生活靠劳动创造，人生也靠劳动创造"的劳动价值观，进而做到热爱劳动、很会劳动，珍惜劳动成果。

高中

班级场域下劳动教育的价值异化及其转向

上海中学 蔡 珂

2020年3月，中共中央国务院印发《关于全面加强新时代大中小学劳动教育的意见》(简称《意见》)强调："劳动教育是国民教育体系的重要内容，是学生成长的必要途径，具有树德、增智、强体、育美的综合育人价值。"

劳动教育的目的是什么？班级场域下的劳动教育如何开展？班主任在劳动教育中的身份支点是什么？班主任对这些问题是否理解准确，是能否引领学生进行劳动学习的关键。本文分析当前班级劳动教育中存在的问题及其原因，围绕劳动教育目的、班级劳动教育的过程和班主任角色定位，探讨班级劳动教育的价值转向及实践进路。

一、班级劳动教育价值异化的表征及归因分析

（一）班级劳动教育价值异化的表征

学生已接受过的劳动教育以及由此形成的一系列观点是班主任开展劳动教育的逻辑起点。鉴于此，笔者对班级学生进行了针对劳动教育的认识和接受劳动教育经历的问卷调查。结果表明，学生对接受的劳动教育主要存在如下问题：

劳动教育被窄化为技能学习或劳动休闲。调查中超过一半的学生将劳动教育视作劳动技能教育，与劳动教育相关的学习经历主要表现为"学农""学工"或"乡村夏令营"等。

劳动教育被异化为教化手段。调查中20%左右的学生表示，自己或者其同伴接受过教化式的劳动教育：即教师将劳动作为对学生进行规训和惩戒的手段。

劳动教育被固化为班主任的专属职能。调查发现，班主任通常采用"单打独斗"的方式组织班级劳动教育，缺乏与其他教师、家长和社区间的协同。

（二）班级劳动教育价值异化的归因分析

工具取向下劳动教育价值的异化。劳动教育价值的工具取向主要表现为强调劳动教育作为手段工具属性。一方面，劳动教育的工具取向有助于对劳动教

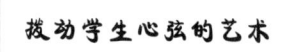

育的内容、途径等根本问题做出明确界定,为劳动教育实践提供指引;另一方面,对于工具取向的过度强调也会导致劳动教育的实践误区,如将劳动教育畸变为规训惩戒的手段。这些都人为割裂了劳动教育在学生全面发展中的教育意蕴,导致劳动教育价值的窄化和异化。

"知识授受"模式下劳动教育过程的异化。传统"知识授受"模式下,教师是教育的主体,学生是客体。由于忽略了学生的主体性,导致了劳动教育中"知行不一"等弊端。具体到班级场域,劳动教育过程普遍存在学生"客体化"和"去身体化"的误区,典型表现为听讲式劳动教育、休闲式劳动教育等,学生的知行脱节、身心背离,致使劳动教育流于形式,难以取得实效。

"孤岛"思维下班主任劳动教育角色定位的异化。如果将班级场域下的劳动教育固化为班主任的专属职能,则它就成了一座事实上的"孤岛"。一方面,劳动教育普遍存在过分依赖学校的倾向,家庭和社会的作用没有得到充分发挥。另一方面,学校劳动教育也存在片面依赖班主任的倾向。此外,当前通用劳动课程、班级劳动教育与学科渗透劳动教育之间尚未形成合理的协同育人机制,也是导致班主任单打独斗的原因。

二、班级场域下劳动教育的价值转向

在班级场域下,劳动教育主要通过以劳动教育为主题的德育活动、综合实践活动等方式开展。一方面需遵循劳动教育的基本原则,另一方面在教育内容和形式上又有其特殊性。班级场域下劳动教育的价值转向需从教育目的、教育过程和班主任角色定位三个维度加以思考。

(一)教育目的:从工具取向转向自成目的

麦金太尔说,教育的目的应该是帮助人们发现其目的,并非外在于其本身的活动。据此,劳动教育应当从工具转向自成目的。劳动教育重在使青少年学生获得正确的劳动观念、习惯和情感,习得劳动知识与技能,在劳动中追求幸福生活,实现人生价值。

相较于学科劳动教育,班级劳动教育更强调育人的全面性和综合性。劳动教育联通教育世界、生活世界,最终服务于人本身。以劳动为主题的班级德育活动和综合实践活动,最终目的都是以提升学生劳动素养的方式促进学生的全面发展。

(二)教育过程:从学生"客体化"转向"主体化"

从"以教师为中心"向"以学生为中心"的转换,已经成为现代教育发展的

显著趋势。劳动教育正应该是学生在教师帮助下的一种劳动态度价值观和劳动知识技能的学习，学生是劳动学习的主体，也是劳动教育的主体。

具体到班级场域，劳动教育通常以项目化、情境式的方式展开，以符合学生发展水平和发展需求，吸引学生全员参与的形式推进。因此，教师应以教会学生主动劳动、尊重劳动、热爱劳动为使命，成为学生劳动学习的帮助者和促进者。

（三）班主任角色定位：从"单打独斗"转向"协同育人"

《意见》指出："拓宽劳动教育途径，整合家庭、学校、社会各方面力量。"实际上，在"家庭、学校、社会"三位一体的劳动育人框架中，班主任是核心一环和关键支点。一方面，班主任作为与学生接触最密切、对学生影响最大的教师，与家长更容易形成合作联盟；另一方面，班主任作为班级的基层管理者，也是学校与社会沟通的直接对接者。

具体到班级场域，班主任应当在学校劳动教育体系中发挥重要作用。班级劳动教育、通用课程劳动教育、学科渗透劳动教育共同构成了学校劳动教育的主阵地。班主任作为班级管理团队的"首席"，应承担起与任课教师、家长沟通协调的职责，使班级劳动教育得以体系化开展。

三、班级劳动教育的实践探索

（一）开发"班本化"劳动实践课程

开发"班本化"劳动实践课程，进一步提升班级场域下劳动教育的系统性及其与学科课程的融通性，丰富教育内容和载体。"班本化"劳动教育的实施载体包括以劳动为主题的德育课、通用劳动课程配套实践活动、综合实践活动等三种形式。其中，德育课以劳动价值观教育为核心，重在培育学生积极的劳动价值观念；配套实践活动是通用劳动教育课程的延伸，强调学生劳动技能在真实场景中的深化。综合实践活动旨在通过多元化、综合性的劳动实践，突出知行合一原则，提高学生劳动素养。

（二）注重项目化设计，倡导体验式学习

项目化推进和体验式学习是班级劳动教育的重要特征。以劳动类综合实践活动"中草药种植园地"为例，笔者在校园内选定一小块区域，组织学生种植薄荷、艾草等中药植物。学生在种植、维护和管理中草药的过程中综合运用化学、生物等学科知识，在班主任协调下，学科教师承担起具体指导工作。学生通过自己主动学、亲自做，外在兴趣逐步引向内在，劳动教育也变得"活起来"和"实起来"。

（三）整合劳动教育资源，协同推进学科渗透劳动教育

学科渗透是学校劳动教育的重要环节，班主任应当成为劳动教育学科渗透的协调者和引领者。班主任可以联合各学科教师，尝试在各学科教学中有机融入劳动教育内容，从不同的学科领域来理解劳动，有助于丰富劳动教育的层次感。比如，通过讲解"按劳分配"这一课时，引导学生摒弃"不劳而获""好逸恶劳"等错误观念，对培养学生诚实劳动、尊重劳动者、珍惜劳动成果、讲究劳动中的公平关系都会产生积极影响。

总而言之，新时代背景下的劳动教育，不单是为了满足生存需要的生产劳动，而是需要学生付出体力、脑力、情感、创造力的多重劳动，既能满足学生的生存需求、更能满足他们的情感、审美和创新需求。可见新时代赋予了劳动教育以新的内涵与意义，这就需要班级的劳动教育也要做出相应的变革，真正实现劳动蕴含的育人价值。

高中阶段劳动育人困境突破的实践探索

上海外国语大学闵行外国语中学　陈文涛

高一建班之初，鼓励同学们自荐班委会成员，统计结果在意料之中，劳动委员又没人报名。不仅我们班如此，其他班也差不多，班长和团支书这些"实权岗位"竞争激烈，副班长这种所谓的"虚衔"更是受人追捧，唯独"劳动委员"无人问津，似乎是通病。

一、拒绝异化：劳动岗位意识培育

在对班级 42 位同学开展的"为何不愿意做劳动委员？"的调查数据中，36%的同学认为劳动委员"很土"，听着不是那么体面；32%的同学认为劳动委员要多干活，影响学习；21%的同学认为学校劳动是老师惩罚犯错同学的方式。其余的同学则列举了"不擅长劳动"或"不喜欢劳动"等原因。表面上是对劳动委员一职的排斥，实际上在同学们的潜意识中已经形成了规避劳动的集体行为。劳动委员一职的尴尬缺席，折射出的是同学们对劳动认知的异化。

面对班级建设的"痛点"，作为班主任，希望在班级中重塑"劳动光荣"的信念。开学第一节班会课以"大国工匠"为主题，诠释在新时代背景之下，劳动已经不是简单的体力与脑力的二元对立，而是呈现出多元的样态。学生们通过课前搜集的资料引导，了解了大国工匠是在平凡的岗位上达成不平凡的成就，扭转同学们对于劳动外延和价值的认识。围绕"劳动光荣"的信念，采取"劳动观念内在化驱动""劳动岗位多样化竞聘""劳动评价多元化考评""劳动价值多重性思考"等措施，在班集体建设中形成劳动育人的有机整体。

之后，开展了"劳模进课堂""生涯职业规划"等一系列主题教育课，内化学生对"劳动光荣"这一美德的认识。通过"鲁班""工匠精神大家谈""父母职业访谈"的主题讨论会，大家分享对于劳动价值的感悟，强化内在的价值认知。同时，将"劳动委员"的职责拆分，班级岗位分工和包干区设置 28 个"班级文明岗"，实行岗位竞聘制，树立竞争机制，定期进行"岗位积分末位淘汰制"和"定时轮岗制"，增强学生的责任心和对劳动本身的切身体验。

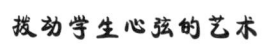

劳动岗位意识培育机制的运行，充分调动同学们主观能动性和内在的劳动认同意识，让班级由最初的"劳动委员无人问津"，到现在形成的"人人皆是劳动委员"的岗位认同。劳动岗位意识的培育，增强的不仅仅是同学们的劳动行为，也促进了班级凝聚力的提升和班集体氛围的营造。

二、拒绝窄化：劳动课程体系建构

高中阶段，劳动技术课已经实现"进课表"，但如果将劳技课与劳动教育直接画等号，容易造成对劳动教育的窄化。班主任要提升对劳动教育的认识，深刻理解劳动教育的内涵，扩展劳动教育的外延。劳动育人，并不总是非要大张旗鼓地开展，有时可以潜移默化地实现"借力打力"，借助于学校现有课程或实践活动，实现劳动教育在课程之间或学科之间的渗透，适时对学生稍加引导。

在"劳动课程体系"中，不是简单地与劳技课相等同，而是立足现有资源，整合资源，拓展外延。依托学生发展的核心素养，围绕培育"全面发展的人"，从"文化基础""自主发展""社会参与"三个方面，落实"理性思维""勇于探究""自我管理""健全人格""劳动意识""技术运用"六个核心素养。在课程体系中，劳动育人并不是割裂的，而是多学科之间、多种课程之间的融合与渗透。

劳动教育，不只是"在讲台上讲劳动""写黑板上劳动"，是在综合课程中的一种创造性的劳动，比如实践基地中的学农、学工等活动，给予学生真实的劳动体验。在新高考背景下，借助融合了科学、技术等多学科的 Steam 课程，既能让学生体验动手操作，也能让学生获得学识上的提升。校本拓展课中，引入的"陶艺工作坊""校园烘焙""手工刺绣"等课程，学生在这些选修拓展课中，所体验到的不只是动手能力、劳动的技能，而是一种过程参与及付出，虽然可能其制作的陶器或烘焙的糕点不是那么专业，甚至存有瑕疵，但其成就感不是简单购买完美的商品能够获取的，这就是一种劳动获得感，一种劳动的价值。学生开展暑期社会志愿活动，有些在博物馆做志愿者，有些在社区宣讲垃圾分类，有些在街头研究信号灯的优化，所有这些志愿活动，学生的付出与他人的认可，让学生们收获的不仅是劳动技能，也是一种责任与担当，更收获了同伴合作中的快乐。在这些劳动育人中，学生不再感觉劳动是体力的单调与重复，对劳动价值也有了更深一层的认知，增强了"劳动光荣"的认知。

三、拒绝弱化：劳动自立品格养成

劳动教育，也是一种生活教育，"重智轻劳"在家庭教育中具有一定普遍性。

相较于学习，家长对劳动教育有弱化倾向，只希望孩子"两手不做家务事，一心一意为考试"。这不仅剥夺了孩子在家务劳动中成长的机会，也错过了在共同进行家务劳动时亲子沟通和相处的机会。

作为全寄宿制学校，高一时期，就开设了"自立整理课"，通过制订"寝室内务自立清单"，使学生从最基本的"学会自立"开始，摆脱原先衣来伸手、饭来张口的生活方式。寝室中，由生活老师作指导员和监督员，列出学生的自立清单，经过一个学年的努力，原先学生周五放学将积攒一周的脏衣服带回家洗的现象大为减少，家长们见证了孩子们的成长，也逐渐开始配合学校。

劳动教育所具有的生活属性，离不开家庭的参与。班级的劳动教育，必须形成家庭—学校协同机制，避免让学生在学校和家庭中处于相互割裂的劳动教育氛围。疫情期间，将原先在学校开展的"寝室内务自立清单"转变到在家庭中开展的"家务自立清单"。

"家务自立清单"，每天除了常规性的网课学习和作业外，还会额外布置一个家务作业，实行"5+X"计划，即疫情居家学习期间，周一至周五，自主选择一项为家人做的家务，诸如"为家人做一顿晚餐""拖一次地""出门时为家人量体温""进门时为家人衣物清洁消毒"等活动。家长作为学生的直接监督者，勾选填写清单的完成效果并予以评价，累积家务积分，每周通过微信传给班主任，班主任汇总统计，每月评选"劳动达人"。这种家庭劳动教育的形式，家长们也乐于参与其中，很多家长也常常在自己的朋友圈中晒出自己孩子的家务作业。

"自立清单"实施近两年以来，生活老师和家长担任学生自立习惯养成的监督员和测评员，从近两年的数据反馈来看，同学们不管是学校的寝室内务还是家庭的家务，完成度都实现了大幅度的提升。以劳育人，自立品行，在学校中，增强了班集体的凝聚力和荣誉感。在家庭中，激发了家长与孩子之间的亲情。劳动教育，实现了以情感育人，也有助于学生健全人格的养成。

劳动教育的主阵地在学校，但却又不能仅仅局限于学校，需要形成一种全社会参与的教育氛围。劳动教育，要建立学校—家庭—社会协同育人的整合机制，将劳动教育由学校延伸至家庭，延伸至社会。围绕劳动育人实践，将劳动育人与班集体建设相融合，消除对劳动教育异化、窄化、弱化的认知。在"五育并举"的背景下，劳动教育，也要朝着"以劳树德""以劳增智""以劳强体""以劳育美"而努力，实现"五育融合"，培养有用又有趣的人，为学生一生的幸福奠基。

高中生劳动教育和生涯规划教育融合初探

上海市复兴高级中学 陈珠静

随着时代的发展，劳动教育的内涵和价值也应该被赋予新的意义。2020年3月中共中央、国务院印发的《关于全面加强新时代大中小学劳动教育的意见》再一次表明国家将加强劳动教育列为重要决策的态度。

高中生价值观的形成有学校教育的影响，也包含家庭教育、社会舆论的因素，高速运转的世界对人的发展提出了更高的要求。追求个人价值的实现与服务社会、报效祖国如何结合起来？努力拼搏与获得幸福如何共存？这些问题一直是高中德育的重要课题，在重提劳动教育的育人价值的今天，让我们看到了两者结合的优势。

一、通过劳动观自然：认识成长中的自我

在高中生涯规划教育中，其初始问题往往是"认识你自己"。对刚进入高中的学生而言，在劳动中认识自我是高中生涯教育中意义重大的起点。将劳动教育与生涯教育融合，让学生得以认识成长中的自我。

通过劳动教育，学生认识到劳动是人类从事生产、维持生活的一种自然而然的选择。但当技术发展到一定的水平，作为劳动受益者的人类有了被技术蒙蔽双眼的趋势，在一味地强调人力、技术的同时越来越沉迷于改造自然的狂妄而忽视了对自然的敬畏，于是一系列的环境问题出现了。要改变这样的现状、提高人们的环保意识，加强劳动教育与生涯规划教育的融合是重要的方式。

劳动教育在信息化已经普及的今天理当发挥更加重要的育人价值。学生在教室里学知识和技术，他们可以熟练背诵着"晨兴理荒秽，带月荷锄归"，却从未亲身经历辛劳，自然也领会不到陶渊明"衣沾不足惜，但使愿无违"的希冀；他们驾轻就熟地使用画图软件、数位板画出栩栩如生的荷花、荷塘，却很少有机会像朱自清一样在月色笼罩下的荷塘边抒发自己淡淡的喜悦与忧伤。我们将劳动教育和生涯规划教育结合，引导学生通过劳动观自然。比如，在东方绿舟，带领

学生走出宿舍看星星，在晨练时对着冉冉升起的朝阳郑重敬礼；在农场学农，和学生一起锄地、拔草、挑水、施肥，热火朝天。劳动，本是人与自然联结的最基本、最直接的方式，劳动教育的意义是积极的。劳动的内涵不仅仅局限于体力劳动这一狭小的范畴里，劳动教育的意义也不仅仅是"劳动光荣"，而是能让人获得全面的发展，动手与动脑结合，才能使人们获得尊严与幸福。

刚进入高中的学生多是敏感而迷茫的，在来自家长、老师、社会等多方声音中他们常常找不到自我，常常被各种声音推着往前走，本能地抗拒着却又不得不变得功利、疲惫，然后感到压抑与痛苦。劳动教育的意义在于让学生真正地走进自然、认识自然，领略了自然的博大与美丽，而这才是了解自己、了解世界的核心所在，也是生涯规划教育的起点。

二、通过劳动观社会：体验不同职业的价值

在"认识自己"之后，学生需要走出狭小的"自我"，走向更大的"社会"。劳动是人类生产生活的方式，经由劳动也构建起各种社会关系，参与劳动是学生了解他人、了解社会的重要窗口，学生也由此进入生涯规划教育的下一阶段：体验不同职业的价值。

加强劳动教育不能脱离生活实际，当劳动的形态发生变化，我们要选择符合当下现实的方式，并让参与劳动的经历成为生涯规划的重要参考要素。我们应当引导学生关注的是与生活密切相关的劳动生活元素，比如因受疫情影响而产品滞销的果农、在特殊时期人们越发依赖的快递小哥和外卖员等等。劳动教育的意义已不仅仅局限在"出力流汗"，而是引导学生通过劳动体验去拓宽自己的知识边界，去体验不同的职业、不同的生活方式，从而走进他人的内心世界，体会不同的甜酸苦辣、人生百味，而这些，是书本上的文字、屏幕上的画面所给予不了的震撼，也是影响学生生涯规划的重要因素之一。

劳动教育让学生走出教室，迈向生活，在体验不同职业的过程中思考如何实现人的价值，如何为自己的职业生涯做规划。当这一群"书生"来到农场体验田间劳动之后，自然而然地懂得珍惜粮食，绝不会让"光盘行动"停留在一句口号上；当学生们来到酒店，试着像一个服务生一样学着用规范、快速的方法铺床、整理房间，他们明白了"行行出状元"不是一句安慰，也能更加尊重、平等地去对待每一个职业；当学生们穿上白大褂跟在医生后面"观察"了一天，深感这一神圣的职业有多少难以言表的艰辛，对医患关系有了更深的理解；当他们穿上志愿者的背心，站在垃圾桶旁边指导居民们如何准确地将垃圾分类，便理解了平时

所学的知识该如何学以致用，理解了"保护环境，从我做起"的现实意义。

将劳动体验与职业规划相联系，不仅让学生们在实践中更全面地认识自己、了解自己，也是引导他们构建对社会的全面认知的重要方式。了解人间百态、体会各行各业的甜酸苦辣，是学生规划自己人生的重要条件。只有让我们的学生对劳动的本质有正确而全面的体验，才能期待他们在未来的岗位上为这个国家、为全人类做出积极的贡献。

三、通过劳动观时代：塑造健康人格

教育的最终目的在于人。将劳动教育和生涯规划教育融合起来，引导学生做更好的自己，塑造健康的人格，培养积极的职业观和幸福观。

高中生涯规划教育中的一项重要课题便是引导学生将实现个人价值与实现伟大中国梦结合起来，将寻求个人发展与报效祖国、服务社会结合起来，这不仅仅要求学生认识自己、了解社会，更要用发展的眼光看待世界，看到世界长远的发展，找准时代脉搏才能更好地发挥个人所长。而明确劳动教育的时代价值，便是这一课题的重要抓手。

劳动教育有助于培养探索世界、精益求精的科学精神。在劳动中，学生切实地体会到技术发展对身体劳动的解放，深刻明白科学探索的意义所在，让科技服务人的生活，而非牺牲赖以生存的自然环境以求技术进步。当科幻小说中的担忧投射到现实生活，我们的高中生们才真正明白可持续发展的重要意义。

劳动教育有助于树立健康而独立的人格。通过丰富的劳动内容，学生懂得自立自强，也懂得尊重他人的劳动成果，观察并体验在时代发展中各行各业的现状与未来，对社会发展、文明进程、技术进步等时代话题都有更全面的思考，为将来的学以致用打下坚实的基础。

劳动教育有助于提高综合素养，促进人的全面成长。随着人类文明的进步，劳动的内涵不断丰富，劳动教育的形式也在发生变化。与时俱进的劳动教育不仅促进人的智能发展，更是在与自然的亲密接触中促进人的创造力、审美趣味的发展，在与不同行业的人的交往中加强了合作能力的培养、责任意识的提高等等，因此，劳动教育包含着综合全面的育人功能，是符合新时代需求的。

高中生的生涯规划教育，致力于引导学生做一个"全人"，培养一个人的全面综合的素养，这也是新时代劳动教育的育人价值。从高中教育的现实出发，将劳动教育与高中生涯规划教育融合在一起，引导学生做更好的自己，既符合人的发展需求，也响应了时代的号召。

图书在版编目(CIP)数据

拨动学生心弦的艺术：上海市中小学"劳动教育"获奖论文选编 / 上海市中小学幼儿教师奖励基金会等编. —上海：上海社会科学院出版社，2022
 ISBN 978-7-5520-3863-7

Ⅰ.①拨… Ⅱ.①上… Ⅲ.①劳动教育—教学研究—中小学—上海—文集 Ⅳ.①G633.932-53

中国版本图书馆CIP数据核字(2022)第034112号

拨动学生心弦的艺术

上海市中小学"劳动教育"获奖论文选编

编　者：	上海市中小学幼儿教师奖励基金会、上海市教育委员会德育处、上海市崇明区教育局、上海市中小学德育研究协会
责任编辑：	周　萌
封面设计：	梁业礼
出版发行：	上海社会科学院出版社
	上海顺昌路622号　邮编200025
	电话总机 021-63315947　销售热线 021-53063735
	http://www.sassp.cn　E-mail:sassp@sassp.cn
照　排：	南京理工出版信息技术有限公司
印　刷：	上海景条印刷有限公司
开　本：	710毫米×1010毫米　1/16
印　张：	15.25
字　数：	267千
版　次：	2022年9月第1版　2022年9月第1次印刷

ISBN 978-7-5520-3863-7/G·1175　　　　　　　　　　定价：55.00元

版权所有　翻印必究